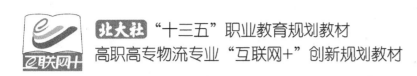

北大社"十三五"职业教育规划教材

高职高专物流专业"互联网+"创新规划教材

采购与供应管理实务

（第2版）

熊　伟　王　瑜 ◎ 主　编

陈惠智　王立荣
　　　　　　　　◎ 参　编
杜　林　成造平

内 容 简 介

本书基于工作过程系统化的理论，以采购与供应工作过程为导向，以项目和工作任务为载体，参照采购与供应职业岗位的任职要求及国家采购师职业资格标准，与企业有关专家共同确定思路进行编写。全书共分为三大模块、十个项目，即认识采购供应与采购组织、采购计划与预算、采购战略与模式、供应商管理、采购谈判、采购定价与合同管理、采购过程管理、采购库存控制与采购结算、采购风险管理与绩效管理及现代物流采购技术。本书内容融入了采购和物流行业、企业与职业等要素，以达到融知识、技能、职业素养于一体的目的。

本书适合作为高职高专物流管理及相关专业的教材，也可作为高端技能型专门人才培养的各类教育及培训教材，还可作为采购与供应从业人员的业务参考书。

图书在版编目(CIP)数据

采购与供应管理实务/熊伟，王瑜主编．—2 版．—北京：北京大学出版社，2018.3
（高职高专物流专业"互联网+"创新规划教材）
ISBN 978-7-301-29293-8

Ⅰ.①采… Ⅱ.①熊…②王… Ⅲ.①采购管理—高等职业教育—教材②物资供应—物资管理—高等职业教育—教材 Ⅳ.①F253②F252.1

中国版本图书馆 CIP 数据核字（2018）第 034421 号

书　　　名	采购与供应管理实务（第 2 版）
著作责任者	熊　伟　王　瑜　主编
策 划 编 辑	蔡华兵
责 任 编 辑	蔡华兵
数 字 编 辑	陈颖颖
标 准 书 号	ISBN 978-7-301-29293-8
出 版 发 行	北京大学出版社
地　　　址	北京市海淀区成府路 205 号　100871
网　　　址	http://www.pup.cn　新浪微博：@北京大学出版社
电 子 信 箱	pup_6@163.com
电　　　话	邮购部 010-62752015　发行部 010-62750672　编辑部 010-62750667
印 刷 者	北京虎彩文化传播有限公司
经 销 者	新华书店
	787 毫米×1092 毫米　16 开本　15.5 印张　360 千字
	2012 年 1 月第 1 版
	2018 年 3 月第 2 版　2022 年 8 月第 4 次印刷
定　　　价	43.00 元

未经许可，不得以任何方式复制或抄袭本书之部分或全部内容。
版权所有，侵权必究
举报电话：010-62752024　电子信箱：fd@pup.pku.edu.cn
图书如有印装质量问题，请与出版部联系，电话：010-62756370

第 2 版前言

在经济全球化和信息技术快速发展的今天，社会生产、物资流通、商品交易及其管理都发生了深刻的变革。采购管理这个长期被忽视的领域，已经引起人们的广泛重视，而且企业管理者试图从中挖掘新的利润源泉。因为人们在采购与供应管理的实践中发现，采购管理具有巨大的潜在作用，相对于提高销售额的努力来说，只要付出较少时间和精力就能获得巨大效益。当今的采购管理已是企业经营管理的核心过程，更是企业获得经营利润的源泉。

本书是在《国家中长期教育改革和发展规划纲要（2010—2020 年）》和《教育部关于全面提高高等职业教育教学质量的若干意见》（教高〔2006〕16 号）文件的指导思想下，编者总结了 20 多年企业一线物流管理经验，并结合多年高等职业教育教学经验，经过精心策划与组织编写而成的。本书努力贯彻"工学结合、项目引领、任务驱动"的精神，力求做成"融教、学、做于一体"的高职高专教材。

第 1 版自 2012 年出版以来，受到了广大师生的欢迎。本书在第 1 版的基础上，主要做出了以下几个方面的改进：

（1）内容和逻辑进一步优化，对部分内容进行调整。

（2）补充和更新了一些相关知识，紧跟当今采购与物流行业的发展前沿，如现代库存控制方法中供应商管理库存、联合库存管理相关知识等。

（3）补充和更新了一些案例，以增强可读性。

本书以培养高端技能型物流人才为特点，以采购与供应管理相关工作任务和职业能力分析为依据来确定课程目标、设计课程内容，并构建任务引领型课程；同时，贯彻以就业为导向、职业能力培养为主线的教育思想，面向全体学生，可为学生全面发展和终身发展奠定基础。本书的编写具有以下特点：

（1）本书内容的开发由校企共同承担，充分体现了"校企合作、工学结合"的高职教育人才培养模式理念。

（2）本书教学项目的展开以工作过程为导向，主线明确，充分体现了工作过程的典型性和完整性；教学任务的实施贴近企业实际，理论实践一体化，实用性和可操作性强，做到以学生为主体，使其在学中做、做中学。

（3）本书设置了丰富的案例、资料和实训项目，有助于用书教师提高教学效果和教学质量。

本书是校企合作编写的教材，由苏州大学管理学院熊伟、苏州信息职业技术学院王瑜担任主编，陈惠智、王立荣、杜林、成造平参编。具体编写分工为：项目 1~4、项目 5 和项目 7 大部分由熊伟编写；项目 6、项目 8~10 由王瑜编写；杜林、成造平分别协助编写了任务 7.2、任务 10.1；新道科技股份有限公司陈惠智结合十多年的 ERP 教学和实施经验，协助编写了任务 7.1；知名外企采购部经理王立荣根据十多年的采购经验，多方面提出了指导意见。全书由熊伟统筹、修改和审定。

在本书编写过程中，编者参阅借鉴、引用了国内外有关物流采购与供应管理方面的书刊资料和业界的研究成果，在此向这些作者和业界人士表示深深的谢意！

由于编者的经验与水平有限，修订时间仓促，书中难免存在不足之处，恳请广大读者不吝赐教，以便今后进行补充和修正。

编　者
2017 年 9 月

【资源索引】　　　　【电子课件】　　　　【习题汇总】

目 录

模块 1　采购与供应管理基础

项目 1　认识采购供应与采购组织 3

任务 1.1　采购与供应认知 3
　　1.1.1　购买、采购与供应 4
　　1.1.2　采购管理与供应管理 5
　　1.1.3　采购范围与分类 6
　　1.1.4　采购地位和作用 7
　　1.1.5　采购管理目标和重要性 8
　　1.1.6　采购管理的内容 8

任务 1.2　采购组织及人员素质要求认知 11
　　1.2.1　采购组织的类型 12
　　1.2.2　采购组织的组建 16
　　1.2.3　采购组织和采购人员的职责 17
　　1.2.4　采购人员素质要求 18

复习题 22

模块 2　采购与供应业务流程

项目 2　采购计划与预算 25

任务 2.1　采购数量确定 25
　　2.1.1　确定采购数量的基础 26
　　2.1.2　采购数量的订购方法 27
　　2.1.3　确定采购数量常用的方法 28
　　2.1.4　物料需求计划法 29

任务 2.2　采购计划制订 32
　　2.2.1　采购计划的概念和特点 33
　　2.2.2　采购计划的有效性 34
　　2.2.3　采购计划影响因素 34
　　2.2.4　采购计划制订的流程 35
　　2.2.5　采购计划编制注意事项 37

任务 2.3　采购预算制订 39
　　2.3.1　预算概述 40
　　2.3.2　采购预算 41

复习题 50

项目 3　采购战略与模式 52

任务 3.1　采购战略确立 52
　　3.1.1　战略概述 55
　　3.1.2　采购供应战略概述 55
　　3.1.3　采购供应战略的内容 56

任务 3.2　采购模式确定 59
　　3.2.1　集中采购与分散采购 60
　　3.2.2　现货采购与远期合同采购 60
　　3.2.3　直接采购与间接采购 61
　　3.2.4　招标采购 62

复习题 69

项目 4　供应商管理 71

任务 4.1　供应商开发 71
　　4.1.1　供应商管理概述 74
　　4.1.2　开发新供应商 75

任务 4.2　供应商选择与评估 81
　　4.2.1　供应商选择的原则 82
　　4.2.2　选择和评估供应商的标准 83
　　4.2.3　选择供应商的程序 84
　　4.2.4　选择供应商的方法 85
　　4.2.5　供应商绩效考核 87

任务 4.3　供应商关系管理 93
　　4.3.1　供应商分类 94
　　4.3.2　供应商关系分类 95
　　4.3.3　建立供应商战略伙伴关系的意义 95
　　4.3.4　管理供应商关系 96

复习题 98

项目 5　采购谈判 99

任务 5.1　采购谈判内容与原则 99
　　5.1.1　采购谈判概述 101
　　5.1.2　采购谈判的原则 102

5.1.3　采购谈判的内容 103
　　　5.1.4　采购谈判的程序 104
　任务 5.2　采购谈判策略与技巧运用 106
　　　5.2.1　采购谈判策略 106
　　　5.2.2　采购谈判技巧 109
　　　5.2.3　谈判技巧在采购价格谈判中的
　　　　　　应用 111
　复习题 117

项目 6　采购定价与合同管理 118

　任务 6.1　采购价格确定 118
　　　6.1.1　采购价格概述 120
　　　6.1.2　影响采购价格的因素 121
　　　6.1.3　采购价格确定的基本程序 121
　任务 6.2　采购成本控制 127
　　　6.2.1　采购成本分析的意义 128
　　　6.2.2　采购成本的构成 129
　　　6.2.3　采购成本分析的步骤 130
　　　6.2.4　控制采购成本 130
　任务 6.3　采购合同签订 136
　　　6.3.1　采购合同概述 136
　　　6.3.2　采购合同的作用 138
　　　6.3.3　采购合同的内容 138
　　　6.3.4　采购合同的订立 143
　　　6.3.5　采购合同的履行 145
　任务 6.4　采购合同争议处理 148
　　　6.4.1　采购合同的变更和终止 149
　　　6.4.2　采购合同的解除 149
　　　6.4.3　争议处理 149
　　　6.4.4　采购合同中争议的解决方式 151
　复习题 154

项目 7　采购过程管理 155

　任务 7.1　采购过程控制 155
　　　7.1.1　采购流程 156
　　　7.1.2　采购实施注意项目 162
　　　7.1.3　采购订单的跟踪 163
　任务 7.2　采购货物检验 166
　　　7.2.1　货物检验的作用 167
　　　7.2.2　货物检验的流程 168

　　　7.2.3　货物质量的检验方法 169
　　　7.2.4　对不合格品的处理 169
　任务 7.3　采购质量管理 172
　　　7.3.1　采购质量管理概述 173
　　　7.3.2　采购质量管理的内容 174
　　　7.3.3　采购质量管理的原则——
　　　　　　"5R" 原则 174
　　　7.3.4　采购质量管理的方法 174
　　　7.3.5　提高采购货物质量的途径 176
　复习题 179

项目 8　采购库存控制与采购结算 180

　任务 8.1　库存管理 180
　　　8.1.1　库存与库存管理概述 181
　　　8.1.2　库存量管理的内容 182
　　　8.1.3　库存控制的方法 182
　　　8.1.4　采购作业的 ABC 分析 185
　任务 8.2　供料管理 190
　　　8.2.1　供料管理概述 191
　　　8.2.2　供料计划 192
　　　8.2.3　供料方式与方法 192
　任务 8.3　采购结算 195
　　　8.3.1　采购结算概述 196
　　　8.3.2　采购付款操作流程 197
　　　8.3.3　采购付款的主要结算方式 197
　复习题 200

项目 9　采购风险管理与绩效管理 201

　任务 9.1　采购风险管理 201
　　　9.1.1　风险概述 202
　　　9.1.2　采购与供应风险的种类 203
　　　9.1.3　采购风险的管理程序 204
　　　9.1.4　采购风险的控制与处理措施 205
　任务 9.2　采购绩效管理 209
　　　9.2.1　采购绩效评估概述 210
　　　9.2.2　采购绩效评估的方式 211
　　　9.2.3　采购绩效评估的基本要求 211
　　　9.2.4　采购绩效评估的标准 211
　　　9.2.5　采购绩效评估的指标 212
　　　9.2.6　采购绩效评估的人员 214
　复习题 218

模块 3　现代物流采购

项目 10　现代物流采购技术 221

任务 10.1　准时化采购 221
　　10.1.1　准时化采购的产生和
　　　　　　基本思想 223
　　10.1.2　准时化采购的原理和
　　　　　　特点 224
　　10.1.3　准时化采购的实施条件、
　　　　　　流程及步骤 224
　　10.1.4　准时化采购的实证分析 227

任务 10.2　电子商务采购 229
　　10.2.1　电子商务采购概述 230
　　10.2.2　电子商务采购的形式 231
　　10.2.3　网络采购操作模式
　　　　　　及其选择 232
　　10.2.4　电子商务采购的程序 233
　　10.2.5　电子商务采购的实施步骤 234
　　10.2.6　电子商务采购在中国 234

复习题 237

参考文献 238

教 学 建 议

【课程模块】

采购与供应管理是物流管理专业的一门专业核心课程,以采购与供应管理业务流程为主线,结合学习目标、引导案例、课堂讲解、案例讨论和能力拓展等多种形式展开教学。编者希望学生通过本书的学习,树立起现代采购与供应的理念,熟悉采购与供应管理业务流程,从而获得从事采购与供应管理工作岗位的技能。

本书的教学课时建议为 60 学时,课时分配见下表:

课程项目		课程任务		项目课时	任务课时	选/必修
项目1	认识采购供应与采购组织	任务1.1	采购与供应认知	6	2	必修
		任务1.2	采购组织及人员素质要求认知		4	必修
项目2	采购计划与预算	任务2.1	采购数量确定	6	2	必修
		任务2.2	采购计划制订		2	必修
		任务2.3	采购预算制订		2	选修
项目3	采购战略与模式	任务3.1	采购战略确立	4	2	必修
		任务3.2	采购模式确定		2	必修
项目4	供应商管理	任务4.1	供应商开发	6	2	必修
		任务4.2	供应商选择与评估		2	必修
		任务4.3	供应商关系管理		2	必修
项目5	采购谈判	任务5.1	采购谈判内容与原则	6	2	必修
		任务5.2	采购谈判策略与技巧使用		4	必修
项目6	采购定价与合同管理	任务6.1	采购价格确定	8	2	必修
		任务6.2	采购成本控制		2	必修
		任务6.3	采购合同签订		2	必修
		任务6.4	采购合同争议处理		2	选修
项目7	采购过程管理	任务7.1	采购过程控制	8	4	必修
		任务7.2	采购货物检验		2	必修
		任务7.3	采购质量管理		2	必修
项目8	采购库存控制与采购结算	任务8.1	库存管理	8	4	必修
		任务8.2	供料管理		2	选修
		任务8.3	采购结算		2	选修
项目9	采购风险管理与绩效管理	任务9.1	采购风险管理	4	2	必修
		任务9.2	采购绩效管理		2	必修
项目10	现代物流采购技术	任务10.1	准时化采购	4	2	必修
		任务10.2	电子商务采购		2	必修
总学时				60(必修52,选修8)		

模块 1
采购与供应管理基础

本部分包括:

项目 1　认识采购供应与采购组织

【物流术语】

【采购术语】

项目 1
认识采购供应与采购组织

任务 1.1 采购与供应认知

 学习目标

能力目标	<ul><li>能结合实际案例区别采购与购买、采购与采购管理</li><li>能运用所学理论知识说明采购与采购管理的内容</li></ul>
知识目标	<ul><li>熟悉采购、采购管理和供应管理的基本概念</li><li>了解采购的范围、分类</li><li>掌握采购管理目标和基本内容</li></ul>

 **案例引入**

力达公司为某市一家中型制造业公司。在3月底的公司中高层月度会议上,财务部李经理对4月份业务情况做了如下预测:

购进原材料成本为500 000元,加工成本为500 000元,若要实现销售利润为100 000元,则必须需要实现销售额1 100 000元。

倘若原材料、加工成本保持不变,要想使销售利润提高至150 000元,即购进原材料成本为500 000元,加工成本为500 000元,则销售额至少应达到1 150 000元。为此,销售部王经理感到压力非常大,究其原因是由于近半年来市场上竞争激烈……

讨论:假如你是力达公司的一名中高层管理人员(销售经理/市场经理/研发经理/采购经理/生产经理),你将用什么方法提高公司的销售利润?具体如何操作?

 案例导学

采购管理具有巨大的潜在作用,相对于提高销售额的努力,其付出较少时间和精力就能获得巨大效益(有统计资料表明,增加销售额要多付出5倍于降低采购成本的努力)。良好的采购将增加公司利润,有利于公司在市场竞争中赢得优势。

事实上,产品成本中的材料部分每年都存在着5%~10%的潜在降价空间,而材料价格每降低2%,在其他条件不变的前提下,净资产回报率可增加15%。

 **相关知识**

无论从生产企业的角度,还是从流通商贸企业的角度分析,采购物流都是企业物流过程的起始环节。作为物流活动的起点,采购涵盖了从供应商到需求方的货物、技术、信息和服务流动的全过程。采购已经成为当今企业获取利润的重要源泉。

1.1.1 购买、采购与供应

1. 购买

购买是指需要的主体用自身的收益,通过货币交换,获取衣、食、住、行用等生活资料。

2. 采购

采购即"采"+"购",是指单位或个人基于生产、销售、消费等目的,购买商品或劳动的交易行为。其指导思想是:用最合理的成本,在合适的时间和地点,向合适的供应商,以商品交易的形式进行公正购买活动,从而满足企业生存和发展的需要。

知识拓展

购买与采购是两个不同的概念,两者既有联系又有本质上的区别,见表1-1。

表 1-1 购买与采购的区别

标准	购 买	采 购
主体	家庭或个人	企事业单位、政府部门、军队和其他社会团体
客体	一般是生活资料	不仅仅是生活资料,更多是生产资料
品种与数量	品种有限,数量不多	品种、规格繁多,金额巨大
距离	物品供应商到用户的距离一般不远	供应商到用户的距离有时会很远
过程	从筹划开始到实施完成,相对比较简单易行	从策划到实施到任务完成,整个过程较复杂,是商流、物流、信息流和资金流综合运行的过程
风险	自然风险和社会风险都不大	风险较大,特别是国际采购存在一定的自然风险和社会风险

3. 供应

指将企业经营所需的资源提供给企业中需要资源的部门的企业经营活动。

知识拓展

采购和供应是相通的,但又不尽相同。采购和供应其实是一个连贯的动作,一个对外,一个对内,采购只不过是从企业外部的环境获取资源,而供应就是将这些资源供给企业内部客户。采购的前提必须是内部供应的需要,也就是采购计划,而采购计划的满足就是采购工作按时、按质、按量、以最小的成本完成。

1.1.2 采购管理与供应管理

1. 采购管理

采购管理是指为保障整个企业物资供应而对企业采购进货活动进行的管理活动。

2. 供应管理

供应管理是指为了保质、保量、经济、及时地供应生产经营所需的各种物品,对采购、储存、供料等一系列供应过程进行计划、组织、协调和控制,以保证企业经营目标的实现。

知识拓展

采购与采购管理的关系见表 1-2。

表 1-2 采购与采购管理的关系

标 准		采 购	采 购 管 理
区别	内容	具体的采购业务活动,是作业活动	对整个企业采购活动的计划、组织、指挥协调和控制活动,是管理活动
	对象	只涉及采购员个人	面向整个企业
	资源	只能调动采购科长分配的有限资源	可以调动整个企业的资源

续表

标准	采购	采购管理
联系	采购本身也是一项具体管理工作，它属于采购管理。采购管理可以直接管理到具体采购的每一个步骤、每一个环节以及每一个采购员	

1.1.3 采购范围与分类

1. 采购范围

采购的范围是指采购的对象或标的，包括有形物品、无形物品和劳务等，下面主要介绍前两者。

1）有形物品

有形物品包括原料，半成品和零部件，成品，维护、维修和运行部件（Maintenance, Repair and Operations，MRO），生产支持部件及资本设备等。

（1）原料。是指直接使用于生产的原材料，也是构成产品的最主要的成分。原材料质量是影响生产效率和成品质量的主要因素；原材料价格、可得性可能受不可抗力影响。

（2）半成品和零部件。包括供应商提供支持企业最终生产过程的所有产品。

（3）成品。是指完成规定的生产和检验流程后，并办理完成入库手续等待销售的产品。

（4）维护、维修和运营部件。是指所有不直接进入企业产品生产的部件，它们是企业正常运转所需用的最基本的部件，包括机器零配件、办公和电脑用品及清洁用品等。

（5）生产支持部件。包括包装和运输最终产品所需的材料，如托盘、箱子、集装箱、包装袋、麻袋、包装纸及其他包装材料等。

（6）资本设备。一般指使用1年以上的物品，具有这些特征：不是定期采购；需要大笔资金；在生命周期内可折旧；对宏观经济环境较敏感。

2）无形物品

无形物品包括技术、服务、工程发包等。

（1）技术。是指能够正确操作或使用机器、设备、原料等的专业知识。

（2）服务。是指依靠外部专业人员来提供一定的活动和服务。

（3）工程发包。包括厂房、办公室等建筑物的营造和修缮，以及配管工作、空调或保温工程、动力配线工程及安装工程等。

想一想

（1）企业为什么采购半成品、成品？你是如何看待服务采购的？

（2）某企业总务部的部分采购项目见表1-3，请为这些采购项目进行分类。

表1-3 某企业采购项目及分类

编号	采购项目	采购项目分类（大类/小类）
1	杂项物品，如卫生清洁用品、桌布、茶叶、咖啡等	
2	文具用品，如笔、计算器、本等	

续表

编号	采购项目	采购项目分类（大类/小类）
3	印刷品，如名片、公文纸等	
4	赠品，如年终纪念品、促销赠品、业务推广赠品等	
5	交际送礼、员工婚丧喜庆、挽联定制	
6	广告，如企业形象广告、人事及法务广告等	
7	会议筹备，如会场租赁、布置等	
8	场所租赁，如办公室、仓库、厂房租赁等	
9	福利活动，如旅行、健身、种类文体活动、车辆安排等	
10	货品托运	
11	展览会场工程发包	
12	打印机、传真机等所用耗材	
13	小型办公设备（价值在 2 000 元以下）及维修	
14	交通设备购买及维修	
15	厂房设备及工程发包维修	

2．采购分类

为了有针对性地、有效地解决特定采购问题，对采购进行分类，将有助于企业依据每一种采购的特点，合理选择采购方式，见表1-4。

表1-4　采购分类

标　　准	类　　别
按采购主体	可分为企业采购、政府采购、军队采购、其他社会团体采购
按采购商品用途	可分为工业采购、消费采购
按采购科学化程度	可分为传统采购和科学采购，而科学采购又分为订货点采购、准时制采购、物料需求计划（Material Requirement Planning，MRP）采购、供应链采购、招标采购、电子商务采购
按采购的权限	可分为集中采购、分散采购
按采购的区域	可分为国内采购、国外采购
按采购的时间	可分为长期合同采购、短期合同采购

1.1.4　采购地位和作用

随着全球经济、技术革新的加剧，企业间的竞争已由原来的产品竞争转化为供应链间的竞争，企业的采购已不再是传统的模式，而是一个专业范畴。它不仅是商品生产及交换整体供应链中的重要组成部分，而且也是企业经营管理的核心过程，更是公司获得经营利润的最大源泉。

1．采购地位

（1）源头地位。在企业中，利润同制造及供应过程中的物流和信息流的流动速度成正比，为此企业力求以最低的成本将高质量的产品以最快的速度供应到市场。从供应链角度来看，为加快物料和信息流的流动，企业必须依靠采购力量，充分发挥供应商作用，提高供应的可靠性和灵活性，缩短交货周期，从而创造更多的利润。

（2）价值地位。一般来说，企业的产品成本构成中外购件占 60%～70%（随国家和行业的不同，该比例会略有不同），也就是说，采购成本占销售成本的 60%～70%，因而采购是企业管理中"最有价值"的部分。

（3）质量地位。质量是产品的生命，而产品中有 60%的部分是由供应商提供，所以企业产品质量不仅要在企业内部进行控制，更多地应控制在供应商的质量过程中。供应商上游质量控制得好，将为企业下游质量控制打好基础，同时可以减少企业进货检验费，降低质量成本。

2．采购作用

（1）企业产品质量的基本保证。
（2）决定着企业的生产和销售的正常进行。
（3）决定着产品成本的高低。
（4）建立供应配套体系。
（5）合理利用资源，优化配置资源。

1.1.5　采购管理目标和重要性

1．采购管理总目标

采购管理的总目标是以最低的总成本为企业提供满足需要的物料和服务。

2．采购管理具体目标（5R 原则）

详见 7.3.3 相关内容介绍。

3．采购管理重要性

（1）保障供应。保障供应才能保障企业正常生产，降低缺货风险。
（2）质量保障。采购物资的质量好坏直接决定了企业生产的产品的质量好坏。
（3）降低成本。采购成本包括物资的价格、采购费用、进货费用、仓储费用、流动资金占用费用及管理费用等，它构成了生产成本的主体部分。如果采购成本过高，产品的生产成本将随之升高，企业的经济效益也随之降低。
（4）联系资源市场。采购是企业资源市场的关系接口，是企业外部供应链的操作点。
（5）信息保障。物资采购是企业与市场的信息接口。
（6）促进科学管理。物资采购是企业科学管理的开端，直接和生产相联系。物资采购供应模式往往会在很大程度上影响生产模式。

【拓展案例】

1.1.6　采购管理的内容

采购管理的内容，具体来说包括这几个方面：采购管理组织、需求分析、资源市场分析、制订采购计划、采购计划实施、采购评估与分析、采购监控和采购基础工作，如图 1.1 所示。

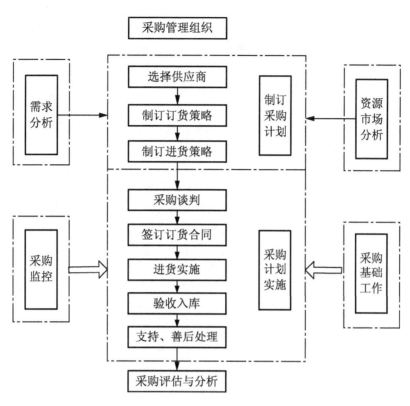

图 1.1　采购管理的基本内容

 职业能力训练

案例分析："采购现象"背后的"采购理念"

在当前全球经济一体化的大环境下，采购管理作为企业提高经济效益和市场竞争能力的重要手段之一，其战略性地位越来越受到企业的重视，但现代采购理念在发展过程中，由于遭遇的"阻力来源"各异，企业解决问题的方法不同等原因，体现了不同的"采购理念"。

1. 胜利油田的采购理念

在采购体系改革方面，集团购买、市场招标的意识已逐渐形成，但企业内部组织结构却给革新的实施造成了极大的阻碍。

胜利油田有 9 000 多人在从事物资供应管理，每年的物资采购涉及钢材、木材、水泥、机电设备、仪器仪表等 56 个大类，12 万项物资，总量约 85 亿元人民币。行业特性的客观条件给企业采购的管理造成了一定的难度，但更让人伤脑筋的是其中超过一半以上的产品是由与胜利油田有各种隶属和姻亲关系的工厂生产，其产品的质量无法与市场同类产品比较，而且价格一般要比市场价格高。例如电器类产品，价格比市场价格高 20%，但由于这是一家由胜利油田长期养活的残疾人福利工厂，所以只能是本着人道主义精神接受他们的供货，然而强烈的社会责任感让企业背上了沉重的包袱。同样，胜利油田使用的大多数涂料也是由下属工厂生产，一般只能使用 3 年左右，而市面上一般的同类型涂料可以使用 10 年。还有上级单位指定的产品，只要符合油田使用标准、价格差不多，就必须购买指定产品。

在这样的压力下，胜利油田能做到的就是逐步过渡，拿出一部分采购商品来实行市场招标，改革一步到位是不可能的。

胜利油田的现象说明，一些企业采购行为在表面上认可和接纳了物流的形式，但只是利用了物流的技术与形式，在封闭的市场竞争中，在操作中并没有质的改变。中国的大多数企业，尤其是国有企业，其采购管理薄弱，计划经济、短缺经济下粗放的采购管理模式依然具有强大的惯性，采购环节漏洞带来的阻力难以消除。

2. 海尔的采购理念

相对于胜利油田，海尔已经克服了体制问题，已经成为全面融入国际市场竞争的企业。海尔采取的采购策略是利用全球化网络，集中购买。以规模优势降低采购成本，同时精简供应商队伍。据统计，海尔的全球供应商数量由原先的2 336家降至840家，其中国际化供应商的比例达到了71%，目前世界前500强中有44家是海尔的供应商。

在供应商关系管理方面，海尔采用的是共同发展供应业务模式，即将很多产品的设计方案直接交给厂商来做，很多零部件是由供应商提供今后两个月市场的产品预测，并将待研发的产品形成图纸，供应商真正成为海尔的设计部和工厂，从而加快了海尔自身产品的研发速度。许多供应商工厂的叉车直接开到海尔的仓库，大大节约运输成本。海尔本身则侧重于核心的买卖和结算业务。这与传统企业与供应商关系的不同在于，它从供需双方简单的买卖关系，成功转型为战略合作伙伴关系，是一种共同发展的双赢策略。

网上采购平台的应用是海尔优化供应链环节的主要手段之一，其具有以下几个优点：

（1）网上订单管理平台实现了采购计划和订单的同步管理，使采购周期由原来的10天减少到3天，同时供应商根据订单和网上库存进行查询，及时补货。

（2）网上支付平台实现了支付准确率和及时率达到100%，有效降低了供应链管理成本。

（3）网上招标竞价平台不仅使竞价、价格信息管理准确化，而且防止了暗箱操作，降低了供应商管理成本。

与胜利油田相似，海尔在进行采购环节的革新时，也遇到了观念转变和利益调整的问题。然而与胜利油田不同的是，海尔在管理中已经建立起适应现代采购和物流需求的扁平化模式，在市场竞争的自我施压过程中，海尔企业首席执行官不仅接受了现代采购观念，加大推行力度，而且通过示范模式的层层贯彻与执行，彻底清除了采购过程中的"暗箱"。

3. 耐克的采购理念

提到耐克，人们不禁会想到耐克那适用于不同运动场合的舒适运动鞋，但又有多少人会关心耐克运动鞋的鞋底是哪里生产的？原料又是谁提供的？

的确，耐克公司作为全球著名的体育用品制造商，生产的体育用品主要有鞋类、服装和运动器材等。然而这家世界运动鞋霸主，并没有直接的原材料供应商，甚至没有自己的生产工厂。但是在众多发展中国家的工厂里，耐克运动鞋却被日夜不停地、一双又一双地生产出来。这些工厂拥有自己的供应商、机器设备、布匹和塑料等材料。因此，耐克的成功在很大程度上是建立在"大采购"战略基础上的。

对于像耐克这样的成熟跨国公司，它们把资源和注意力更多地放在了"核心能力"上面，而对于那些与核心能力无关的业务，则尽量通过采购获得。这是值得国内企业借鉴的成功战略。

以上3种不同的"采购现象"，直接反映了不同的市场机制、文化背景和管理模式下的"采购理念"。但从另一个角度看，就会发现采购在整个企业物流管理中的重要地位已经被绝大多数的企业所认可，更多的生产企业专注于自己的核心业务，而建立在合作基础上的现代供应链管理，无疑是对传统的采购管理模式的一次革命性的挑战。

分析：本案例中的3种采购现象分别体现了怎样的采购理念？

技能训练：分析比较购买与采购异同

【实训要求】

分组讨论各自购买经历，由每个学生各自谈自己的购买经历，从而分析比较购买与采购的异同。

每个学生可以说出自己认为的采购是什么样子的，然后在小组内讨论这个定义是否合理。每个小组可以根据所学知识和自己的认识对采购下一个定义，然后在所有的小组内进行讨论，评出最好的采购概念。

【实训组织】

（1）将班级同学按4~6人划分为一组，选定一位组长，负责整理并统计各成员的发言及数据。

（2）学生在规定的时间内完成小组讨论，并得出结论。

（3）以小组为单位，汇报讨论结果，进行班级讨论。

（4）教师点评学生工作。

课程重点

（1）采购、供应、采购管理和供应管理的基本概念。

（2）采购管理的目标。

（3）采购管理的基本内容。

任务1.2 采购组织及人员素质要求认知

 学习目标

能力目标	● 能够结合实际和案例分析阐述采购组织的必要性 ● 能区别不同采购组织类型 ● 能编制采购人员素质要求和职责要求
知识目标	● 了解采购组织定义、功能和类型 ● 熟悉采购组织结构的形式 ● 掌握采购人员的素质要求和职责要求

 案例引入

麦德龙是国际知名的经销商和现购自运经销系统的领头公司，也是德国最大和最成功的企业之一。1995年麦德龙来到中国，并与中国锦江集团合作，建立了锦江麦德龙"现购自运"有限公司。麦德龙现已在中国28个城市开设了33家商场。

麦德龙自进入中国后，各门店一直处于采购权高度集中的背景下，一些本土商品都要被购进麦德龙中国区总部上海，然后再从上海配送到门店，"绕了很大的弯子"。采购上高度集权，而卖场又散落在中国各地区，导致麦德龙的商品在配送时经常出现"掉链子"现象，其雄心勃勃的扩张计划也难以落地。

迫于巨大的业绩增长压力及困扰已久的"物流问题",2005年7月,麦德龙在中国试行采购新政——采购权力部分"下放",即区域公司在生鲜、蔬果的当地采购上获得一定的自主权,区域公司有权在当地选择生鲜、蔬果类产品供应商,并洽谈具体的供货事宜,然后再由总部的质量监测等部门依据"德国带来的严格程序"进行综合评估,最后在总部与分公司协商之后"敲定"采购内容。

讨论:

(1)你认为导致麦德龙的商品在配送时常"掉链子"的原因是什么?

(2)针对麦德龙公司的采购组织、采购方式,你有什么样的改进建议?

企业应根据自身状况,建立适合的、高效的采购机构,同时还要根据情况的变化对采购机构进行必要的调整,以适应环境的变化和要求,从而提升企业核心竞争力。

采购组织是指为了完成采购任务,保证生产和经营活动顺利进行,由采购人员按照一定的规则,组建的一种团队。

1.2.1 采购组织的类型

1. 分权式采购组织

分权式采购组织如图1.2所示。

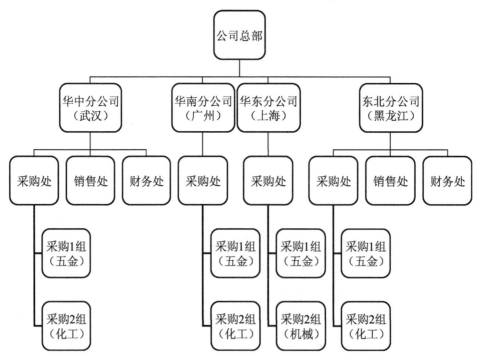

图1.2 分权式采购组织示例

（1）优点：紧急采购具有实效性、有利于地区性物资采购、手续简便和采购过程短。

（2）缺点：权力分散、无大折扣、对供应商政策可能不一致、易产生暗箱操作、采购成本增加。

（3）适用条件：小批量、低价、市场资源有保证、距离总部较远、研发与实验物品采购。

2．集权式采购组织

集权式采购组织如图1.3所示。

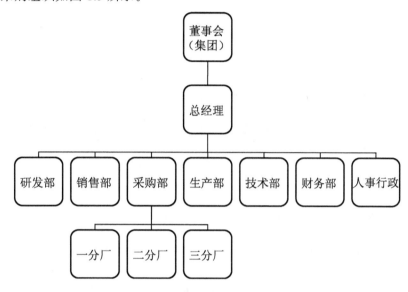

图1.3　集权式采购组织示例

（1）优点：降低材料成本、提高采购效率、稳定与供应商关系、防腐败、易实现标准化采购。

（2）缺点：手续多、采购过程长、责任重大。

（3）适用条件：大宗、批量、价高、关键性、保密性、易出问题、定期采购、连锁经营物品采购。

3．混合式采购组织

混合式采购组织如图1.4所示。

（1）特点：决策集中、执行分散、集权与分权协调运用。

（2）适用条件：政策性、技术性、大量采购或向国外采购由总公司统筹；小额、小批量或地区性采购，给下属企业较大的执行权。

4．跨职能采购小组

（1）跨职能采购小组是一种相对较新的组织形式。

（2）采购部门各种业务的实施有其行政管理或上下层关系，而不必须完全听命于需求单位。

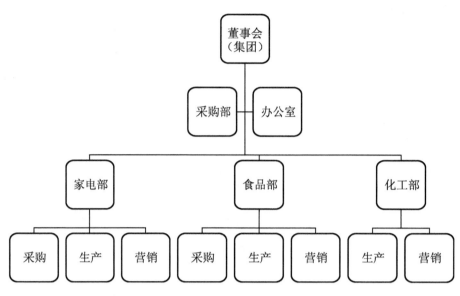

图 1.4　混合式采购组织示例

案例阅读

IBM（国际商业机械公司）的新型采购组织采用了一个与供应商的单一联系点（商品小组），由商品小组为整个组织提供对全部部件需求的整合。合同的订立是在公司层面上集中进行的，然而在所有情况下的采购业务都是分散的。采购部件和其他与生产相关的货物是通过分布在全球的采购经理组织的。这些经理对某些部件组合的采购、物料供应和供应商政策负责。他们向首席采购官（Chief Procurement Officer，CPO）和自己的经营单位经理汇报，经营单位经理在讨论采购与供应问题以及制定决策的各种公司业务委员会上与CPO会晤。CPO单独与每一个经营单位经理沟通，以使公司的采购战略与单独的部门和经营单位的需要相匹配，这保证了组织中的采购与供应商政策得到彻底的整合。IBM通过这种方法将其巨大的采购力量和最大的灵活性结合在一起。

想一想

试用框图画出采购经理、首席采购官和经营单位经理这三者间的关系。

练一练

（1）图1.5所示是3种不同的企业采购组织结构，结合所学知识分析它们是哪种组织形式，为什么？

（2）如果你是一家连锁超市的经理，你觉得哪一种组织结构比较合适？该采购组织需要做局部改革吗？请说出你的理由。

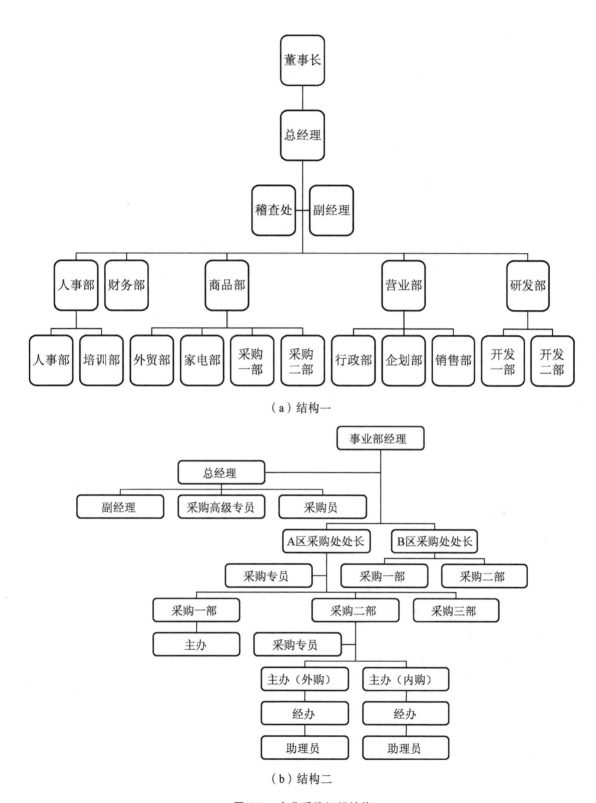

图1.5 企业采购组织结构

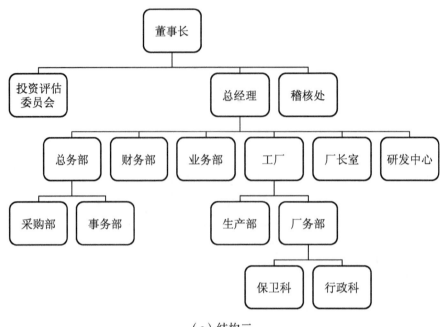

(c) 结构三

图 1.5 企业采购组织结构（续）

1.2.2 采购组织的组建

1．采购组织的组建步骤

（1）确定采购组织的结构。

（2）设立岗位，配置适当人员。

（3）确定各岗位人员数量。

（4）明确采购部门职责。

2．采购组织的组建原则

（1）同企业性质、规模相适应。

（2）同企业采购目标、方针相适应。

（3）同企业管理水平相适应。

3．影响采购组织在企业中地位的因素

（1）管理层自身的知识水平。

（2）采购材料在最终产品成本价格中所占比重。

（3）公司状况。

（4）公司对市场的依赖程度。

 案例阅读

沃尔玛采购部门的组织架构如图 1.6 所示。

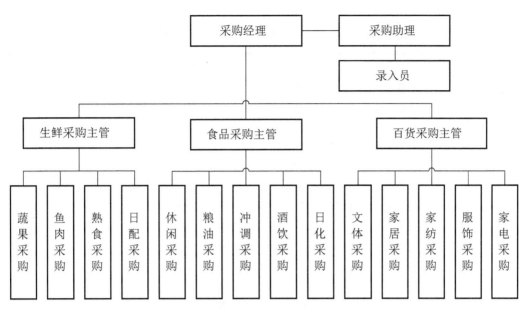

图1.6　沃尔玛采购部门的组织架构

在这个组织架构图中，不同规模的超市可以对其进行适当删减，如果是一家小型的超市，可以不设采购主管这一层，另外采购员一职也可以不用分得这么细，比如生鲜只设置两个人，食品也只设置三个人，百货则设置两个人。如果是一家大卖场或是大规模的连锁超市，由于品项多或业务比较繁忙，为了加强对采购工作的管理，也可以适当再增加一些人员，比如可以在品项较多、销售较好的采购组可设置两名采购员，或是在每名采购员下面再设置一名采购助理。但不管怎样取舍，采购的组织架构必须能够保证采购工作的正常开展，同时又必须兼顾到工作的效率和管理的费用。不要出现采购人员每天都从早忙到晚，但还是有做不完的工作的事情，也不要出现一件工作经过一个星期层层传递还是没做完的情况。管理的目的是更有效地整合企业内的各种资源，以最符合企业利益最大化的流程和路径，去实现企业的各种指标。采购组织架构的最终确定也必须符合这个要求。

1.2.3　采购组织和采购人员的职责

1. 采购组织的职责

采购部是公司对供应商的唯一窗口，是联系公司客户、公司与供应商的纽带，其主要职责是选择和管理供应商，控制并保证供应商原材料价格、质量和交货时间，以满足公司生产和市场供应。一般来说，公司均设有采购部，一些规模较大的集团或跨国公司设有采购总部。

2. 采购人员的职责

一般来说，采购部门的人员岗位可分为采购总监、采购经理、采购主管、采购员等几个级别。采购人员的主要职责如下：

（1）保证生产用料供应的连续性。

（2）指导产品生产和工艺的改进。

（3）制订企业物资计划。

根据企业的性质、规模不同，采购部门级别、人员和岗位职责会略有不同。表1-5所列为企业采购部门、采购人员职责示例。

表 1-5 采购组织、采购人员职责示例

采购部门、岗位	职责描述
采购总部	采购组织与工作职责的制定； 采购作业规范手册的编制与更新； 采购工作的培训与稽核； 辅导各采购部门的采购工作； 协调各采购部门与供应商之间的矛盾及交易条件
采购部门	筛选合作的供应商； 采购部门与供应商协商； 收集市场资讯，掌握市场的需要及未来的趋势
采购总监	协调各采购部门经理的工作并予以指导； 负责各项费用支出核准、各项费用预算审定和报批落实； 负责监督及检查各采购部门执行岗位工作职责和行为动作规范情况； 负责采购部员工的考核工作，在授权范围内核定员工的升职、调动和任免； 定期给采购人员培训
采购经理	决定与供应商的合作方式，审核与供应商的交易条件； 在采购主管需要支援时予以支援； 负责本部门工作计划的制订及组织实施和督导管理； 负责部门的全面工作，保证日常工作的正常运作； 负责执行采购总监的工作计划； 负责采购人员的业务培训和管理
采购主管	制订采购计划； 设定与监督采购物料标准； 采购人员的培养与管理
采购人员	经办一般性物料的采购； 查访厂商； 材料市场行情的调查； 查证进料的品质和数量； 进料品质和数量异常的处理； 与供应商谈判价格、付款方式、交货日期； 确认交货日期； 一般索赔案件的处理； 处理退货

1.2.4 采购人员素质要求

1. 品德要求

（1）操守廉洁。

（2）敬业精神。

（3）虚心、诚心、耐心。

2．知识素质

（1）政策、法律知识。

（2）市场学知识。

（3）业务基础知识。

（4）社会心理。

3．能力素质

（1）分析能力。

（2）协作能力。

（3）表达能力。

（4）成本分析能力。

（5）价值分析能力。

（6）预测能力。

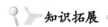知识拓展

如何成为一个合格的采购

采购人员拥有了采购的权力和责任，就可以开展工作了，但是有句俗语说得好"入门易、学精难"，要想成为一个合格的采购，不是学个一两天就能实现的，只有在实践中不断地分析总结和再学习，才能够不断提高，不要学了个皮毛，尾巴就翘到天上去了，这种态度是万万不可取的。那么，如何才能成为一个合格的采购呢？以下是几点建议：

1．操守廉洁

采购，是一个非常敏感的岗位，也是一个非常考验人的岗位，供应商为了达到各种目的，往往会采取各种方法来拉拢你，如果你意志薄弱，或是贪图小利，那么你就很难成为一个合格采购。公司有各种指标来考核采购人员，如果达不到的话，那么你的位子也是保不住的，而且"要想人不知，除非已莫为"。操守廉洁，是做一个采购的基本准则。有一句话是这样说的："做事可以失败，做人不可以失败。"能力差一些，通过实践可以提高，品质如果不行，那么连实践的机会都没有。

2．掌握市场

市场是不断变化的，消费者的需求也是不断变化的。现代的社会日新月异，瞬息万变。"秀才不出门，也知天下事"，注定会在现实中碰壁。采购人员如果不去了解市场变化，被淘汰的将是你自己，只有"知己知彼"，才能"百战百胜"。

3．精打细算

超市的综合毛利比百货大楼低，而且租金、人事等经营成本又要远远高于便利店、农贸市场。因而精打细算，开源节流，想方设法降低经营成本就成为一项很重要的工作，采购部门在其中可以发挥很大的作用，抠进价、多收取一些营业外收入、多获取一些折扣、最大限度地延长付款的期限、节约各种管理费用等等，都是采购部门应做的工作。

4．积极认真，讲究速度和效率

采购部门是整个公司的灵魂，养成积极认真的工作态度，速度和效率并重的工作方法，对于顺利完成采购工作是非常必要的。采购部门的工作内容多，工作范围大，接触的人和信息量也很多，如果没有一个积极认真的工作态度去对待这些问题，那么就容易出现张冠李戴，指鹿为马这类的事情。同时，要学会工作有计划性，先处理重要的、关键的工作，要合理的分配时间，不断提高自己工作的速度和效率。

5. 创新求进

商场如战场，不进则退，商场上不会有永远的赢家，也不会有永远的输家。如果墨守成规，不思进取，那么今天的巨人可能就是明天的病夫。根据实际情况的变化，不断更新自己的经营思路、工作方法、商品结构、商品价格等，才不会落后于别人。

6. 适应性强

采购是一个机动性很强的岗位，也是一个劳心劳力的工作。比如和不同的供应商谈判，要根据他们的不同特点，进行不同的准备，采取不同的方式。在面对他们时，你要扮演的是国王、演说家、艺术家、理论家、小市民等多重角色的一种或是多种。你会经常加班，经常学习新的知识，工作节奏非常快，非常消耗体力和脑力，如果没有较强的适应能力，你就很难做好采购工作。

7. 团结协作

人不能脱离群体而生活，个人的力量是有限的，不可能会有无所不能的天才。在现代的超市业态中，强调的是标准化、专业化、简洁化；强调的是各个环节的合理分工，紧密配合，要想依靠个人的力量去做好全部工作，是不可能实现的。作为采购人员，要善于和同事分工协作，和谐共处，凡事以公司的大局为重，以公司的利益为前提，尤其注重团队合作和团队精神。

（资料来源：节选自沃尔玛的采购管理手册）

非智力因素对职业发展的影响

在一个人的职业生涯中，有很多因素和契机会影响和改变人的事业发展和职业生涯，人们往往重视知识的积累，过多地看重学历，而非智力因素却常常被忽视。

曾经有这样一次面试：某著名大学贸易经济专业的一名本科生，满怀信心地来应聘一家知名公司的采购员岗位，在回答问题时，他对采购的技术理解和认识准确到位，但是却输给了一个虽然知识储备远不如他，但却具有很好的表达能力、沟通能力和感染力的中专生。虽然这位本科生的理论水平很高，知识功底很扎实，但他却忽视了非智力因素。在面试的时候，他从来没有与主考官有目光的交流，眼光几乎停留在主考官的旁边，仿佛在对着墙说话，对主考官提出的一些问题也表现出不屑回答的态度，一副"我是名牌大学本科生，小小的采购员还不能胜任吗？"的样子。正因为如此，他被淘汰了。

这个例子说明，沟通和交流是一个人在求职过程中的重要因素。首先，人与人的交流是相互的，在单向、没有共鸣的交流中，人是不会也不可能建立起信任和合作的，而这是在一个企业中工作最基本的条件。其次，在一个企业里，采购活动的成功与否，不仅在于技术层面因素，更大的程度上是体现在语言表达、沟通技巧、亲和力等方面。除此之外，还有很多影响职业发展的非智力因素，如个人的仪表、行为举止、自信心、面对压力的能力、接受挑战的能力、人生观、成长的背景等，既有外在的，也有内在和心理方面的因素。

想一想

据权威机构分析，人的成功与否有80%取决于非智力因素。面对激烈的人才市场竞争，你准备好了吗？

职业能力训练

案例分析："最理想的采购员"

李某大专毕业后被分配到一家大型公司工作。公司的业务非常忙，他刚到时，公司正接下一笔很大的订单，他和同事们连续加了两个多月班。许多新到的员工都招架不住，借故天热中暑在宿舍调休几天，唯独李某没有休假，工作中认认真真，服从主管的安排和分配。那几个月，李某的工作量是最大的，自然成绩也相当好，主管对他刮目相看。

3 个月后，公司的采购部门要招收一名采购员，总经理准备从这些新分配来的员工中挑选一位任职。他让每个部门的主管从自己部门推荐一位，主管推荐了李某，他很高兴。但当李某得知其他部门推荐上来的那些人后，自认为不管是从学历、经历，还是从管理经验上都不如他们，又有些灰心，所以在面试、笔试后，便不再想这件事，而是心无旁骛，专心干自己的工作了。

一转眼，10 天过去了，到了单位发工资的日子，李某去财务部门领工资。当他拿过工资，走出财务部，将手里的钱细细数了一遍后，发现多了 100 元钱，与工资单上的数目不符。他想，这不是自己的劳动所得，自然不能归为己有，于是，毫不犹豫地又返回财务部，将多出的 100 元钱还给了财务部。

第二天一上班，主管把李某叫到面前，高兴地说："采购员的招聘结果出来了，你被录取了！"李某听后，既感到高兴，又有些不安。兴奋的是他竟然应聘上了，而那些条件比他好的人却都落聘了；不安的是担心自己不能胜任采购员这项工作。主管见李某这个样子，拍着他的肩膀说道："这个职位是由总经理亲自指定录用你的，他还怕你担心做不好，又亲自给你找了一个有丰富实践经验的师傅带你。"李某听后感激地说："咱们总经理真好，给了我这么好的机会。"主管听了李某的话，笑了笑，说："不是总经理人好，也不是他给了你机会，是你自己给了你机会。"李某有些惊讶地说："为什么这么说呢？""你还记得昨天你领工资时，发现多领了 100 元钱吗？"主管解释说道："那是总经理特意安排财务给你们被推荐的 8 个人都多放了 100 元钱，结果只有你把多余的钱还了。"说到这里，主管语重心长地对他说："采购部门是全公司最重要的部门之一，公司经济利益的好坏、获利的高低与采购部门的工作关系极大，在买方市场的今天，采购员的权力也很大，个人不能有非分之想；否则，公司就要受到重大损失。并且，采购部门工作量大，需要脚踏实地的工作，而你，正是凭着诚实和勤奋得到了总经理的认可。你就是最理想的采购员，好好干吧！"

分析：
（1）李某是靠什么赢得采购员这一重要岗位的？
（2）这个案例说明了什么？对你有什么启发？

技能训练 1：采购人员素质要求

【实训要求】
（1）通过网上查阅资料，了解企业招聘采购人员的相关素质要求。
（2）参加企业实际的招聘会，感受一下气氛，并了解企业对采购人员的素质要求。

技能训练 2：采购员素质辩论赛

小张是某公司的采购人员，在采购岗位上已任劳任怨地干了 10 年。在这 10 年中，他与许多供应商打过交道，并且与不少供应商建立了较好的关系。每当过年过节这些供应商都会对小张有所表示，少则一份挂历，多则几百元不等的现金。小张对这些"表示"也一一笑纳，但小张有个原则，从不向供应商张口要什么。小张的观点是："在'不牺牲公司利益'的情况下，获得供应商的好处也没有什么关系。"

【实训要求】
(1)正方观点:小张的行为是对的,供应商对小张是善意的表示。
(2)反方观点:小张的行为是错的,供应商对小张是贿赂行为。
【实训组织】
(1)将全班分成若干小组(偶数组),每组6~8位同学,选定一位主辩,一位评委。
(2)分小组抽签决定正方与反方。
(3)每组推荐一名主辩,陈述本方观点3min。
(4)双方自由辩论5min。
(5)小组每位成员用两三句话阐述自己的观点。
(6)由评委小组选出每组胜方,记入小组考核成绩。
(7)评委公布各组辩论赛成绩。
(8)教师点评学生辩论赛。

课程重点

(1)采购组织结构的形式。
(2)采购组织、采购人员的职责。

复习题

(1)什么是采购管理?它的基本内容有哪些?
(2)采购组织的类型有哪些?比较各种采购组织类型的优、缺点及适用条件。
(3)采购组织、采购人员的职责通常有哪些?
(4)采购人员素质要求包含哪些内容?

【项目小结】

模块 2

采购与供应业务流程

本部分包括:
- 项目 2 采购计划与预算
- 项目 3 采购战略与模式
- 项目 4 供应商管理
- 项目 5 采购谈判
- 项目 6 采购定价与合同管理
- 项目 7 采购过程管理
- 项目 8 采购库存控制与采购结算
- 项目 9 采购风险管理与绩效管理

项目 2

采购计划与预算

任务 2.1 采购数量确定

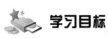 学习目标

能力目标	<ul><li>能够结合实际运用不同的采购数量订购方法</li><li>能有效运用不同的方法计算采购数量</li><li>能根据 MRP 工作原理进行采购数量的计算</li></ul>
知识目标	<ul><li>熟悉采购数量的基础知识</li><li>掌握采购数量的订购方法</li><li>掌握确定采购数量常用的计算方法</li></ul>

案例引入

Q公司是某市一家中小型制造企业，近几年销售形势一路看好，但公司管理大多数仍停留在手工管理阶段。小王是电机车间的材料管理员，不仅把车间材料进出管理得井井有条，而且爱动脑，颇具创新精神。因其在车间表现出色，刚被从车间提拔到该公司采购部，从事采购工作。可是近来他却烦恼不断，原因是他最近完成的两次采购"创新举动"都被有关领导批评了。

第一次采购，他考虑到每次运输成本的问题，比平时多采购了20%的电动机，却遭到了公司财务经理和仓储经理的一致反对，理由是多占用了资金，增加了仓储成本；第二次采购，他吸取了前一次采购的教训，略微减少了一些电机的采购数量，但引来了储运经理和生产经理的齐声反对，理由是将增加公司的运输成本，且生产冒着"缺货"风险……

讨论：假如你是这家公司的采购员小王，你将会如何确定采购数量？

案例导学

对采购数量的预测是做好采购计划的关键，采购数量应与实际生产需要相符合，即与生产计划、物料清单、存量管制卡及生产效率等有关。

相关知识

2.1.1 确定采购数量的基础

1. 生产计划

企业依据销售部门的预测，以往历史的销售数据，再加上主观的判断，形成销售计划。而生产部门依据销售数量，加上预期的各期期末存货减去期初存货，即形成生产计划。生产计划的计算公式为

$$生产计划＝预计销售量＋预计期末数－期初存货$$

2. 物料清单

物料清单（Bill Of Material，BOM）用以表述产品结构的技术文件，表明产品组件、子件、零件直到原材料之间的结构和数量关系，见表2-1。

表2-1 物料清单示例

层次	母件ID	子件ID	子件名称	计量单位	单位用量	提前期/周
0		10000	X	件		1
1	10000	11000	A	件	2	1
1	10000	12000	B	件	4	2
1	10000	13000	E	件	1	2
2	11000	11100	C	件	2	1

续表

层次	母件 ID	子件 ID	子件名称	计量单位	单位用量	提前期/周
2	11000	11200	D	件	1	1
2	12000	12100	R	m³	0.2	2
3	11100	11110	O	m³	1	3

想一想

为更清晰地看到物料清单结构,可将其转成产品结构树(坐标轴上的产品树,期量标准)表示。请问产品树该如何画呢?

3. 存量管制卡

存量管制卡用以表明库存状态,见表 2-2。

表 2-2 存量管制卡示例

物料名称			物料编号		存放地点			
物料等级	□	A	安全存量					
	□	B	最高存量		订购点			
	□	C						
日期	入库		出库	结存	日期	入库	出库	结存

2.1.2 采购数量的订购方法

1. 定量订货法

定量订货法是当库存量下降到一定水平(订购点)时,按固定的订购数量进行订购的方式。

(1)原则是实现库存费用和采购费用总和最低。

(2)一般来说,采购批量为经济订货批量。

(3)优点。

① 管理简便,订购时间和订购量不受人为判断的影响,保证库存管理的准确性。

② 由于订购量一定,便于安排相关作业活动,节约理货费用。

③ 按经济订购批量订购,节约库存总成本。

(4)缺点。

① 要随时掌握库存动态,严格控制订货点库存,占用一定的人力和物力。

② 订货时间不能预先确定,不利于人员、资金、工作业务的计划安排。

③ 受单一品种订货的限制,对于实行多品种联合订货,采用此方法时还需要灵活掌握处理。

（5）适用范围。

① 单价比较便宜，而且不便于少量订购的物品。

② 需求预测比较困难的物品。

③ 品种数据多，库存管理事务量大的物品。

④ 消费量计算复杂的物品及通用性强、需求总量比较稳定的物品。

2．定期订货法

定期订货法是按预先确定的、相对不变的订货间隔期进行订货补充库存量的一种库存管理方法。

（1）优点。

① 订货间隔确定，减少了库存登记费用和盘点次数，减少了工作量，提高了效率。

② 多种货物可同时采购，降低订单处理成本，降低运输成本。

③ 库存管理的计划性强，有利于工作计划的安排，实行计划管理。

（2）缺点。

① 遇有突发性大量需求，易造成缺货。

② 每次订货批量不固定，无法制定出经济订货批量，因而运营成本较高，经济性较差。

（3）适用范围。

① 消费金额高，需要实施严密管理的重要物品。

② 根据市场的状况和经营方针，需要经常生产或采购的物品。

③ 需求量变动大，而且变动具有周期性，可以正确判断的物品。

④ 建筑工程、出口等可以确定的物品。

⑤ 设计变更风险大的物品。

⑥ 多种商品采购可以节省费用的情况。

⑦ 同一品种物品分散保管、同一品种物品向多家供货商订购、批量订购分期入库等订购、保管、入库不规则的物品。

⑧ 需要定期制造的物品等。

2.1.3　确定采购数量常用的方法

1．经济订货批量法

经济订货批量法（Economic Order Quantity，EOQ）是指订购成本和保管成本总和最低的一次订购批量。

经济订货批量的计算公式为

$$Q = \sqrt{\frac{2AF}{C}} = \sqrt{\frac{2 \times 单位订货成本 \times 年需求量}{单位存储成本}} = \sqrt{\frac{2 \times 单位订货成本 \times 年需求量}{单位采购价格 \times 年存储费率}}$$

最佳订货周期的计算公式为

$$T = \sqrt{\frac{2F}{AC}} = \sqrt{\frac{2 \times 单位订货成本}{单位存储成本 \times 年需求量}}$$

每年最佳订货次数的计算公式为

$$N=\frac{A}{Q}=\frac{年需求量}{经济购进批量}$$

式中：A——年需求量；

Q——经济订货批量；

F——单位订货成本；

C——单位存货储存成本；

T——订货周期；

N——订货次数。

2. 固定数量法

固定数量法即 FOQ（Fixed Order Quantity）。每次订购的数量相同，订购数量凭经验，也可能考虑设备、产能限制或运输储存限制，不考虑订购及储存成本，见表2-3。

表2-3 固定数量法示例

周	1	2	3	4	5	6	7	8	9	10	11	12	合计
净需求		8	8	12			5	10	26	5	13	8	95
计划订购	34			34					34				102

3. 固定期间法

固定期间法即 FPR（Fixed Period Requirement）。每次订购期间固定而订购数量变动，基于订购成本较高考虑，期间长短凭经验，每期有库存，见表2-4。

表2-4 固定期间法示例

周	1	2	3	4	5	6	7	8	9	10	11	12	合计
净需求		8	8	12			5	10	26	5	13	8	95
计划订购	22				26				54				102

4. 批对批法

批对批法即 LFL（Lot for Lot）。订购数量与每期净需求量相同，不留库存，见表2-5。

表2-5 批对批法示例

周	1	2	3	4	5	6	7	8	9	10	11	12	合计
净需求		8	8	12			5	10	26	5	13	8	95
计划订购		8	8	12			5	10	26	5	13	8	95

2.1.4 物料需求计划法

1. MRP 对采购的作用

MRP 对采购与供应管理提供了一系列的规范化流程，有利于简化采购计划及调配，同时又可以批量采购、简化运输管理、减少库存，从而控制品质、降低成本、提高整体采购效率。

2. MRP 的几个基本概念

（1）独立需求。当一个库存项目的需求不依赖于其他库存项目的需求时，称为独立需求。独立需求主要受市场等外部随机因素影响，需求来自客户的订单或预测。

（2）相关需求。当一个库存项目的需求依赖于其他库存项目的需求时，称为相关需求，又称为非独立需求。

（3）主生产计划。主生产计划即 MPS（Master Production Schedule）。它根据客户订单和市场预测，将销售计划或生产规则具体化，确定每一个具体产品在每一个具体时间段内的生产计划。

（4）MRP 在企业计划中的位置如图 2.1 所示。

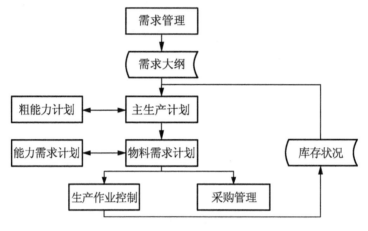

图 2.1　MRP 逻辑图

3. MRP 的基本原理、工作和计算过程

1）基本原理

（1）由最终产品的主生产计划导出有关物料（组件、材料）的需求量与需求时间。

（2）根据物料的提前期来确定投产或者订货时间。

2）工作过程

MRP 的工作过程如图 2.2 所示。

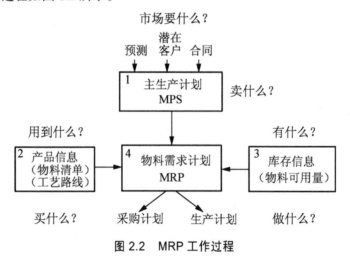

图 2.2　MRP 工作过程

3)计算过程

(1)预测需求。

(2)计算毛需求。

① 需求时界以内:合同为准。

② 计划时界以内:预测值或合同中较大者为准。

③ 计划时界以外:预测为准。

(3)计算 MPS 报表。

① 计算净需求公式。

净需求=本时段毛需求—前一时段末可用库存量—本时段计划接收量+安全库存量

② 计算计划产出量:根据设置的批量规则计算得到的供应数量。

③ 计算计划投入量:根据计划产出量、物品的提前期以及物品的合格率等计算出。

④ 计算预计可用库存量公式。

预计可用库存量=前一时段的可用库存+本时段计划接受量
—本时段毛需求量+计划产出量

职业能力训练

技能训练 1:采购数量计算

已知 A 产品的 BOM 结构如图 2.3 所示。A 是最终产品,属于独立需求,已知其需求量为 100 个,其产品及零部件的库存量见表 2-6。

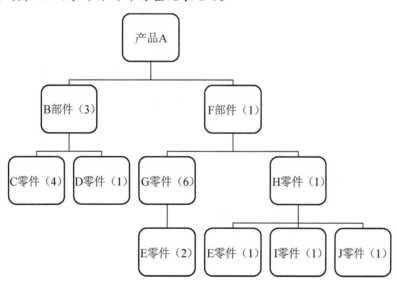

图 2.3 A 产品的 BOM 结构

表 2-6 A 产品及零部件的库存量

名　　称	库　存　量	总　需　求　量	实际需求量
A	0	100	
B	250		
C	14		

续表

名　称	库存量	总需求量	实际需求量
D	20		
E	40		
F	16		
G	54		
H	10		

【实训要求】

分析计算该产品所需各种零部件的数量。

技能训练 2：MPS/MRP 计算

已知某产品初期库存为 160，安全库存为 50，生产批量为 100，需求时界为 3，计划时界为 8，无提前期。各时段预测量及合同量见表 2-7。

表 2-7　某产品 MPS 相关数据

时　区	需 求 时 区			计 划 时 区					预 测 时 区			
时段/周	1	2	3	4	5	6	7	8	9	10	11	12
预测量	60	60	60	60	60	60	60	60	60	60	60	60
合同	110	80	50	70	50	60	110	150	50		50	20
毛需求	110	80	50	70	60	60	110	150	60	60	60	60
计划接收量	0											
预计库存量												
净需求												
计划产出量												
计划投入量												

【参考答案】

【实训要求】

请完成表内预计库存量、净需求、计划产出量和计划投入量的计算。

 课程重点

（1）采购数量的订购方法。
（2）采购数量的计算。
（3）MRP 的工作原理和计算。

 任务 2.2　采购计划制订

学习目标

能力目标	● 能结合实际案例分析企业采购计划的合理性和有效性 ● 能根据采购计划流程初步编制采购计划

知识目标	● 了解采购计划的定义、特点 ● 掌握采购计划制订的步骤 ● 熟悉采购计划编制的注意事项

 案例引入

随着全球经济一体化的加强，国际生产节奏明显加快，生产物资需求巨大。对于尤为火爆的电力行业而言，物资市场出现资源紧张、原材料价格持续上涨的现象，该行业厂家纷纷抢占资源，而该行业生产所必需的铸锻件的采购工作更是面临空前压力。

在这种严峻的市场形势下，怎样有效保证大型铸锻件的及时供应，成为该汽轮机厂物资采购部门工作的主题。为做好该项工作，物资采购部本着"兵马未动，粮草先行"保供应；质优价廉降成本；廉洁自律，树立形象育新人的物资供应工作方针，采取一切有效措施，持续优化物资采购管理体制和运行体制。其具体行动如下：

（1）采购计划管理和供应商管理密切结合。建立长期的战略合作伙伴关系，保持与供应商高层密切沟通。

（2）加强计划采购管理。严格制订采购作业计划，并在最短时间内根据生产计划的调整做出相应的采购计划和预算的调整。

（3）加强采购计划的监督实施。密切跟踪和催交，缩短库存周期，减少库存占用，保证资源及时进入生产现场。

（4）加强协调与配合。即主要加强沟通和信息传递。

（5）对大宗物资的招标比价采购工作。对供应商品进行深入细致的摸底和对兄弟单位的走访。

讨论：

（1）在物资市场资源紧张、原材料价格持续上涨的大背景下，为什么说采购计划管理显得尤为重要？

（2）想一想你自己或找一找你身边的同学、朋友有无采购计划管理不善的事件？

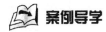 **案例导学**

及时制订采购计划，加强制订采购计划，加强采购管理，并监督计划实施是取得较好效果的关键。

 相关知识

2.2.1 采购计划的概念和特点

计划是管理的首要职能，任何组织都不能没有计划。采购计划是采购管理工作的第一步，采购计划制订得是否合理、完善，直接关系到整个采购运作的成败。

1. 采购计划的概念

采购计划是对未来采购行动的安排，即企业管理人员在了解市场供求情况、认识企业生产经营活动过程及掌握物品消耗的基础上，对计划期限内物品采购活动所做的预见性安排和部署。

2. 采购计划的特点

（1）与组织的未来有关。采购计划不仅是对历史采购情况做总结，而且是对未来趋势做预测和规划。

（2）与人们的行动有关。采购计划不是纸上谈兵，而是要落实到实处的一种行动纲领。

（3）与管理的其他职能有关。采购计划作为管理职能的首要职能，与组织职能、领导职能和控制职能共同作用并相互影响。

2.2.2 采购计划的有效性

（1）统一性。指针对某一项活动的所有计划，目标必须一致。

（2）灵活性。指计划的应变能力。由于未来的不确定性，计划本身应该具备在一定范围内的可调整性，以适应变化的产生。

（3）精确性。指计划的精细程度。它与计划的灵活性并不相矛盾。

（4）经济性。指所制订的计划是否是以较少的投入获得较大的收益。

2.2.3 采购计划影响因素

采购计划的制订不是盲目和毫无根据的。在企业中，采购计划的编制往往是以销售计划、生产计划、物料清单、存量管制卡、物料标准成本、生产效率和价格预期等为依据的。

（1）销售计划。企业年度计划均以销售计划为起点，而销售计划的制订又受销售预测的影响。

（2）生产计划。年度生产计划以年度销售计划为主要依据，同时年度生产计划决定着采购计划。年度生产计划要相对稳定，以保证各种资源的均衡利用。

（3）物料清单。由于物料清单规定了产品的原材料品种与数量的匹配问题，所以物料清单的正确与否将直接影响到采购计划的制订，从而也影响着企业生产的正常进行。

（4）存量管制卡。表明物料的库存状态。若原材料有库存，采购数量并不等于用物料清单和生产数量计算出来的数量。

（5）物料标准成本。由于价格的波动性，采购价格多以标准成本代替。实际采购价格与标准成本的差额是采购预算正确性的评估指标。

（6）生产效率。生产效率的高低决定着物料需求量与实际耗用量间的差异。

（7）价格预期。在编制预算时，通常会将物料价格涨跌幅度、市场供应变化和汇率等因素变动考虑在内。

 想一想

年度生产计划为何要相对稳定？否则会有什么后果？

2.2.4 采购计划制订的流程

采购计划的制订主要包括两部分内容：第一，采购认证计划的制订；第二，采购订单计划的制订。这两部分需要综合平衡，才能保证物料的正常供应。采购计划制订的具体流程如图 2.4 所示。

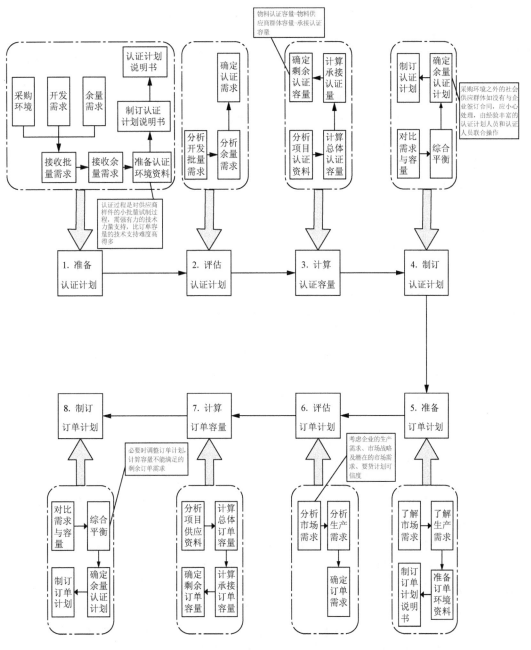

图 2.4 采购计划制订流程

1. 采购认证计划的制订

1）准备认证计划

（1）接收批量需求。首先，需要熟悉认证的物资项目，包括所涉及专业知识范围、认证的需要和目前的供应状况；其次，需要熟悉开发批量需求，即需要确定是在已有的采购环境中就能发掘到，还是需要企业的采购部门寻找新的供应商。

（2）接收余量需求。随着企业规模的扩大，市场需求也在变大，原有的采购环境不足以支持企业的物料需求；或者现有采购环境有下降趋势，导致物料环境容量缩小。这两种情况均会产生余量需求，这就需要对采购环境进行扩容。采购环境容量的信息一般是由认证人员和订单人员来提供的。

（3）准备认证环境资料。采购环境的认证包括认证环境和订单环境两个部分。有些供应商的认证容量较大，但订单容量较小；有些供应商的情况却相反。这是由于认证过程本身是供应商样件的小批量试制，该过程需要强有力的技术力量支持，甚至是供应商的共同参与。而订单过程是供应商的规模化生产过程，其突出表现是自动化机器流水作业及稳定的生产，技术工艺已经固定在生产流程之中。因此，认证容量的技术支持较订单容量的技术支持要难得多。

（4）制订认证计划说明书。即准备好认证计划所需的材料，包括认证计划说明书（物料项目名称、需求数量、认证周期等）、开发需求计划、余量需求计划、认证环境资料等。

2）评估认证计划

（1）分析开发批量需求。分析开发批量需求不仅需要分析量上的需求，而且要掌握物料的技术特征等信息。由于开发批量需求的多样性，认证计划人员需要兼备计划知识、开发知识和认证知识，能从战略高度分析和判断问题。

（2）分析余量需求。分析余量需求首先需要对余量需求进行分类识别，即分辨余量需求是市场需求造成的，还是因供应商萎缩形成的。这两种余量之和即为总的需求容量。

（3）确定认证需求。通过开发批量需求及余量需求的分析结果即可算出认证需求。

3）计算认证容量

（1）分析项目认证资料。由于物料项目千差万别，其加工过程和周期也各不相同，企业的物料采购计划人员应尽可能熟悉物料采购项目的认证资料。

（2）计算总体认证容量。在采购环境中，供应商订单容量与认证容量是两个不同的概念。一般来说，采购环境的总体容量是所有供应商的认证容量之和，但个别供应商的认证容量需要加以一定的系数。

（3）计算承接认证量。供应商的承接认证容量等于当前供应商正在履行认证的合同量。

（4）确定剩余认证容量。某一物料所有供应商群体的剩余认证容量之和，称为该物料的剩余认证容量。其计算公式为

$$物料剩余认证容量 = 物料所有供应商群体总体认证容量 - 承接认证量$$

采购环境中的认证容量不仅是采购环境的指标，而且也是企业不断创新、维持持续发展的动力源。新产品源源不断的问世正是基于认证容量价值的体现。

4）制订认证计划

制订认证计划需要经过对比需求与容量、综合平衡、确定余量认证计划和制订认证计划

4步。需要注意的是，如果认证需求小于认证容量，则不必进行综合平衡；如果认证需求量大大超出供应商容量，则必须进行综合平衡。对于剩余认证需求需要制订采购环境之外的认证计划，并且采购环境之外的社会供应群体如没有与企业签订合同，那么制订认证计划更要小心处理，最好由经验丰富的认证计划人员和认证人员联合操作。

2．采购订单计划的制订

1）准备订单计划

准备订单计划包括了解市场需求、了解生产需求、准备订单环境资料、制订订单计划说明书4步。其中，以准备订单环境资料尤为重要，其资料包括订单物料的供应商信息、订单比例信息（对同一物料有多家供应商而言）、最小包装信息、订单周期等。订单环境一般使用信息系统进行管理。

2）评估订单计划

（1）分析市场需求。指分析企业生产需求、企业的市场战略及潜在的市场需求、要货计划的可信度等。

（2）分析生产需求。指分析生产需求的生产过程、生产需求量和要货时间。随着毛需求在不同时期的变化，对企业不同时期产生的不同生产需求进行分析是很有必要的。

（3）确定订单需求。根据市场需求和生产需求的分析结果，就可以确定订单。通常通过订单操作手段，在未来指定的时间内，将指定数量的合格物料采购入库。

3）计算订单容量

计算订单容量是采购计划中的重要组成部分。只有准确地计算好订单容量，才能对比需求和容量，再经过综合平衡，得出正确的订单计划。计算订单容量需要经过分析项目供应资料、计算总体订单容量、计算承接订单容量和确定剩余订单容量4步。

4）制订订单计划

（1）对比需求与容量。如若需求小于容量，则企业可根据需求直接制订订单计划；如若需求大于供应商容量，则企业需要制订适当的物料需求计划，这样就产生了剩余物料需求，需要对剩余物料重新制订认证计划。

（2）综合平衡。指综合考虑市场、生产、订单容量等要求，分析物料订单需求的可行性。如有必要，可调整订单计划，计算容量不能满足的剩余订单需求。

（3）确定余量认证计划。对需求超出容量的剩余需求，交给认证计划制订者处理并确定能否按照物料需求的时间及数量及时交货。为保证物料的及时供应，这时可由经验丰富的认证计划人员负责操作。

（4）制订订单计划。制订订单计划是采购计划的最后一个环节，订单计划制订好后，便可按订单计划进行采购工作了。一份完整的订单包括下单数量和下单时间两个方面。

2.2.5　采购计划编制注意事项

（1）计划应尽量具体化、数量化，说明何时、何地、何人实施，以便于计划的管理、执行和控制。

（2）应根据实际情况，适时对计划进行修改和调整。

职业能力训练

案例分析：某公司的战略采购计划

表 2-8 为某公司的五年战略采购计划。

表 2-8　某公司五年战略采购计划

规划内容	年份				
	2012	2013	2014	2015	2016
年供应成本降低幅度	20%	20%	20%	15%	15%
BOM 库存/天	45	40	35	25	20
BOM 外购比例	60%	65%	70%	80%	90%
标准件比例	30%	35%	40%	50%	70%
BOM 供应商数目	400	300	250	200	150
供应商早期介入比例	5%	10%	15%	18%	25%
ISO 9000 认证供应商比例	40%	60%	75%	85%	95%
来料免检比例	50%	60%	70%	80%	85%
平均交货准时率	85%	90%	95%	97%	99%
平均交货周期/天	20	15	12	8	5
JIT（Just in Time，准时化）供应商比例	10%	15%	35%	50%	70%
集中采购比例	40%	60%	70%	80%	85%
招标采购比例	50%	70%	80%	75%	60%
网上采购比例	10%	30%	40%	50%	60%
绿色采购比例	2%	5%	8%	10%	15%
管理现代化程度	MRP	MRP Ⅱ	ERP	ERP	ERP
供应链管理比例	2%	5%	20%	25%	40%
废弃材料比例	4%	3.50%	2.80%	2.50%	1.50%
采购人员本科以上学历比例	40%	50%	70%	80%	90%
采购人员年培训小时	30	40	50	55	60
采购人员轮岗的比例	10%	12%	15%	15%	12%

分析： 请以小组为单位分析和讨论该计划，并说明从中得到了什么启示？

课程重点

（1）采购计划制订的流程。

（2）采购计划的内容。

任务 2.3　采购预算制订

学习目标

能力目标	● 能运用所学知识分析企业采购预算的合理性 ● 能制订初步的采购预算
知识目标	● 了解采购预算的意义、作用 ● 熟悉采购预算的内容 ● 掌握采购预算的编制步骤

案例引入

（1）材料的预算编制除遵照本公司预算制度外，均按照本规则的规定办理。

（2）材料预算的分类有以下几种：

① 按内容分为用料预算、购料预算。

② 按用途分为营业支出用料预算、资本支出用料预算。

③ 按编制的期间分为年度预算、分期预算。

（3）年度用料预算的编制流程包括以下步骤：

① 由用料部门依据营业预算及生产计划编制《年度用料预算表》，特殊用料应预估材料价格，经主管科长核定后，送企划科的材料管理部汇编《年度用料总预算》，再转会计部。

② 凡属委托保修部修缮的工作，都由保修部按用料部门计划代为编制预算，并通知用料部门。

③ 材料预算经最后审定后，由总务科的仓运部严格执行，如经审核后减少预算，应由一级主管召集科长、组长、领班研拟分配后核定，由企划科分别通知各用料部门重新编列预算。

④ 用料部门用料超出核定预算时，由企划科通知总务科的仓运部。用料部分超出数在10%以上时，应由用料部门提出书面理由，转呈一级主管核定后办理。

⑤ 用料总预算超出10%时，由企划科通知总务科的仓运部说明超出原因，呈请核实，并办理追加手续。

（4）分期用料预算由用料部门编制，凡属委托修缮的工作，保修部按用料部门计划分别代为编制《用料预算表》，经一级主管核定后送企划科，再转送仓运部。

（5）资本支出用料预算，由一级主管根据工程计划，通知企划科，按前条的规定办理。

（6）购料预算的编制流程包括以下步骤：

① 年度购料预算由企划科汇编并送呈审核。

② 分期购料预算，由仓运部根据库存量、已购未到数量及财务状况，编制《购料预算表》，会同企划科送呈审核，转公司财务会议审议。

（7）经核定的分期购料预算，在当期未动用者，不得保留。其确有需要者，可于下期补列。

（8）资本支出预算，年度有一部分未动用或全部未动用者，其未动用部分不能保留，视情况可在次年度补列。

（9）未列预算的紧急用料，由用料部门领用料后，补办追加预算。

（10）用料预算除由用料部门严格执行外，同时由仓运部及企划科配合控制。

讨论：

（1）以上案例中，采购预算包括哪几部分内容？

（2）根据上述采购预算案例，简要说明采购预算的编制过程。

 案例导学

企业资源是有限的，企业管理者必须通过有效地分配有限的资源来提高资金效率，以获得最大的收益。一个良好的企业不仅要赚取合理的利润，还要保证企业有良好的资金流。

 相关知识

2.3.1 预算概述

1. 预算的意义

有效地分配有限的资源，以提高资金利用效率，从而获得最大的收益。

2. 预算的作用

（1）保障战略计划和作业计划的执行，朝统一的良性方向发展。

（2）协调组织经营资源，有效分配各部门之间的资金。

（3）合理安排资源，保证资源分配的效率性。

（4）控制支出。通过审批拨款过程和差异分析等手段控制支出。

（5）监视支出。通过实际与预算对比，找出差异产生的原因和应对方法。

3. 预算的种类

预算的种类见表2-9。

表2-9 预算的种类

标　　准	分　　类	特　　点
根据时间长短	长期预算	时间跨度超过1年，主要涉及固定资产的投资问题，对企业战略计划执行有着重大意义
	短期预算	1年内的对经营财务等方面所做的总体规划的数量说明，对作业计划的实现影响重大
根据涉及的范围	全面预算	属短期预算，涉及企业的产品成本或服务的收入、费用、收支等各方面的问题，随着部门和单元特性的不同而有所变化，分为财务预算、决策预算、业务预算
	分析预算	分类多种多样，有基于具体活动的过程预算，也有各分部门的预算

2.3.2 采购预算

1. 采购预算的内容

（1）原料预算。基于生产或销售的预期水平及来年原材料的估计价格来确定，有可能偏离实际。原材料预算为组织提供以下作用：

① 确保原料需要时能及时得到。
② 用于确定原材料和成品部件的最大价值。
③ 为供应商提供产量计划信息和消耗速度计划信息。
④ 为生产和材料补充的速度制订恰当的计划。
⑤ 削减运输成本。
⑥ 帮助提前购买。

（2）MRO 供应。包含在生产经营运作过程之中。不同企业的 MRO 供应可能差异很大。MRP 预算通常根据以往的比例，再加上库存和价格预期因素来确定。

（3）资产预算。是资产预算是较大的支出。在考虑预算时，不仅要考虑初始成本，还要包括维护消耗及备用部件成本等的生命周期总成本。

（4）采购运作预算。指采购业务运作过程中发生的所有费用，包括工资、差旅费、办公设施、电话费、电费和技术费等。

2. 采购预算的编制步骤

（1）采购预算考虑因素包括原料和零部件库存、生产原料的未执行订单、安全库存和交货周期、生产进度表、主要原料和零部件的长期价格趋势、短期单位价格。

（2）采购预算编制的一般流程如图 2.5 所示。

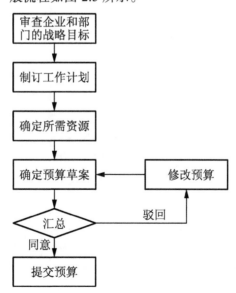

图 2.5 采购预算编制的一般流程

（3）制造业采购预算编制流程如图 2.6 所示。

对制造业来说，通常以销售计划为年度经营计划的起点，然后确定生产计划。采购预算是采购部门为配合年度销售预测及生产计划，对需求的原材料、零部件等的数量及成本所做的估计，其目的是企业整体目标的实现。

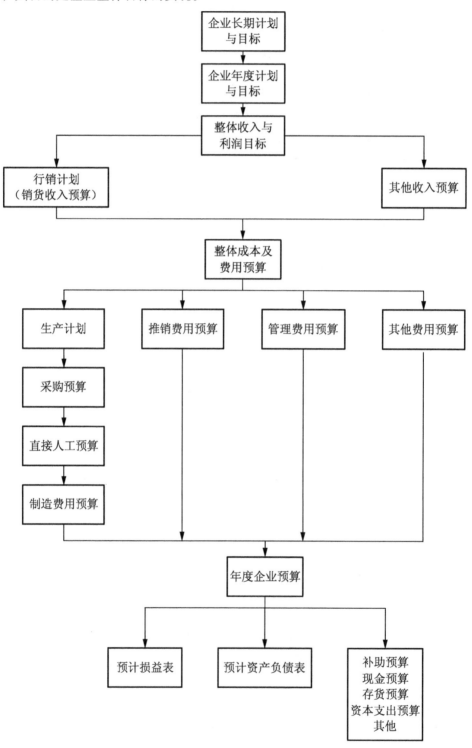

图 2.6　制造业采购预算编制流程

职业能力训练

技能训练：采购计划和采购预算的编制

2016 年 11—12 月期间，某企业的物资采购部门准备根据生产计划（该生产计划是在分析市场需求的基础上编制的）编制 2017 年度的物资采购计划。为此，首先对 2016 年各种物资的进、销、存等各类情况进行了全面清查和统计，并对 2017 年各种物资的需要情况进行了摸底，为编制 2017 年的采购计划和预算提供了依据。

（1）根据表 2-10～表 2-12 提供的资料，编制《2016 年各种物资收发平衡表》(表 2-13)。

表 2-10　2016 年年初各种物资的实际库存

年　月　日

类　别	品名及规格	单　位	数　量
钢材	冷轧不锈钢卷	t	300
钢材	高强结构钢板	t	500
钢材	锻件用钢板坯	t	450
钢材	16#槽钢	t	100
钢材	10#角钢	t	200
建材	松木	m³	300
建材	通用水泥	t	400
化工	氯碱	t	80
防护	工作服	套	800
工具	数控刀具	把	280
电料	电力电缆	m	1 500
轴承	球轴承	套	400

制表人：

【参考答案】

表 2-11　2016 年各种物资各月收入情况

年　月　日

类　别	品　名	单　位	1—10 月实际收入	11—12 月预计收入
钢材	冷轧不锈钢卷	t	350	100
钢材	高强结构钢板	t	2 500	500
钢材	锻件用钢板坯	t	300	100
钢材	16#槽钢	t	400	100
钢材	10#角钢	t	230	40
建材	松木	m³	500	150
建材	通用水泥	t	1 500	450
化工	氯碱	t	1 200	400

续表

类别	品名	单位	1—10月实际收入	11—12月预计收入
防护	工作服	套	3 500	1 800
工具	数控刀具	把	1 000	220
电料	电力电缆	m	3 500	1 200
轴承	球轴承	套	1 600	500

制表人：

表2-12　2016年各种物资各月发出情况

年　月　日

类别	品名	单位	1—10月实际发出	11—12月预计发出
钢材	冷轧不锈钢卷	t	400	200
钢材	高强结构钢板	t	2 000	600
钢材	锻件用钢板坯	t	450	150
钢材	16#槽钢	t	500	180
钢材	10#角钢	t	160	50
建材	松木	m³	350	160
建材	通用水泥	t	1 500	800
化工	氯碱	t	900	300
防护	工作服	套	2 500	800
工具	数控刀具	把	1 000	300
电料	电力电缆	m	3 000	1 600
轴承	球轴承	套	1 800	400

制表人：

表2-13　2016年各种物资收发平衡表

年　月　日

类别	物品名称及规格	单位	2016年年初库存	2016年收入			2016年发出			2016年年底库存
				1—10月实际收入	11—12月预计收入	合计	1—10月实际发出	11—12月预计发出	合计	

制表人：

（2）根据以下资料编制《2017年生产用物资核算表》（表2-14）。

① 钢材。

高强结构钢板：一分厂生产甲类产品每件耗用高强结构钢板500kg，2017年计划生产该产品2 300件；二分厂生产乙类产品，每件耗用高强结构钢板1 000kg，2017年计划任务量为1 200件。

16#槽钢：三分厂生产丙类产品，2016年预计完成1 300件，预计消耗16#槽钢600t，2017年计划任务量为1 700件（增减系数暂不考虑）。

② 工具。刀具2017年计划需要量为1 600把（生产丙种产品）。

③ 轴承。轴承2017年计划需要量为2 400把（生产丙种产品）。

表2-14　2017年生产用物资核算表

年　月　日

物品名称规格	计量单位	2016年预计					2017年计划					备注
		产品			消耗定额	需要量	产品			消耗定额	需要量	
		规格	单位	产量			规格	单位	产量			

制表人：

（3）根据以下资料编制《2017年基建用料汇总表》（表2-15）。

① 2017年木材（原木）需要量为150m³。

② 2017年水泥（425）需要量为500t。

表2-15　2017年基建用料汇总表

年　月　日

类　别	品　名	单　位	数　量

续表

类 别	品 名	单 位	数 量

制表人：

（4）根据表 2-16 提供的资料编制《2017 年维修用料汇总表》（表 2-17）。

表 2-16　2017 年维修用料需要情况表

年　月　日

部　门	品　名	单　位	数　量
一分厂	冷轧不锈钢卷	t	280
	16#槽钢	t	180
	松木	m^3	100
	通用水泥	t	390
	工作服	套	650
	电力电缆	m	2 200
	球轴承	套	900
二分厂	通用水泥	t	200
	工作服	套	200
	电力电缆	m	1 800
	球轴承	套	450
三分厂	冷轧不锈钢卷	t	150
	松木	m^3	200
	通用水泥	t	150
	氯碱	t	100
	电力电缆	m	1 000
四分厂	16#槽钢	t	200
	10#角钢	t	300
	松木	m^3	150
	通用水泥	t	200
	氯碱	t	150
	工作服	套	250

制表人：

表 2-17 2017 年维修用料汇总表

年　月　日

类　别	物品名称及规格	计量单位	2017 年需要量					备　注
			合计	一分厂	二分厂	三分厂	四分厂	

制表人：

（5）根据表 2-18 提供的资料编制《2017 年挖潜、革新、改造措施汇总表》（表 2-19）。

表 2-18 2017 年挖潜、革新、改造措施情况表

年　月　日

项　目	品　名	单　位	数　量
高炉大修	冷轧不锈钢卷	t	120
	高强结构钢板	t	90
	锻件用钢板坯	t	80
	氯碱	t	20
厂房大修	松木	m³	140
	通用水泥	t	50
	10#角钢	t	60
	氯碱	t	25
余热工程	松木	m³	45
	通用水泥	t	160
福利设施	松木	m³	420
	通用水泥	t	180
	10#角钢	t	40

制表人：

表 2-19　2017 年挖潜、革新、改造措施汇总表

年　月　日

类别	物品名称及规格	计量单位	需要量					备注
			合计	高炉大修	厂房大修	余热工程	福利设施	

制表人：

（6）根据以上计算、以下文字及表 2-20、表 2-21 提供的资料填写《编制说明》(表 2-22)，并编制《2017 年物品采购计划表》(表 2-23)。

① 2017 年年底预计其他物资储备情况见表 2-20。

高强结构钢板：预计 2017 年（按 365 天计）高强结构钢板总需要量为 2 250t，供应期为 60 天，供应期平均临时需要为 100t。

表 2-20　2017 年年底预计其他物资储备情况表

年　月　日

品　　名	单　　位	数　　量
冷轧不锈钢卷	t	220
高强结构钢板	t	10
锻件用钢板坯	t	450
16#槽钢	t	150
10#角钢	t	100
松木	m³	280
通用水泥	t	300
氯碱	t	100
工作服	套	500
数控刀具	把	80
电力电缆	m	800
球轴承	套	500

制表人：

② 2017年预计物资单价及订购次数见表2-21。

表 2-21 2017年预计物资单价及订购次数一览表

年　月　日

类　　别	物品及名称及规格	计量单位	单价/元	订购次数
钢材	冷轧不锈钢卷	t	4 500	24
钢材	高强结构钢板	t	2 500	12
钢材	锻件用钢板坯	t	3 500	10
钢材	16#槽钢	t	3 000	12
钢材	10#角钢	t	3 500	12
建材	松木	m³	2 500	20
建材	通用水泥	t	500	12
化工	氯碱	t	650	12
防护	工作服	套	150	12
工具	数控刀具	把	50	12
电料	电力电缆	m	10	12
轴承	球轴承	套	80	12

制表人：

表 2-22 编制说明

企业名称：

年　月　日（公章）

表 2-23　2017 年物品采购计划表

年　月　日

类别	物品名称规格	计量单位	上年消耗		期初结存	2017 年需要量					期末储存	2017 年采购					其他
			合计	1—10月实际		合计	生产	基建	维修	挖革改措施		合计	单价/元	订购次数	一次订购量	订购金额合计/元	

制表人：

课程重点

（1）采购预算的编制步骤。
（2）制造业采购预算编制流程。

复习题

（1）简述订量订货法和订期订货法的优、缺点和适用范围。
（2）某企业每年需用物资 1 200 kg，物资单位为 10 元，平均每次订购费用 200 元，年保管理费为 20%，求最佳经济采购数量 EOQ。
（3）某企业每年耗用某材料 3 600 kg，单位物品年储存费用为 2 元，一次订货本为 25 元，求最佳经济采购数量 EOQ、每年订货次数 N、订货周期 T。

（4）物品采购计划是企业年度（季、月）计划的一个重要组成部分，它与其他计划共同构成企业计划管理体系。请问物品采购计划与其他计划之间（销售计划、生产计划、设备维修计划、基本建设计划、成本计划）的关系如何？

（5）简述采购计划制订的流程。

（6）简述采购预算所涉及的内容。

（7）简述编制采购预算的步骤。

【项目小结】

项目 3
采购战略与模式

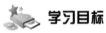 任务 3.1　采购战略确立

 学习目标

能力目标	● 能够运用所学理论知识说明采购供应战略对采购组织的重要性 ● 能识别和初步运用不同采购供应战略
知识目标	● 了解战略相关概念 ● 掌握采购战略的定义、内容及分类

案例引入

简单地看,美国本田在产品开发、维持供应基地和管理采购职能方面所做的努力,似乎与其他大多数汽车制造商并没什么不同。但事实证明,本田所取得的成绩往往更为卓越。据统计,本田公司在顾客忠诚度方面一直排名前列。

产生如此骄人成果的原因是什么呢?前任美国本田高级副总裁戴夫·纳尔逊这样解释:"一切都始于公司的哲学理念。"这是本田宗一郎先生创立公司时就作为基础的"公司哲学理念",引导着公司各个层次的每个决策和行动。

"本田哲学"始自本田先生提出的"挑战性精神",即"保持国际化观点,努力在合理的价格水平上提供高效率的产品,以满足世界各地顾客的要求。"在这个原则基础上,本田在每个不同市场上都发展了自己的独立地位,将销售、产品开发和运作进行本土化,使之与每一个地区的当地顾客、期望和能力相一致,以此寻求较高的顾客满意。

本田的战略采购工作也做得很好,特别是其中的"建立总成本模型""建立并维持与供应商的关系""利用供应商进行创新"已经融入公司的日常采购实践中。

1. 建立总成本模型

本田对成本建模的关注开始于其对成本管理的高度重视。本田俄亥俄州工厂东部自由区的高级采购经理约翰·米勒解释说:"我们首先定下最终销售价格,然后扣除利润,得到的就应该是成本。接着分拆这些成本到各个部件,如汽车底盘、引擎等,然后为每个地区及每个部件设定目标。因此,我们实际上是先把蛋糕切开,然后再对每一块蛋糕进行剖析。"

美国本田研究发展部经常研究供应商成本结构,通过分析供应商的制造过程来测算他们的成本,从而估计自己的成本应该是多少。"有时候我们比卖者更清楚他们的成本结构,那么我们就能计算出一个世界级供应商的成本是多少,同时这也是我们的目标,"美国本田研究发展部如此说。

本田的对供应商坦诚、开放式沟通、配合协作的哲学理念,还包括彼此共享成本模拟数据。成本模型迫使本田考虑各种成本构成因素,再与供应商协商降低成本,因为供应商或许会掌握本田所不知道的新技术或独特技术。如果与供应商的成本协商无法顺利进行,本田会派自己的工程师去帮助供应商寻找达到成本目标的并且又能维持满意的利润水平的方法。

有着无限前景的本田,其成本模拟过程直接来源于公司"三元主义"的哲学理念——实际的地点、实际的部件和实际的情形。这是使本田的采购功能与众不同的重要原因。本田公司认为,如果要对车辆进行某种改进(实际的部件),必须到工厂(实际的地点),并看车是如何完成的(实际的情形),如果不这样的话,或许会在部件成本上节省了 100 万美元,却在生产过程中多花费 200 万美元。

本田善于充分利用各种资源,在大型部件上建立了精确的成本模型。在本田公司,有专业产品知识背景的专家所组成的核心"成本研究"小组,他们与供应商合作,以开发精确的成本模型。在本田,成本模拟不仅成为一种个人的专业技能,而且还发展成为贯穿公司上下的一种组织能力。

2. 建立并维持与供应商的关系

本田在北美已经发展了一个有 400 多家供应商的网络,仅在俄亥俄州就有 180 家。正如本田的"你在哪里生产,就在哪里购买"的理念,这些供应商给本田供应了超过 80% 的零部件及材料。本田公司许多的供应商发展计划,如供应商奖励计划或激励计划,与其他大多数制造商非常相似，但其间的差别在于本田花了更多时间、金钱和努力投资在建立和维持与供应商之间的关系上。

与供应商合作关系发展，需要双方清晰表达相互了解的期望、绩效测量、对细节的关注，并时时进行沟通。与供应商进行沟通，不能一年只写一次备忘录，必须带着生产、交付和质量方面明确的目标经常地与之沟通。本田建立并维持与供应商关系的方法，远远不止与供应商进行沟通这样简单，还体现在帮助供应商提高生产率计划和解决实际问题等多个方面。

本田在与一个重要的压制部件和焊接组件的供应商的关系中，运用了商业伙伴（Business Partner, BP）的程序，用有组织的、制度化的方法不断地改善其供应商关系。本田帮助 Tower 重新设计了制作 A 零件的工艺过程，使产量翻番，从每小时生产 63 个部件增加到每小时生产 125 个部件。同时由于固定了焊枪，降低了损耗，使焊枪的使用寿命也从 50 000 个焊接点上升到 250 000 个焊接点。本田在每一次的供应关系改善后，都进行综合性的项目评估。

本田致力于供应商发展，从不计较将如何从中得到回报。一旦供应商有发生严重问题的可能，本田就会竭尽所能调配资源来帮助供应商。就好像在农场中，只要一个谷仓着火，整个农场的人都会赶来。没有人会问，"你会付钱给我或有什么回报吗？"每个人都会赶来，这就是本田的工作方式。例如，一个资信很好的供应商意外地出现了质量和交付问题，本田就会派遣公司内部的专家去了解问题出在哪里？本田曾经安排了公司的 4 个员工到供应商公司生活、工作了 10 个月来帮助重组并构建供应商公司，使之达到本田的要求。本田对供应商提供帮助但不会向其收取任何费用，供应商理解也赞赏本田的这种长期行为，而且这也增加了供应商投资本田的意愿。

3. 利用供应商进行创新

为利用供应商在研发方面的能力和技术，本田开发了一个名为"参与设计"的机制，直接把重点集中在供应商的早期参与上。在项目一开始，本田从外部供应商中"邀请"嘉宾设计师同本田在职工程师、设计师和技术人员们一起并肩工作。通过这些供应商很早地参与设计，就可以得到他们的最新技术，并且保证将它整合运用到本田的汽车之上。

在一些重点的战略系统上，隐含成本很大，本田因此建立起技术路线图，向主要供应商展示本田前进的方向，并希望供应商协助本田，能使用他们的最新技术，并跟上本田的步伐，共同把最终产品推向市场，为消费者提供更好的产品。

本田在新产品开发阶段降低成本、利用供应商方面同样是相当成功的。1998Accord 车的成本降低目标，是本田在创新中利用供应商合作的一个很好的例子。戴夫·纳尔逊回忆道："当时我们做的第一件事情，就是列出一个能降低 1998Accord 成本的各种方法的清单。事实上，其中大多数的方法是来自于供应商与我们的采购和工程部门的合作。我们对每一条进行研究，并按它们成功的可能性几率来排列它们，然后开始研发。"

本田将绝大部分削减成本的努力都放在了新模型的设计方面，而供应商在这方面发挥了主要作用。本田常常将竞争对手的汽车拆分开，然后和供应商一起分析研究每个部件的情况，"哪些比我们好，哪些不如我们，哪些成本高，哪些成本低……"

本田所采取的一系列战略采购方法，包括建立总成本模型、建立并维持与供应商的关系和利用供应商进行创新等工作，使公司的采购功能赢得了全球的尊重和认同。

讨论： 美国本田公司的战略采购的主要思想有哪些？

📖 **案例导学**

主动采购战略能使一个组织通过减少价值链中的浪费而体现其竞争优势。

✍ **相关知识**

3.1.1 战略概述

1. 战略的定义

什么是企业战略？从企业未来发展的角度来看，战略表现为一种计划（Plan）；而从企业过去发展历程的角度来看，战略则表现为一种模式（Pattern）；从产业层次来看，战略表现为一种定位（Position）；从企业层次来看，战略则表现为一种观念（Perspective）。

战略的通俗定义是指为实现企业长远目标所选择的发展方向、所确定的行动方针及资源分配方案的一个总纲。

特别提示：从企业战略的定义可以看出，企业战略处于一个比较高的层次。战略是由高层管理者组成的团队制订的。它要回答如下的问题：组织开展什么样的业务？在这些业务中如何分配资源？这些业务在什么地方开展？目标是什么？

2. 战略的层次

企业中的战略一般分为公司层战略、业务层战略和操作层（职能层）战略 3 个层次，如图 3.1 所示。

（1）公司层战略。层级最高，包含经营环境分析、未来发展预测、远景目标设定、勾画远景目标轨迹和制定战略策略等要素。

（2）业务层战略。中间层战略，主要解决如何在某特定市场进行有效的竞争问题。其常用战略有成本领先战略、差异化战略、专一经营战略等。

（3）操作层（职能层）战略。最基层战略，是各职能部门在其业务层上对战略的支持。

图 3.1 组织中的战略层次

3.1.2 采购供应战略概述

所谓采购供应战略，是指采购管理部门在现代采购与供应理念的指导下，为实现企业战略目标，通过对采购供应环境的分析研究，对采购管理工作所做的长远性的计划和方略。采购供应战略属操作层战略，是组织战略的重要组成部分。采购供应战略不能孤立地发展，需要和公司其他战略进行整合才能成功。

随着全球经济和信息技术的大力发展，不断降低成本、增强企业的竞争力已成为企业经营管理的重心。根据有关数据统计，降低 1%的采购成本相当于增加 10%的销售额。将销售额增加 10%，这对于一个成熟的市场来说，是件很难的事情。但将采购成本降低 1%，对于目前社会科学技术发展和平均采购水平来说，却是不难做到的。这就要求企业把采购管理提升到战略的高度，制定相应的采购战略。

1．影响采购供应战略制定的因素

任何战略的制定不是闭门造车得来的，而是必须对企业所处的内外环境及商业行为进行综合分析，采购供应战略的制定也是如此。影响采购供应战略制定的因素见表3-1。

表3-1　影响采购供应战略制定的因素

范　围	因　素
内部	（1）公司层战略 （2）企业组织结构 （3）"制造或购买"决策 （4）企业对待风险的态度和抗风险能力 （5）企业内部的信息系统的开发与运用 （6）内部优势与劣势 （7）供应商开发问题
外部	（1）国家政策、社会因素、一般经济环境 （2）供应市场规模、变化及成本趋势 （3）行业关系因素 （4）竞争者采购供应战略 （5）主要供应商的产品组合平衡程度 （6）潜在供应源（替代品）市场 （7）尚未充分利用的资源

公司在制定与选择采购供应战略时应从整个公司的全局出发，在充分考虑各种采购供应战略影响因素的基础上，积极发展并有效利用竞争优势。

2．采购供应战略的分类

（1）保证供应战略。此类采购战略的制定是为了保证公司未来的供应需求至少在质量和数量上得到满足。

（2）降低成本战略。此类采购战略的制定是为了减少成本，而且是考虑产品生命周期内的总成本，即采购成本和使用成本。

（3）竞争优势战略。此类采购战略制定的目的就是充分利用市场机会和自身强项，使企业在市场上获得明显的竞争优势。

（4）供应支持战略。此类采购战略制定的重点是促进采购方与供应商之间有更好的信息交流与沟通，从而保证采购方的需求与供应商的供应（生产计划和库存）相一致，确保供应商的质量与设计不断地提高。

（5）环境变化战略。此类采购战略的制定是为了能更好地把握企业所处的宏观环境，包括政治、经济、技术等，从而使其能成为采购企业的优势。

3.1.3　采购供应战略的内容

1．自制与外购策略

自制与外购是生产企业采购供应战略中的重要决策内容。当企业开发新产品，或企业自身生产结构和成本发生改变时，或供应商的竞争能力和成本无法满足企业需求时，需要进行自制与外购决策。这项决策需要同企业的核心业务相适应，同企业总体战略相适应，还受产品技术水平、工艺水平、生产能力、投资能力、与供应商关系等诸多因素的影响。自制与外购策略的比较见表3-2。

表3-2 自制与外购策略的比较

自制的优点	外购的优点
（1）避免了与供应商的交易费用	（1）减少了存货成本
（2）便于生产流程的协调	（2）保证可替换资源
（3）利用剩余劳动力和设备作出边际贡献	（3）精力集中到企业的核心业务上
（4）获得稳定的质量	（4）降低投资风险
（5）增加或保持企业规模	（5）有利于获得规模效益
（6）专业设计等私有信息不被泄露	（6）易于增强效率和创新性

自制与外购的决策可采用费用转折点法，举例如下：

【例】某厂生产一种新产品，由于设备产能不足，某种零件需外购解决，11元/件。如果该厂自制，则需要增加设备。假设每年需增加固定费用20 000元。自制时，估计该零件的单位可变费用为8元/件。该厂全年需要此种零件6 000件。请考虑是外购还是自制该零件？

【解】设外购费用为 x，自制费用为 y，则

外购费用 $x=11\times 6\,000=66\,000$（元），自制费用 $y=20\,000+8\times 6\,000=68\,000$（元）

∵ $x<y$，即外购费用＜自制费用

∴ 应外购该零件，而非自行加工生产该零件

随着专业化程度的提高，越来越多的企业将精力集中于自己的核心业务上。特别随着经济全球化、技术现代化进程的加快，外购的比例呈现不断扩大的趋势。

2．选择供应商策略

供应商是企业的战略资源。一个优秀的供应商特征应拥有充足的产能，能提供优质产品和优质服务。供应商的开发、选择和评审将在项目4中进行深入学习。

对于不同类别的产品，应选择不同类型的供应商。根据供应商与企业采购业务关系的重要程度，可将供应商分为以下4种类型，如图3.2所示。

（1）商业型供应商。对于标准化程度高、价值低的常规项目采购，企业能很方便地选择和更换供应商。

（2）合作伙伴型供应商。对于非标准、价值低，且仅有少数供应商能提供的瓶颈项目采购，企业首先要考虑的是与这些供应商保持长期稳定的合作，实现双赢，以降低风险。

（3）合同型供应商。对于标准化程度高、价值高的采购，企业尽管可以在市场方便地选择和更换供应商，但从降低成本观点出发，企业更倾向于与供应商签订较长期限的合同。

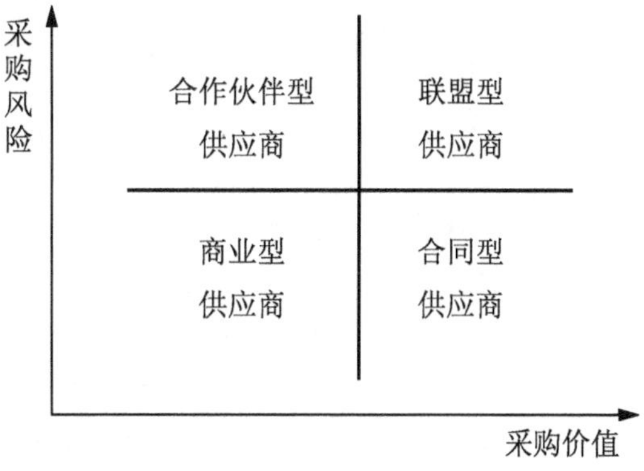

图3.2 供应商类型

（4）联盟型供应商。对于非标准且价值高的关键项目采购，企业不仅要关注降低风险，而且要降低采购成本，企业一般与供应商构成战略联盟，实现强强联合的战略。

3. 货物品质策略

货物品质是指在一定生产标准范围内，满足买方使用需求目的的属性。采购企业在进行采购货物时，必须对货物的品质有全面的了解，才能获得满意的货物。货物品质的构成要素有以下几点：

（1）材料。材料是货物品质好坏的最直接因素。企业在采购之前应与供应商明确订购货物用何种材料，以避免因材料差异造成供需矛盾。

（2）功能。功能是货物的最基本要求。采购部门在进行采购活动之前，应当首先明确所需物品的功能表现是什么，而非"物品"本身，然后依据物品的"功能"去采购货物和选择供应商。

（3）寿命。寿命是指货物使用时间的长短。货物的品质高低与其寿命有一定联系。

（4）稳定性。货物的稳定性包括外观稳定性（如形状、结构、颜色等）和内在稳定性（如功能表现情况等）。企业可根据自己的需求向供应商提出要求。

（5）安全性。安全性是消费者在最终使用产品时的安全可靠性、对环境的无污染程度等。

（6）流行性。流行性往往是消费者需求的直接体现。

4. 采购成本策略

采购成本通常是指货物的采购价格及采购过程中所耗用的各种费用之和。采购成本的大小将直接影响企业的盈利状况。采购成本一般包括货物买价、采购过程成本、验收成本、运输及搬运成本等。采购成本的具体内容将在项目6中进行深入学习。

5. 采购时间策略

采购时间是指从下达采购订单到货物验收入库完毕所花费的时间，一般包括处理订单时间、供应商制造货物时间、运输交货时间和验收入库时间等。

职业能力训练

技能训练：采购战略学习与分析

【实训要求】

以小组为单位学习、讨论和分析国内外知名企业采购战略，完成相应采购战略分析报告，并制作成多媒体课件进行交流演讲。

【实训组织】

（1）将全班分成若干小组，每组6~8位同学。

（2）各小组成员分工合作，完成知名企业采购战略收集工作。

（3）组织小组成员共同学习、讨论和领会该企业采购战略，完成分析报告和多媒体课件制作。

（4）以小组为单位进行采购战略演讲。

（5）一个小组演讲结束后，其他小组可以进行提问。

课程重点

（1）采购战略的分类。
（2）采购战略的内容。

任务3.2 采购模式确定

学习目标

能力目标	● 能根据企业实际情况选择适当的采购模式，对个案进行分析和评述，并指出可能存在的问题 ● 能初步运用招标方式进行采购
知识目标	● 掌握集中/分散，现期/远期，直接/间接采购优、缺点，适用范围 ● 掌握招标采购的一般过程 ● 理解投标、评标程序和方法

案例引入

A公司在某市是一家颇具规模且有一定影响力的电脑公司。2016年10月接到B公司某分公司打来电话，要订购20台笔记本电脑，但今天又接到了B公司总部的电话，询问100台电脑的价格，其中就有20台笔记本电脑。B公司总部还分别咨询了电脑的型号和配置的情况。A公司了解到B公司2017年将有大额采购项目，因而频频购置新设备。于是A公司就立即派出客户经理前往B公司总部，进行深入的情况了解。经过初步的调研了解，B公司采购设备的品种、型号和价格五花八门，电脑品牌多而且繁杂，电脑部门需要花费大量的精力进行电脑的维护和升级，采购价格也偏高。

讨论：
（1）你认为B公司的问题主要出在哪里？
（2）如果你是A公司派出的客户经理或高层管理人员，你会对B公司提出哪些建议？

案例导学

采购模式的选择是企业采购管理领域中的重要工作。采购方式的选择主要取决于企业制度、资源状况、环境优劣、专业水准、资金情况、储运水平等。招标采购因其招标过程的公平、公开和公正，成为现代国际社会通用的采购方式。

相关知识

采购模式有时也称采购方式，是采购主体获得物品资源、工程或服务的途径、形式与方法。当采购战略及计划确定后，采购方式的选择就显得格外重要。它决定着企业能否有效地组织、控制物品资源，以保证企业正常生产和经营以及利润的实现。采购模式的选择是企业采购管理领域中的重要工作。采购方式的选择主要取决于企业制度、资源状况、环境优劣、专业水准、资金情况和储运水平等。

采购的方式很多，本项目主要介绍集中采购与分散采购、现货采购与远期合同采购、直接采购与间接采购、招标采购几种方式。电子商务采购将在项目10中进行深入的学习。

3.2.1 集中采购与分散采购

在企业内部，依据采购权限的不同可以将采购分为集中采购与分散采购。这是各家企业从自身的资源、制度和环境角度出发，根据管理宽度、成本、效率、组织状况及采购数量所作出的采购方式决策。表3-3对比介绍了集中采购与分散采购的内涵、意义、特点、适用条件、适用范围和说明。

表3-3 集中采购与分散采购对比

标准	集 中 采 购	分 散 采 购
内涵	在核心管理层建立专门采购机构，统一组织企业所需物品的采购进货业务	企业下属各单位实施的满足自身生产经营需要的采购
意义	实现规模效益、降低成本、获取主动权；提高采购效率；稳定与供应商的关系；制止腐败	是集中采购的完善和补充，有利于采购环节与存货、供料等的协调配合；有利于增强责任心；使基层工作有弹性和成效
特点	批量大、过程长、手续多；集中度高，决策层次高；支付条件宽松，优惠条件增多；专业性强，责任大	批量小或单件价值低；过程短、手续简；反馈快，方便灵活；占用资金和库存小，保管方便
适用条件	价值高或总价多的物品；关键零部件、原材料或其他战略资源，保密程度高，产权约束多的物品；易出问题或已出问题的物品；最好是定期采购的物品，以免影响决策者的正常工作	小批量、低价值的物品；分散采购优于集中采购的物品；市场资源有保证、易于送达，较少物流费用；基层有这方面的采购与检测能力
适用范围	集团、跨国公司的采购活动；连锁经营、代工生产厂商、特许经营企业的采购	二级法人单位、子公司、分厂、车间；离主厂区或集团供应基地较远，其供应成本低于集中采购时的成本；异国、异地供应的情况；产品开发研制、试验或少量变型产品所需的物品
说明	集中采购的优点是分散采购的劣势；分散采购的优点也正是集中采购的劣势	

3.2.2 现货采购与远期合同采购

依据生产企业或其他经济组织对物品的交割时间来划分，采购又可划分为现货采购与远期合同采购。这一采购方式将在其他方式的支持与合作下完成企业对外部资源的采购。表3-4对比介绍了现货采购与远期合同采购的内涵、意义、特点、适用条件、适用范围和注意事项。

表 3-4 现货采购与远期合同采购对比

标准	现 货 采 购	远期合同采购
内涵	经济组织与物品或资源持有者协商后，即时交割的采购方式，是最为传统的采购方式	供需双方为实现物品均衡供应而签订的远期合同采购方式。它通过合同约定，实现物品的供应和资金的结算，并通过法律和供需双方信誉与能力来保证约定交割的实现
意义	银货两清、易于组织管理、适应市场行情的变动	稳定供需关系；质量与数量有保证；易形成战略伙伴关系
特点	即时交割；责任明确；灵活、方便、手续简单，易管理；无信誉风险；对市场依赖性大	时效长；价格稳定；交易成本及物流成本相对低；过程透明，易把握和管理；可采取现代采购方法和其他采购方式来支持
适用条件	企业所需资源或物品充足并能及时送达；需方有充足的现金用于支付货款；现货质量有保证，且采购人员有识货的手段和经验	具有法律保障且经济秩序良好的社会环境；适用大宗或批量采购；供需双方具有交易信誉和能力；具有双方认可的质量标准、验收方法和其他认同的履约条件
适用范围	生产经营临时需要；新品开发或研制需要；设备维护、保养或修理需要；设备更新履行需要；辅料、工具、低值易耗品、通用件、易损件及其他常备资源采购	生产和经营长期的需要，以主料和关键料为主；科研开发与产品进入稳定成长期后；国家战略收购、大宗农副产品收购、国防需要及其储备采购
注意事项	注意验货；搞好市场调查；检查手续完备性	掌握双方资信情况和能力，以免上当；在经济秩序恶化的环境中慎用；注意价格风险和履约能力；合同一般在1年内；条款清晰；技术标准应便于验收，减少分歧；签约人员应具有专业和经济知识

3.2.3 直接采购与间接采购

依据采购主体完成采购任务的途径来划分，采购方式可分为直接采购与间接采购。这种划分便于企业正确把握采购行为，为企业提供更有利和更便捷的采购方式，使企业自始至终掌握竞争的主动权。表 3-5 对比介绍了直接采购与间接采购的内涵、优点、适用条件、适用范围和注意事项。

表 3-5 直接采购与间接采购对比

标准	直 接 采 购	间 接 采 购
内涵	采购主体直接向物品制造厂家采购的方式	通过中间商实施采购的方式。包括：委托流通企业采购（常用方式），调拨采购（一般不用）
优点	环节少，时间短，手续简便，信息反馈快；易于双方交流、合作；便于对供应商资信认证；易形成战略伙伴关系	充分发挥工商企业各自的核心能力；减少流动资金占用；分散采购风险；减少交易费用和时间，从而降低成本
适用条件	需方的采购量足够大，供方能接受；在没有制度限制及各种特权影响的情况下实施；需方有相应的采购、储运、渠道、机构与设施等；采购费用低于间接采购费用情况下使用	近区域有能够承担采购任务的流通企业或中介组织；直接采购费用和时间大于间接采购情况下使用

续表

标准	直接采购	间接采购
适用范围	一般限于国内采购；用于生产性原材料、元器件主要物品采购及其他辅料、低值易耗品采购	适合于核心业务规模大、盈利水平高的企业；需方规模过小，缺乏采购能力、资格和渠道进行直接采购；没有符合采购要求的机构、人员和仓储设施的企业
注意事项	做好采购前准备工作；搞好计划与决策；正确签约与控制交易主动权；把好验收关	间接采购是通过第三方实现物品交易的方式

3.2.4 招标采购

1. 招标采购的概念

招标采购是由招标人（采购方）发出采购招标公告或通知，邀请投标人（潜在供应商）前来投标，最后由招标人通过对投标人所提出的价格、质量、交货期、技术、生产能力和财务状况等各种因素进行综合比较分析，确定其中最合适的投标人作为中标人，并与其签订供应合同的整个过程。

特别提示：招标和投标是招标采购过程的两个方面，分别代表了采购方和供应商的交易行为。

招标采购在选择潜在供应商时，不仅要了解其财务状况以确保按质、按量、按时交货，还要确保其市场信誉，更要考虑其供货历史。总之，要尽力查清其"祖宗三代"，以确保招标和投标这宗"婚姻"的质量。

2. 招标采购的特点

招标采购的特点是招标程序具有规范、公开性、公平性、公正性、竞争性。通过招标采购，采购方可以在更大范围内选择理想的最佳潜在供应商，以更合理的价格、稳定的质量进行采购；而供应商也可以在公开、公平、公正的条件下参与竞争，不断自律自强、降低成本、提高经营管理的综合质量。

3. 招标采购的方式

> 公开招标——"大海捞鱼、择优录用"
> 公开招标是一种"无限竞争性"的招标方式，由招标人（采购方）通过报刊、电视、电子网络等媒体手段，刊登招标公告，吸引投标人（潜在供应商）前来竞争投标。

（1）公开招标（竞争性招标）。是指众多企业单位参加投标竞争。

公开招标可以是国际性的，也可以只限于国内，两者各有千秋，采购企业应按照各自的实际情况来定夺。

公开招标的最大优势是大海捞鱼、资源丰富、利于采购方能在更大范围内择优录用理想的最佳潜在供应商。其特点表现为"三公原则"，即公开、公平、公正，对供应商一视同仁，所有有潜力的供应商、承包商和服务提供商都能一律平等地投标，标准统一，不偏袒。

（2）邀请招标（有限竞争招标、选择性招标）。是指选择一定数目的企业参加竞争。

> 邀请招标——"锁定目标、速战速决"
> 邀请招标是一种"有限竞争性"的招标方式，由招标人（采购方）选择一定数目（3～10家）的投标人（潜在供应商），向其发出投标邀请函。

邀请招标的最大优势是可以缩小范围、锁定目标、速战速决，这样不仅节省了招标人的招标费用，而且还有效地提高了投标人的中标机会。但由于限制了充分竞争，应对选择的投标人提出更高的要求。尽量避免由邀请招标再转入公开招标，以免太过费时、费力、费钱了。

> 议标采购——"化整为零、邀请协商"
> 议标采购是一种"谈判招标"的招标方式，即先通过有限制性的招标，再经过谈判来确定投标者。

（3）议标（谈判招标、限制性招标）。是指选择一定数目的企业参加竞争。

议标采购主要有以下3种议标方式：

① 直接邀请。直接邀请某个供应商进行单独协商，达成协议后签订采购合同。如果一家不成，再邀请其他家供应商，直到成功。

② 比价议标。将投标邀请函送给几家供应商，邀请它们在约定的时间内报价，然后择优录用。

③ 方案竞赛。方案竞赛是企业进行工程规划设计任务招标时常用的一种议标方式。

4. 招标采购的一般运作程序

招标采购的一般运作程序如图3.3所示。招标采购一般经过招标、投标、开标、评标、决标和签订合同几个步骤。而图3.4所示为某企业的招标采购流程分析图，更加清晰地标示出招标方（需求方）和投标方（供应商）及招标方（需求方）内部各自在招标工作中的职责和任务。

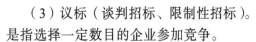

图3.3 招标采购的一般运作程序

1）策划

策划是指招标工作开始前的准备工作。由于招标是一项涉及范围较大的大型活动，所以需要进行周密策划。具体来说包括以下几项工作：

（1）明确招标的内容和目标。

（2）对招标书的标底进行初步估算。

（3）研究决定招标方案、操作步骤和招投标时间进度。

（4）确定评标小组成员。

（5）研究讨论评标方法。

（6）形成相关的招标方案文件。

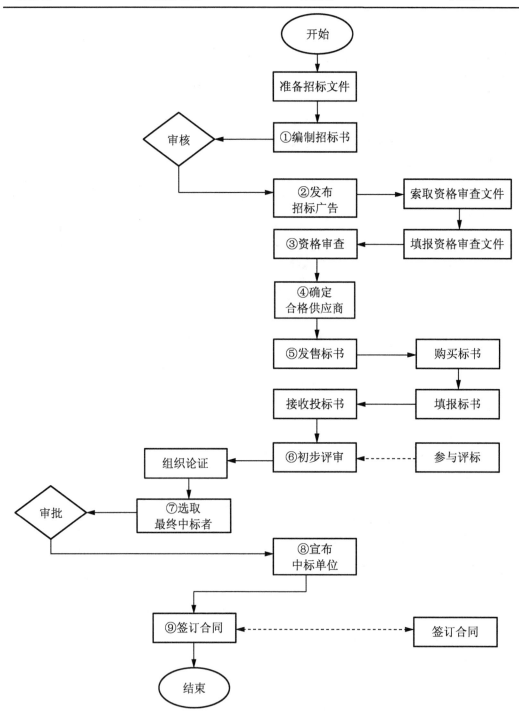

图 3.4　某企业招标采购流程分析图

2）招标

（1）准备招标书。招标书是潜在供应商参加投标、采购方评标和签订合同的共同依据。潜在供应商依照招标书上规定的要求填写相关内容，准备投标，并将已填写完整的招标书在规定的时间、地点送达招标人。

招标书通常包括招标通知（含招标人和准备内容）、投标须知、合同条款、技术规格、投标书的填写要求、投标保证金、供货一览表、报价表、工程量清单。

（2）发布投标资格预审通告。经过资格预审，缩小潜在供应商的范围，以避免对不合格供应商的无效劳动和不必要的支出，同时也节省了招标人的时间和精力，提高了招标效率。需要注意的是，多数招标书是要花钱买的，有些标书规定要交保证金。

3）投标

投标人在收到招标书后，必须对招标书进行认真仔细的研究分析，在此基础上形成投标书和投标报价。由于这些资料是要和其他的投标方（供应商）竞争评比的，所以投标书和投标报价既要先进合理，又要有利可图。需要注意以下两点：

【拓展案例】

（1）在投标截止日之前投标。

（2）准备一份正本、若干份副本，分别封装，送到招标方。

4）开标

检查投标文件的密封情况后，按招标通知书中规定的时间、地点，邀请投标方代表参加开标会，当众宣读供应商名单、有无撤标情况、提交投标保证金的方式是否符合要求、投标项目的内容、价格等内容，并合理地解释投标文件中还不甚明确的地方。以电传、电报等方式来投标的，不予开标。

开标时应做好开标记录，内容包括项目名称、招标号、刊登招标通告的日期、购买招标书的单位及其报价、收到其招标书的日期及其处理情况。

5）评标

（1）评标会开会前，投标书不得事先开封。

（2）评标委员会由5人以上组成，技术、经济等专家不得少于成员总数2/3。

（3）修改计算错误时的两条原则是以文字表示的金额为准、以单价为准。

（4）评标方法有以下4种：

① 以最低评标价为基础的评标方法（非最低价）。

② 综合评标法。

③ 以使用寿命周期为基础的评标方法。

④ 打分法。

【拓展知识】

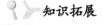
知识拓展

四大评标方法

1. 以最低评标价为基础的评标

把评标价格（不是供应商报价）看作是评标的唯一因素，即合理的利润加上以下两种成本中的一种。

（1）进口货物的到岸价，即成本＋保险＋运费。

（2）国产货物的出厂价，即原材料及零部件采购成本＋生产成本＋税款（不包含销售税）。

若原材料、零部件已从国外进口并已放在境内的,应报仓库交货价,含进口关税,但不包含销售税。

2. 综合评标

综合评标是一种以价格加其他因素为基础的评标方法,尤其在采购耐用物品,如车辆、发动机及其他设备时特别适用。综合评标主要考虑以下六大要素:

(1)内陆运费和保险费。
(2)交货期(提早不优惠,推迟要罚款)。
(3)付款条件(多项选择,淘汰不符合者)。
(4)零配件供应和售后服务情况。
(5)招标货物的性能、生产能力、配套性、兼容性。
(6)设备安装、调试的技术服务和培训费。

3. 以使用寿命周期为基础的评标

以使用寿命周期为基础的评标方法特别适用于整套厂房、生产线、设备和车辆等运行期内的各项后续费用(如零配件、油料、燃料、维修等费用)很高的设备采购。

评标时在标书报价的基础上,加上一定的运行期内的各项费用,再减去一定年限后设备的残值,即扣除这几年折旧费用后的设备残余值,并按投标书中规定的贴现率来折算成净现值。

4. 打分法

要打分的要素有投标价格、内陆运费、保险费、交货期、偏合同条款规定的付款条件、备件价格及售后服务、设备性能、质量、生产能力、技术服务和培训费用等。

各要素比值举例分配为:投标价70分,零配件10分,技术性能、维修、运行等3种费用共10分,售后服务5分,标准备件5分,以上各项分值合计共100分。考虑的要素、分值的分配、打分标准均应在招标书中做出明确规定。

6)决标和签订合同

决标就是将合同授予最低评标价的投标人,并要求在投标有效期内进行。决标后,在向中标者发中标通知书时,也要通知其他没有中标者,并及时退还投标保证金。

签订合同有以下两种方法:

(1)在发中标书的同时,将合同文本邮寄给中标者,要求其在规定的时间内签字退回。
(2)中标者收到中标通知书后,在规定时间内,派人前来签订合同。

签订合同及中标者按要求提交了履行保证金后,合同就正式生效,采购工作就进入了合同实施阶段。

5. 招标采购的优、缺点

招标具有公平、公正、公开、改进品质和杜绝腐败等的优点,但它并不适用一切采购业务,也是有一定的适用范围的,特别是招标采购需要有一定的保障措施。招标采购的优点、保障措施及适用范围具体说明见表3-6。

表3-6 招标采购的优点、保障措施及适用范围

优 点	保 障 措 施	适 用 范 围
公平、公正、公开、一视同仁,杜绝腐败	有完善的招标法律保障和道德或信誉的保证;形成有效的监督机制	全球范围内的企事业、政府部门都已普遍采用
充分竞争,优中选优;提高质量,降低价格(最佳性价比)	有足够公开的媒体;必须有良好的经济环境;必须有足够的供货渠道和供应能力;必须有社会认同的技术规范或标准;必须有专家队伍	采购数量大,足以吸引投标人参标

如上所述，公开招标并不一定适用于所有企事业单位的所有的采购业务。公开招标也是有一定的不足，也可能会带来一些问题，例如，采购费用高、手续烦琐、投标者可能会串通投标，甚至有可能产生恶性抢标等事件。

职业能力训练

案例分析1：旅游局车辆招标采购案

2017年10月中旬，某市旅游局与该市的采购中心联系，委托该采购中心对所属局的20辆公务用车进行招标采购。

1. 招标准备工作

（1）确定采购方式。由旅游局报送所需采购车辆的具体型号，项目经办人利用定点采购积累的车型、价格等信息进行了核对。考虑到本次采购的公务车数量较多，具有一定批量，并且旅游局的采购需求比较紧迫等原因，决定采用邀请招标方式进行采购。

（2）寻找供应商。采购中心办公室提供了甲、乙、丙、丁共4家供应商。

（3）制作招标文件。招标文件包括投标邀请、招标要求、合同条款、附件等内容。本次招标共分为两包，第一包为15辆普通型商务轿车；第二包为5辆高档型商务轿车和新区一家单位的1辆P型轿车，这样分包旨在使供应商在具有竞争力的车型上充分发挥优势。

（4）确定评标原则。由于车辆具体型号、配置等都已经确定，所以采用符合性检查基础上的最低价中标法，由各包中报价最低的供应商中标。

2. 招标过程

截至2017年10月30日下午4点，4家供应商前来购买标书。2017年11月2日该项目正式开标，4家供应商投标。开标后采购中心和旅游局代表进行了询标，在不对标书实质性内容做出变动的前提下要求供应商澄清了有关细节性问题。在符合性检查的基础上，根据最低价中标的原则，第一包甲公司中标，第二包乙公司中标。旅游局本次车辆采购预算约为500万元，实际采购金额为470.42万元，节约率为5.9%。

3. 决标后的插曲

决标后，丙公司销售代表前往采购中心，出示了制造商W汽车制造股份有限公司的"限价令"，甲公司的报价在制造商的限价之下，而甲公司是丙公司的分销商，根据"限价令"丙公司不得向甲公司供货。采购中心认为"限价令"是汽车制造厂商、销售厂商之间的内部协议，不影响本次招标结果。届时甲公司如不能按时供货，将承担违约责任，并由候选的丙公司自然替补。甲公司通过与各方进行沟通后，最终如期履约。

分析：

（1）根据所学知识，你认为案例中的招标采购是否存在问题？有无更合理的建议？

（2）谈谈对以上招标采购工作的认识。

案例分析2：美好生活俱乐部

萨莉是美好生活俱乐部唯一的采购人员。这家俱乐部是一家健身俱乐部，在得克萨斯州有19家分部。2月份，她刚刚推行了一项一个月之前设计的集中化采购计划。现在她正在考虑如何处理来自一些经理（特别是达拉斯的3家健身中心"联盟"的经理）的阻力。

1. 美好生活俱乐部

美好生活俱乐部10年前由吉姆创办并所有。吉姆是来自奥斯汀的一名商学院的毕业生。25岁时，他在奥斯汀开办了第一家健身中心。经过10年的苦心经营，中心逐渐发展壮大，目前在得克萨斯州一共有19家连锁健身中心，总部还是设在奥斯汀。

2. 萨莉的简历

萨利24岁。结束了在奥斯汀一所大学心理学课程之后，她就加入了美好生活俱乐部，成为一名采购人员。她的工作包括对采购的管理和对库存的控制。在大学之前，她曾经有过几年的工作经历。尽管她做过多种不同的工作，但是没有一种与采购或库存控制有直接联系。正如她所说的，"这是我在这一领域从事的第一份工作。"

"萨利来之前美好生活俱乐部的采购体系"对这一问题，一名职员是这样评价的："如果说在萨莉来之前美好生活俱乐部真有什么采购体系的话，我只能说它是非常松散的。"

为了维持各健身中心的运作，美好生活俱乐部需要很多不同的东西，包括机器和设备的部件，如自行车配件和磨砂灯泡及办公用品和卫生用品。萨莉进入美好生活俱乐部之前，每一家健身中心负责自己的采购事项。绝大多数的中心不保持库存而是随需随买。在总部，曾经有一个兼职人员来负责采购和库存控制。不过她只负责总部的工作，不负责其他18家健身中心的物品采购，仅仅做些记录。

3. 萨利的新集中化采购体系

到美好生活俱乐部的第一个星期，萨莉查阅了她所接替那名兼职工作人员留下的两本记录。她对于俱乐部所使用的以健身中心为主的随需随买的采购体系感到诧异，认为这种情况下使用集中化采购会更有效。她向老板谈了想法，老板鼓励她深入地调查研究。

于是，她就着手对这一问题进行了一些调查研究工作，结果发现，集中化采购系统确实可以为俱乐部节省一大笔开支。例如，她找到了一家供应商，如果俱乐部向其批量购买卫生用品的话，这家供应商可以把价格降低一半左右。于是在寻找更多的提供不同物品的供应商的同时，萨莉开始制定集中化采购体系的细节。

萨莉设计的集中化采购体系基本上将所有的采购集中到了总部。健身中心的经理们不能再像原来那样购买各自中心所需的物品。如果有需求，他们要填一份请购单，然后传真到总部。这一工作的最后期限是每星期一的下午5时。在下个星期一，各中心所请购的物品将被送达。萨莉发现各中心所请购的物品不合适时，有权力对之加以否定或是减少采购量。不过，每一个中心有100美元的现金用于应付可能发生的紧急需求。

1月底，萨莉完成了计划，这一计划立即得到了老板的同意。接着，她以备忘录的形式向所有的19个中心解释了新采购体系的实施原因和具体细节。

4. 健身中心经理的抵制

在新计划实施一个月之后，萨莉受到了挫折，因为有几个健身中心的经理对这一计划加以抵制。最棘手的是达拉斯的3家健身中心经理"联合"起来拒绝接受新的采购体系。

萨莉认为，在她1月份发出备忘录之后，这3家达拉斯健身中心的经理就曾会面，并决定在达拉斯联合起来采购其所需的物品，而不采用萨莉的集中采购体系。她的这一猜测没有证据证明，但她确实也没有从达拉斯的任何一家健身中心接到过采购申请。

至于其他的健身中心，萨莉不知道是否其所需的所有物品都是由她来采购。她从每一家健身中心都收到过请购单，而且也尽力满足这些采购申请。可是，她为所有的采购申请所设的一个星期的周转期在实际当中也不是都能达到。为了满足收到的各种不同的采购申请，她常常忙得焦头烂额，因此，也就没时间去静下心来评判一下集中化采购体系的运作效果。

分析：

（1）3家健身中心经理"联合"起来拒绝接受新的采购体系的原因是什么？

（2）如果你是萨莉，如何设计和实施方案？萨莉现在应如何做？

（3）通过对本案例的学习，你有什么体会？

技能训练：招标采购模拟

某学校拟通过招标采购的方式向社会公开招标购买一批办公用台式计算机。

【实训要求】

（1）全班同学共分为6个组，每组6~8人，各组分别扮演不同的招投标角色。

① 第一组：招标方。

② 第二组：评标方。

③ 其余4组：投标方，如联想、惠普、戴尔、华硕等电脑公司。

（2）完成招标策划、招标、投标、开标、评标、定标一系列工作。

【实训组织】

（1）熟悉理论知识。

（2）小组分工合作，查找资料，形成相关招投标文件，即招标方—招标书、投标方—投标书、评标方—评标标准。

（3）课堂模拟，现场开标、评标、宣布中标结果。

（4）老师点评招投标模拟过程。

课程重点

（1）各种采购方式的优、缺点，适用条件。

（2）招标采购的流程。

复习题

（1）生产企业采购方式与政府采购、商业采购的方式相同吗？为什么？

（2）适合生产企业采购的方式有哪几种？最重要的是哪种？

（3）适合政府采购的方式有哪几种？最常用的是哪种？

（4）请将属于集中采购和分散采购的内容分别归入A桶和B桶中。

① 决策层次低，易产生暗箱操作。

② 手续较多，过程过长。

③ 易于稳定与供应商的关系，实现长期的成效最佳的合作。

④ 各基层有采购和检测的能力。

⑤ 手续简单，过程短。

⑥ 不影响正常的生产或销售。

⑦ 可充分发挥采购特长,提高效率。
⑧ 可获得规模效益,降低采购和物流的成本。
⑨ 适用于易出现问题的物品。
⑩ 适用于保密性高的物品。

【项目小结】

项目 4
供应商管理

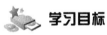
任务 4.1 供应商开发

学习目标

能力目标	• 能进行供应商的初步调查和开发 • 会对现实企业供应商开发的个案进行分析和评述，并指出可能存在的问题
知识目标	• 理解供应商管理的意义 • 熟悉供应商调查与开发基本环节 • 掌握供应商开发步骤

案例引入

西门子在世界范围内拥有大约2 500名采购职员和12万家供应商,并且在256个采购部门中拥有1 500名一线的采购人员。其中的2万家供应商被指定为第一选择,它们的数据被存储到了西门子内部的电子信息系统中。

1. 对供应商分类的依据

(1)供应风险——这是按照供应商部件的技术复杂性和实用性来衡量西门子对该供应商的依赖程度的标准。它要求询问:"如果这家供应商不能够达到性能标准,那对西门子意味着什么?"对一个特定的供应商的供应风险的衡量标准包括以下几点:

① 供应部有多大程度的非标准性。
② 如果更换供应商,需要花费哪些成本。
③ 如果自行生产该部件,困难程度有多大。
④ 该部件的供应源的缺乏程度有多大。

(2)获利能力影响或是采购价值——影响西门子供应商关系底线的衡量标准是与该项目相关的采购支出的多少。

2. 建立评估矩阵

根据供应风险和获利能力影响的标准可以建立一个带有4种可能的供应商分类的评估矩阵,如图4.1所示。

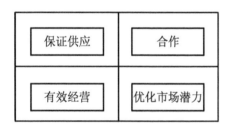

图4.1 西门子的供应商分类

3. 对供应商产品的分类

(1)高科技含量的高价值产品,如电力供应、CPU的冷却器、定制的用户门阵列。

(2)用量大的标准化产品,如印制电路板、集成电路存储器、稀有金属、镀锌的锡片。

(3)高技术含量的低价值产品,如需要加工的零件、继电器、变压器。

(4)低价值的标准化产品,如金属、化学制品、塑料制品、电阻器、电容器。

4. 不同产品的导购策略

西门子与供应商关系的性质和密切性程度由上述4种分类来决定。

(1)高科技含量的高价值产品。采购策略是技术合作型,其特点有以下几个:

① 与供应商保持紧密关系,包括技术支持和共同负担研发经费。
② 长期合同。
③ 共同努力以实现标准化和技术诀窍的转让。
④ 集中于制造过程和质量保证程序,如内部检验。
⑤ 通过电子数据交换(Electronic Data Interchange,EDI)和电子邮件实现通信最优化的信息交流。
⑥ 在处理获取基础材料的瓶颈方面给予可能的支持。

(2)用量大的标准化产品。采购策略是储蓄潜能的最优化,其特点有以下几个:

① 全球寻找供应源。

② 开发一个采购国际信息系统。
③ 在全世界寻求相应的合格供应商。
④ 列入第二位的资源政策。
⑤ 安排接受过国际化培训的最有经验并且最称职的采购人员。

（3）高技术含量的低价值产品。采购策略是保证有效率，其特点有以下几个：
① 质量审查和专用的仓储设施。
② 保有存货和编制建有预警系统的安全库存计划。
③ 战略性存货（保险存货）。
④ 在供应商处寄售存货。
⑤ 特别强调与供应商保持良好的关系。

（4）低价值的标准化产品。采购策略是有效地加工处理，其特点有以下几个：
① 通过电子系统减少采购加工成本。
② 增加对数据处理和自动订单设置系统的运用。
③ 即时制生产，运送到仓库，运送到生产线的手续。
④ 努力减少供应商和条款的数目。

在第4种分类中，西门子从80家经销商中选出了其中的3家供应商，并授予它们首选供应商地位。这一安排规定了经销商将负责提供仓库、预测和保管存货、向西门子报告存货和用货量。

显然，任何一个有望成为西门子供应商的公司都必须认真地考虑客户会如何对其产品进行归类。正如上面所描述的，对于一个供应商而言，西门子公告的采购政策在维持双方关系的可能性方面具有相当大的暗示。任何一个将西门子列为核心客户而其产品却被划入第2类或第4类的供应商的管理人员都很难与西门子结成特殊关系；发展协作伙伴关系取决于客户与供应商双方。因此，必须以某种方式通过差别化使客户对产品的感知得到提高，进而促使西门子与其形成首选供应商的关系。

除了完成采购职能的一般任务之外，西门子还有一个专设的团队进行采购营销。它们的一项主要职能就是使西门子成为潜在供应商的一个更有吸引力的客户。它们会以这种身份涉足市场研究，找出新的供应商并进行评估，还会与现有的供应商研究新的合作领域，这样对双方的利益都有好处，例如，依照最节省成本的生产批量，对订单要求的数量加以排列将会使双方获益。另外，供应商可能会应邀对西门子的产品设计和生产方法进行技术考察，目的是减少特殊部件的数量，同时增加标准部件的数量，因为标准部件更易于仓储和生产。通过这种方式，供应商提高了效率并且将通过提高效率带来的这部分利益传递给西门子，使它能够在自己的市场上进行有利的竞争。

讨论：请根据上述资料，简要叙述西门子是如何进行供应商管理的。

案例导学

军队打仗需要粮草，企业生产需要物资。供应商就相当于企业的后勤队伍，供应商的开发和管理实际上就是企业的后勤队伍的建设。

建立并维护供应商合作关系需要双方清晰表达相互了解的期望、绩效测量及细节的关注，并及时进行沟通，而沟通并不是一年只写一次备忘录这样简单。

 相关知识

4.1.1 供应商管理概述

供应商的管理是采购管理工作的重要工作之一。企业要维持正常的生产和经营，就必须有一批可靠的供应商为企业提供各种各样的物资供应。

1．供应商管理的定义

供应商是指可以为企业生产提供原材料、设备、工具及其他资源的企业，可以是生产企业，也可以是流通企业。供应商管理就是对供应商的了解、选择开发、控制和使用等综合性管理工作的总称。其中，了解是基础，选择开发、控制是手段，使用是目的。

2．供应商管理的意义

企业的采购是从资源市场中获取物资，而供应商作为企业的外部环境的组成部分，是资源市场的组成部分，必然会直接或间接地对企业造成影响。实践证明，积极做好供应商管理工作，对企业有着多方面的积极意义。

（1）提升企业核心能力。随着企业越来越注重核心竞争能力的培养和核心业务的开拓，从外部获取供应资源，有助于企业集中精力来提升自身的核心竞争能力。

（2）降低商品采购成本。原材料在产品总成本中占 60%~70%，该比例将随着企业核心竞争的集中和业务外包的增大而增大。因此，制造商只有与供应商联合，形成长期稳定的合作关系，才有可能进一步降低商品采购成本。

（3）提高原材料、零部件的质量。原材料的质量直接影响着成品的质量。有数据表明，30%的产品质量问题来自供应商提供的原材料，因此，提高原材料、零部件的质量是提高产品质量的有效手段。

（4）降低库存水平，加快资金周转。建立一支可靠的供应商队伍，为企业提供稳定可靠的物资供应，有利于企业降低库存水平，进而加快资金周转。

（5）利于新产品开发。随着全球经济、科技发展以及竞争加剧，在未来 5~10 年，新产品开发和上市时间将缩短 40%~60%，仅靠制造商的核心能力是远远不够的，让供应商尽早参与研发，可缩短产品开发周期。

（6）缩短供应商的供应周期，提高供应灵活性。统计资料表明，80%的延期交货源自供应商，因此，从供应商供应这个源头抓起，有利于缩短产品的交货期，提高供应灵活性。

（7）可以加强与供应商沟通，改善订单的处理过程，提高材料需求的准确度。

3．供应商管理的基本环节

（1）供应商开发。是指寻找新的合格供应商的过程。需要先进行供应商调查，再开发，寻找适合企业需要的供应商队伍。

（2）供应商选择与审核。是指采购管理的一项重要内容，关系到采购目标能否实现。

（3）供应商评审。是指对现有供应商进行监控、考核，以促进供应商提升供应水平。

（4）供应商关系管理。是指建立不同层次的供应商关系网络，并加以区别对待，同时加强激励和控制，从而形成合作伙伴关系。

4.1.2 开发新供应商

1. 对供应商的调查

对供应商进行开发，首先要了解供应商和市场资源。对供应商进行调查，在不同阶段要求也有所不同，大体上可分为以下3种调查：

（1）对资源市场进行调查。首先对资源市场进行调查，取得对供应商的整体把握，然后在此基础上进行分析，以确定资源市场总体水平。

（2）对供应商进行初步调查。即对供应商基本情况的调查，包括名称、地址、生产产品、生产能力、价格、质量、市场份额及运输条件等内容。

（3）对供应商进行深入调查。在对供应商进行初步调查后，对有意向发展为自己供应商的企业进行深入细致的考察活动，即深入到供应商企业内部，对设备工艺、生产技术、管理技术等进行全方位的考察，必要时可要求样品试制。由于对供应商进行深入调查花费较多时间、精力，调查成本高，仅在以下两种情况下需要进行：

① 准备发展成紧密关系的供应商。

② 寻找关键零部件产品的供应商。

2. 对供应商的开发

采购商的开发是一项很重要的工作，同时也是一个庞大的复杂系统，需要精心策划和认真组织。

1）供应商开发的途径

企业要有效开发供应商，就必须扩大供应商来源，即企业掌握的供应商信息越多，选择供应商的机会就越大。寻找新供应商的途径有以下几种：

（1）国内外产品发布会、展销会。

（2）国内外新闻传播媒体（报纸、广播、电视、网络等）。

（3）国内外行业协会、企业协会等。

（4）各种专业顾问委员会。

（5）市场调查。

（6）供应商上门推销。

（7）朋友介绍等。

2）开发新供应商的流程图

开发新供应商基本上需要经过以下几个步骤，如图4.2所示。

（1）明确需求。包括生产对物料技术、质量及交货期要求，供应商供应能力与质量状况等。

（2）编制供应商开发进度表。一般按供应商开发步骤制定一份时间进度表，以明确供应商开发的时间节点和具体工作任务。表4-1所示为供应商开发进度表示例。

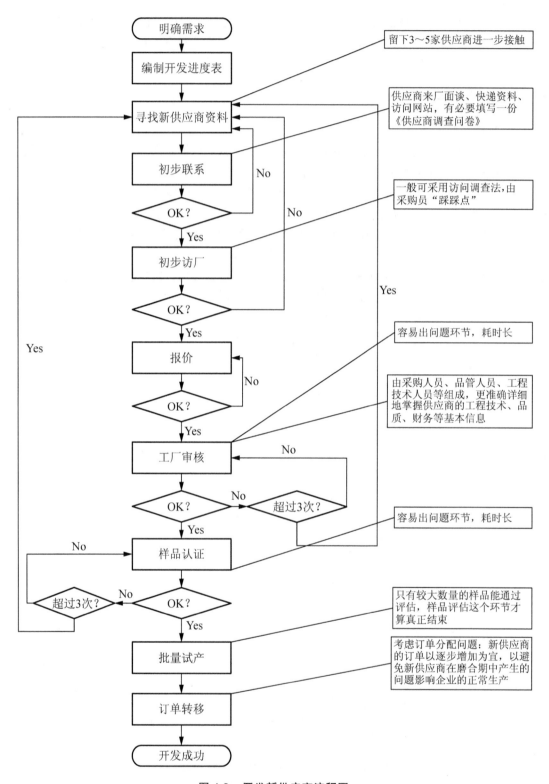

图 4.2 开发新供应商流程图

表4-1 供应商开发进度表示例

[   ]项目负责人：　　　　　　　　　　　　　　　　　　　　　　　　日期：

序号	步骤	时间进度/周											
		1	2	3	4	5	6	7	8	9	10	11	12
1	明确需求	→											
2	寻找新供应商资料		→										
3	初步联系		→										
4	初步访厂			→									
5	报价					→							
6	工厂审核						→						
7	样品认证						→	→	→				
8	批量试产								→	→	→		
9	正式接纳为合格供应商										→		
10	订单转移											→	→

（3）寻找新供应商资料。有多种寻找途径，如国内外新闻传播媒体、国内外行业协会和市场调查等。经初步筛选，留下3~5家供应商供进一步接触。

（4）初步联系。第一次尽可能采用电话联系，表明联系目的及自己的需求。在此基础上可约供应商面谈，或让供应商快递资料，或上供应商网站了解有关资料，但要求供应商完成一份《供应商调查问卷》是很有必要的。

供应商调查问卷示例

供应商基本信息

供应商全称：		盖公章
公司曾用名：		
所属国家：		所属地区（省）：
所属城市（市）：		邮政编码：
公司电话：	公司传真：	公司电子信箱：
公司办公详细地址：		
生产工厂详细地址：		
公司法人姓名：		法人联系方式：
公司投资人姓名：		各自的投资比例：
业务联系人姓名：	职位：	电话：
传真：	手机：	电子信箱：
公司成立时间：		公司（制造/销售）同类设备历史：
公司注册资金：		企业性质：
公司经营范围：		
制造设备名称：（如为代理销售设备，请说明设备的生产制造厂家，设备品牌）		
公司开户银行：		银行账号：
税号：		

公 司 介 绍

1. 厂房情况

我公司生产厂房生产面积_____m²，该厂房的产权为我公司（所有/租赁，如为租赁，租赁到期日为_____年____月）。

2. 我公司主要的机加工设备情况

（如果为代理销售商，请填写所代理设备的制造厂家的情况）

主要设备名称	规格型号	数　　量	生产厂家或品牌

3. 办公情况

我公司办公区域面积有_____m²，主要为_____等科室办公用。

4. 公司经营业绩和净资产情况

我公司年销售金额为_____万元，其中，非标设备约为_____万元，标准设备约为_____万元。我公司目前净资产为_____万元。

5. 公司人员情况

我公司共有职工_____名。其中，管理人员_____名，产品设计人员_____名，工人_____名。在管理人员中，具备本科以上学历或中级职称的有_____人。在设计人员中，具备高级职称的有_____人，具备中级职称的有_____人。

公司主要负责人介绍

职　务	姓　名	年　龄	任职时间	学　历	职　称	联系电话

6. 公司销售客户情况

我公司的销售客户共有_____家。

国内知名的用户有_____（请列举至少5家）。

国际知名的用户有_____（请列举至少5家）。

公司主要项目业绩介绍

时　间	客户名称	项目名称	项目金额

7. 公司获奖情况

名　称	内　容	时　间	颁发机构

8. 公司质量管理

（如果为代理销售商，请填写代理销售设备的制造厂家情况）

我公司（有/无）专门的质量控制部门。如有，质量控制部门是_____，质量管理人员有_____人，负责人是_____。质量管理控制人员是（专职/兼职）的。我公司通过的质量认证体系是_____，时间是_____。

产品在出厂之前，有（专职/兼职）人员进行检验合格后，方准予出厂。

我公司所制造销售的设备，在我公司都（有/没有）全套图纸资料，我公司的图纸资料（长期保存/保存1~2年/保存5年以上/一般不保存）。

9. 公司售后服务

对于国外设备供应商：我公司在中国（有/无）售后服务网点或办事处，在中国一共有_____处售后服务网点。我公司在中国的售后服务人员有_____名。

对于国内设备供应商：我公司在中国一共有_____处售后服务网点或办事处，位置是_____。

10. 公司服务承诺

我公司承诺，当接到客户的服务要求后，可以在_____小时内给予积极有效的响应，提供电话指导，在_____小时内保证能够到达客户工厂，并进到现场服务。

提供以下资料，该资料会有助于客户迅速了解我公司。

（1）公司厂房照片，公司办公区域照片，生产车间内的设备照片等。

（2）公司简介和业绩介绍。

（3）企业资产负债表。

（4）公司的认证证书复印件等。

（5）公司产品介绍，设备性能介绍等。

（6）公司组织机构图，公司职工名单等。

（7）公司的各种信誉证明复印件，外部客户的表扬信等。

（5）初步访厂。采购人员对供应商进行"踩点"，以获取更真实的供应商信息。更多的企业则组成一个开发团队（由采购、工程、品管等部门人员构成）进行初步访厂，并在此基础上完成供应商资料卡片，见表4-2。

表4-2 供应商资料卡片

公司名称			
地　　址			
联络人		负责人	
投资金额		营业证号	
公司电话		公司传真	
建厂时间			
企业性质	□国营　□私营　□集资　□外资　□股份制　□中外合资		

续表

员工概况	员工人数	项目	管理人员	工程技术人员	生产作业人员	质量检验人员	总计	教育程度	
		男						大专以上	
		女						高中	
		合计						初中	

产销状况	主要营业项目	生产方式		销售渠道	年销售额
		□订单	□计划		元
		□订单	□计划		元
		□订单	□计划		元

质量状况	（1）专业质检部门人员，有_____人；其组织名称为_____。 （2）有否实施质检制度：□是　　□不是 （3）产品在生产过程中时，所实施之检验方法： □首检　　　　　　□巡检　　　　　　□末检 □未实施任何检验　□自检　　　　　　□抽检　　　□全检

作业管理状况	（1）专业生产技术人员，有_____人；其组织名称为_____。 （2）专业作业标准建设者，有_____人。 是否每项均建立完善的管理制度：□是　　□不是 承包后再转包之经常交易承包工厂，有_____家。 承包后再转包之依赖度为_____%。

企业主要情况	计量等级	工厂面积		固定资产/万元	流动资金/万元	年产值/万元	主要设备	
		总面积	建筑面积				加工/台	检测/台

企业生产概况	
备注	

（6）报价。一般由采购部向所有供应商发一份询价单，并让供应商以相同的报价条件来报价，这样有利于采购人员进行比价。

（7）工厂审核。采购方的审核人员由采购人员、工程技术人员、质量管理人员和财务人员等组成。其目的是让采购方更准确、更详细地掌握供应商的工程技术能力、品质保证能力、财力状况等基本信息。

（8）样品认证。供应商在提供样品时，应提交的材料包括材质证明、安全证明、检验报告等。采购人员在收到样品后需会同有关部门来评审样品，并将有关信息反馈给供应商，以便其改进。

（9）批量试产。只有在大批量的样品通过评估，样品评估环节才算真正通过。

（10）订单转移。新供应商的订单数量应慢慢增加，以避免新供应商在磨合期中产生的问题而影响企业的正常生产。

（11）开发成功。正式接纳为合格供应商。

职业能力训练

技能训练:供应商信息和商品信息调查

【实训要求】

学校拟开设一个校园超市,采购员首先需要对供应商信息和商品信息进行调查。请以小组为单位实施,并完成相关资料收集与整理工作。

【实训组织】

(1)熟悉理论知识。

(2)将学生分组,每组对一两类商品信息和供应商信息进行调查、收集与整理。

(3)通过调查搜集供应商资料,了解供应商基本情况,填写供应商卡片。

(4)通过实地访问超市、商场、工厂网络查找等方式了解某类商品价格,填写询价单,分为以下几种情况:

① 同一类产品由于生产厂家不同会出现多种价格。

② 同一生产厂家由于采购数量不同会出现多种价格。

③ 同一生产厂家、同种采购数量由于付款方式不同会出现多种价格。

 课程重点

(1)供应商管理基本环节。

(2)供应商开发流程。

 任务 4.2 供应商选择与评估

学习目标

能力目标	● 能初步选择和评估供应商 ● 能利用统计数据,对供应商进行初步的绩效考核 ● 会对企业供应商选择的个案进行分析和评述,并指出可能存在的问题
知识目标	● 熟悉供应商选择和评估的一般步骤 ● 掌握供应商的选择和评估方法 ● 熟悉供应商绩效考核常用指标

 案例引入

TCL王牌电子(深圳)有限公司介入彩电业后,刚开始的供应商评估工作是由其供应方惠州长城公司负责;在具备了生产条件后,才开始自行开展供应商的评估工作。目前,TCL已经建立了一整套的供应商评估体系,其评估原则已逐步成为其企业文化的一个重要的有机组成部分。供应商评估工作在企业实施稳定的供应链合作关系、保证产品质量、降低生产成本、提高经济效益等方面发挥了巨大的作用。

建立供应商评估体系，通常要确定评估的项目、标准及要达到的具体量化指标。这些问题明确后，还要建立相应的评估小组，TCL目前的供应商评估小组有10位工作人员。

TCL的供应商主要包括零部件、生产设备、检测设备、动力设备等各种不同种类的供应商。针对每一类供应商，TCL都制定了相应的管理办法。

在TCL，需要评估的供应商有两类：现有供应商和新的潜在的供应商。对于现有的供应商，TCL每月都要做一次调查，着重就价格、交期、进货合格率、质量事故等各个方面都进行量化评估，并有一年两次的现场评估。由于TCL是行业内较领先的企业，其供应商在行业内也是比较优秀的。

对新的潜在供应商，供应商绩效评估的过程要复杂一些，具体操作过程如下：

（1）在TCL公司新产品开发时，就提出对新材料的需求，要求潜在的目标供应商提供其基本情况，内容包括公司简介、生产规模或能力、曾给哪些企业供过货、是否通过了ISO 9002的认证和生产安全的认证，还要求提供样品、最低的报价等。

（2）在实施供应链合作关系的过程中，市场的需求和供应都在变化，TCL在保持供应商相对稳定的前提下，会根据实际情况及时地修改供应商的评估标准。

TCL的供应商基本上能做到100%的产品合格率，因此，价格就成了评估的主要因素。TCL会要求新的潜在供应商提出一个成本分析表，包括以下两部分内容：

（1）生产某一元器件由哪些原材料组成（即BOM结构图）。

（2）生产成本是如何构成的。

通过成本分析表来分析其中存在的价格空间，如果有不合理的价格因素，TCL就会及时要求供应商进行供应价格的合理调整。

TCL有一个基本的思路：合格的供应商队伍不应总是静态的，而应是动态的，这样才能引进竞争机制。

讨论：请简要说明TCL是如何评估供应商的。

 案例导学

供应商的选择与评估是一项复杂、涉及面较广的工作，企业的决策者需要因地制宜，对企业所处的内外环境进行详细的分析，根据企业的长期发展战略和核心竞争力，做出对供应商的选择。

 相关知识

4.2.1　供应商选择的原则

（1）系统全面性原则。建立和使用全面系统评价体系。

（2）简明科学性原则。供应商评价和选择步骤、选择过程透明化、制度化和科学化。

（3）稳定可比性原则。评估体系应该稳定运作，标准统一，减少主观因素。

（4）灵活可操作性原则。不同行业、企业、产品需求、不同环境下的供应商评价应是不一样的，保持一定的灵活操作性。

（5）门当户对原则。供应商的规模和层次和采购商相当。

（6）半数比例原则。购买数量不超过供应商产能的50%，反对全额供货的供应商。

（7）供应源数量控制原则。同类物料的供应商数量两三家，有主次供应商之分。

（8）供应链战略原则。与重要供应商发展供应链战略合作关系。

（9）学习更新原则。评估的指标、标杆对比的对象及评估的工具与技术都需要不断地更新。

（10）全面了解原则。对供应商的生产状况、商业信誉、交货能力了解多少，直接决定与供应商合作的深度与广度。

4.2.2 选择和评估供应商的标准

选择和评估供应商的标准有许多，根据时间的长短进行划分，可分为短期标准和长期标准。在选择和评估供应商时，一定要综合考虑短期标准和长期标准，把两者有机结合起来，才能使所选择的标准更全面，进而再利用标准对供应商进行选择和评估时，能够寻找到理想的供应商。供应商评选标准主要从图4.3所示的5个方面加以一一制定。

1．短期标准

1）合适的商品质量

采购商品的质量符合采购方的要求，是采购方进行商品采购时首先要考虑的条件。对于质量差、价格偏低的商品，虽然采购成本低，但会导致企业的总成本增加。因为质量不合格的产品在企业投入使用的过程中，往往会影响生产的连续性和成品的质量，这些最终都会反映到总成本中去。相反，质量过高并不意味着采购物品适合企业生产所用，如果质量过高，远远超过生产要求的质量，对于企业而言也是一种浪费。因此，采购中对于质量的要求是符合企业生产所需，要求过高或过低都是错误的。

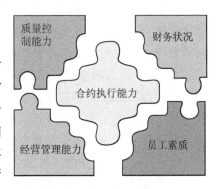

图4.3　供应商评选标准

2）较低的成本

成本不仅仅包括采购价格，而且包括原料或零部件使用过程中所发生的一切支出。采购价格低是选择供应商的一个重要条件。但是价格最低的供应商不一定就是最合适的，因为如果在产品质量、交货时间上达不到要求，再或者由于地理位置过远而使运输费用增加，都会使总成本增加，所以总成本最低才是选择供应商需要考虑的重要因素。

3）及时交货

供应商能否按约定的交货期限和交货条件组织供货，直接影响企业生产的连续性，因此，交货时间也是选择供应商时需要考虑的因素之一。企业在考虑交货时间时需要注意以下两个方面的问题：

（1）要降低生产所用的原材料或零部件的库存数量，进而降低库存占压资金，以及与库存相关的其他各项费用。

（2）要降低停工待料的风险，保证生产的连续性。

结合这两个方面内容，对交货及时性的要求应该是这样：用户什么时候需要，就什么时候送货，不晚送也不早送，非常准时。

4）整体服务水平好

供应商的整体服务水平是指供应商内部各作业环节能够配合购买者的能力与要求。如果采购者对如何使用所采购的物品不甚了解，供应商就有责任向采购者培训所卖产品的使用知识。评价供应商整体服务水平的主要指标有以下3个方面：

（1）安装服务。通过安装服务，采购商可以缩短设备的投产时间或投入运行所需要的时间。

（2）维修服务。免费维修是对买方利益的保护，同时也对供应商提供的产品提出了更高的质量要求。这样，供应商就会想方设法提高产品质量，避免或减少免费维修情况的出现。

（3）技术支持服务。如果供应商向采购者提供相应的技术支持，就可以在替采购者解决难题的同时销售自己的产品。例如，信息时代的产品更新换代非常快，供应商提供免费或者有偿的升级服务等技术支持对采购者有很大的吸引力，也是供应商竞争力的体现。

2．长期标准

选择供应商的长期标准主要在于评估供应商是否能保证长期而稳定的供应，其生产能力是否能配合公司的成长而相对扩展，其产品未来的发展方向能否符合公司的需求，以及是否具有长期合作的意愿等。选择供应商的长期标准主要考虑下列4个方面。

1）供应商内部组织是否完善

供应商内部组织与管理关系到日后供应商供货效率和服务质量。如果供应商组织机构设置混乱，采购的效率与质量就会因此下降，甚至会由于供应商部门之间的互相扯皮而导致供应活动不能及时地、高质量地完成。

2）供应商质量管理体系是否健全

采购商在评价供应商是否符合要求时，其中重要的一个环节是看供应商是否采用相应的质量体系或质量管理，比如说是否通过ISO 9000质量体系认证，内部的工作人员是否按照该质量体系不折不扣地完成各项工作，其质量水平是否达到国际公认的ISO 9000所规定的要求。

3）供应商内部机器设备是否先进以及保养情况如何

从供应商机器设备的新旧程度和保养情况就可以看出管理者对生产机器、产品质量的重视程度，以及内部管理的好坏。如果车间机器设备陈旧，机器上面灰尘油污很多，很难想象该企业能生产出合格的产品。

4）供应商的财务状况是否稳定

供应商的财务状况直接影响到其交货和履约的绩效，如果供应商的财务出现问题，周转不灵，就会影响供货进而影响企业生产，甚至出现停工的严重危机。

4.2.3 选择供应商的程序

不同的企业在选择供应商时，所采用的步骤会有差别，但基本的步骤应包含下面几个方面。

1．建立评价小组

企业必须建立一个小组以控制和实施供应商评价。组员来自采购、生产、财务、技术、市场等部门，组员必须有团队合作精神、具有一定的专业技能。评价小组必须同时得到制造商企业和供应商企业最高领导层的支持。

2．确定全部的供应商名单

通过供应商信息数据库，以及采购人员、销售人员或行业杂志、网站等媒介渠道了解市场上能提供所需物品的供应商。

3．列出评估指标并确定权重

在前面已对选择供应商的标准进行详细论述，在短期标准与长期标准中，每个评估指标的重要性对不同的企业是不一样的。因此，对于不同的企业，在进行评估指标权重设计时也应有所不同。评价供应商的一个主要工作是调查、收集有关供应商的生产运作等各个方面的信息。在收集供应商信息的基础上，可以利用一定的工具和技术方法进行。

4．供应商的评价

对供应商的评价共包括两个步骤：一是对供应商做出初步筛选，二是对供应商进行实地考察。

在对供应商进行初步筛选时，首要的任务是使用统一标准的供应商情况登记表，来管理供应商提供的信息。这些信息应包括供应商的注册地、注册资金、主要股东结构、生产场地、设备、人员、主要产品、主要客户、生产能力等。通过分析这些信息，可以评估其工艺能力、供应的稳定性、资源的可靠性及其综合竞争能力。

在这些供应商中，剔除明显不适合进一步合作的供应商后，就能得出一个供应商考察名录。接着要安排对供应商的实地考察，这一步骤至关重要。必要时在审核团队方面，可以邀请质量部门和工艺工程师一起参与，他们不仅会带来专业的知识与经验，其共同审核的经历也会有助于公司内部的沟通和协调。

5．确定供应商

在综合考虑多方面因素之后，就可以给每个供应商综合评分，选择出合格的供应商。

综上所述，供应商选择流程如图4.4所示。

4.2.4 选择供应商的方法

选择供应商的方法较多，一般要根据供应商的多少，对供应商的了解程度及对采购物品需要时间的紧迫性来确定。总的来说，可分为定性分析选择方法和定量分析选择方法两大类，其具体的方法，优、缺点和适用范围比较见表4-3。

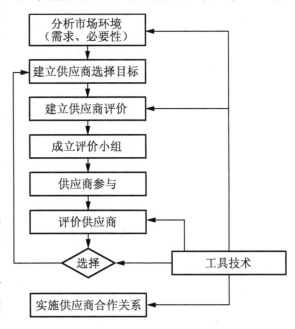

图4.4 供应商选择流程图

表 4-3 选择供应商的方法比较

方法分类	方　法	优　点	缺　点	适　用　范　围
定性分析选择方法	直观判断法	直接、简便、快捷	主观性较强、容易导致选择结果的不公正	适用于非主要原材料的合作伙伴选择
	招标法	公平、公正、公开；充分竞争，优中选优；提高质量，降低成本	手续复杂，时间长，不能适应紧急订购的需要，订购机动性差	订购数量大，合作伙伴竞争激烈
	协商选择法	订购双方可充分协商，能有效保证货物质量和交货期	选择范围有限，不一定能得到价格最合理、供应条件最有利的供应商	采购时间紧、投标单位少、竞争程度小、订购货物规格和技术条件复杂
定量分析选择方法	加权评分法	根据各衡量项目的重要程度，加上不同权重，可体现企业各自需求；对所有供应商一视同仁	依据衡量项目的重要程度，科学、合理地设置不同的权重	必须以历史统计资料为基础
	采购成本比较法	在质量与交期均得到满足的前提下，选择供应商的成本是最低的	需要分别计算各个不同供应商的采购成本	所有被选供应商的质量与交期均相同

 练一练

（1）已知某公司根据多年来对供应商的实际管理经验，总结出按如下分配比例来评价本地的各供应商：产品质量占 40 分，价格占 35 分（以最低单价为参考数据），合同完成率占 25 分。根据上年度统计资料（表 4-4），从中选择出下年度最合适的供应商。

【参考答案】

表 4-4　上年度供应商的统计资料

供应商	收到的商品量/件	验收合格量/件	单位/元	合同完成
甲	2 000	1 920	89	98%
乙	2 400	2 200	86	92%
丙	600	480	93	95%
丁	1 000	900	90	100%

（2）某需求方需采购某产品 200 吨，甲、乙两个供应商供应的质量、交期和信誉都符合要求。距离需求方地理位置较近的甲供应商的报价为 320 元/吨，运费为 5 元/吨，采购费用支出共 200 元；乙供应商距离需求方地理位置较远，报价为 300 元/吨，运费 30 元/吨，采购费共 500 元。请分析判断哪个供应商是需求方更合适的供应商。

 知识拓展

选择供应商时的几个策略性问题

1. 企业自制与外包采购的选择

外包采购的比率越高，则选择供应商的机会越大，并以能够分工合作的供应商为主要对象。通过外包，企业可以将精力集中在核心产品的生产上，避免分散精力，但费用较企业自制要高。

2. 单一供应商与多家供应商的选择

单一供应商是指所需采购的物料统一向一家供应商订购。优点是供需双方关系密切，质量相对稳定，且能够取得较大的价格优势。缺点是采购机动性减小，有可能失去质量、价格有利的供应商。多家供应商是指所需采购的物料向多家供应商订购。可见，其优、缺点刚好与单一供应商情况相反。

3. 直接采购与间接采购的选择

如若所需物品的采购量较大或对企业影响较大时，则宜直接采购，从而避免中间商加价或出差错；反之，如若所需物品的采购量很小或对企业影响甚微，则可以通过间接采购，以节省企业的采购精力。

4. 短期采购关系与长期采购关系的选择

如若所需物品的采购次数是有限的，且对企业影响甚微，采购只重视采购成本和交货期，买卖双方可只建立短期采购关系。只有双方建立长期合作关系，需方才有可能让供方介入到产品设计过程中，并及时分享相关信息。

4.2.5 供应商绩效考核

为了科学、客观地反映供应商供应活动的运作情况，应该建立与之相适应的供应商绩效考核指标体系。在制定考核指标体系时，应该突出重点，对关键指标进行重点分析，尽可能地采用实时分析与考核的方法，要把绩效度量范围扩大到能反映供应活动时间运营的信息上去，因为这要比做事后分析有价值得多。评估供应商绩效的因素主要有质量指标、供应指标、经济指标、配合度指标等。

1. 质量指标

供应商质量指标是供应商评估的最基本指标，包括来料批次合格率、来料抽检缺陷率、来料在线报废率、供应商来料免检率等。其中，来料批次合格率是最为常用的质量考核指标之一。质量指标通常每月考核一次，其计算公式为

$$来料批次合格率 = （合格来料批次 \div 来料总批次）\times 100\%$$

$$来料抽检缺陷率 = （抽检缺陷总数 \div 抽检样品总数）\times 100\%$$

$$来料在线报废率 = [来料总报废数（含在线生产时发现的）\div 来料总数] \times 100\%$$

$$来料免检率 = （来料免检的种类数 \div 该供应商供应的产品总种类数）\times 100\%$$

此外，还有的公司将供应商体系，质量信息，供应商是否使用、如何使用 SPC（Statistical Process Control，统计过程控制）于质量控制等也纳入考核，比如供应商是否通过了 ISO 9000 认证或供应商的质量体系审核是否达到一定的水平。还有些公司要求供应商在提供产品的同时，要提供相应的质量文件，如过程质量检验报告、出货质量检验报告、产品成分性能测试报告等。

2. 供应指标

供应指标又称为企业指标，是同供应商的交货表现及供应商企划管理水平相关的考核因素，其中最主要的是准时交货率、交货周期、订单变化接受率等。供应指标通常每月考核一次。

在供应指标考核中，订单变化接收率是衡量供应商对订单变化灵活性反应的一个指标，是指在双方确认的交货周期中可接收的订单增加或减少的比率。值得一提的是，供应商能够

接收的订单增加接收率与订单减少接受率往往不同，前者取决于供应商生产能力的弹性、生产计划安排与反应快慢及库存大小与状态（原材料、半成品或成品）；后者主要取决于供应的反应、库存（包括原材料与在制品）大小及因减少订单而带来的可能损失的承受力。其计算公式为

$$准时交货率 = （按时按量交货的实际批次 \div 订单确认的交货总批次）\times 100\%$$

$$交货周期 = 收货之日 - 订单开出之日$$

$$订单变化接收率 = （订单增加或减少的交货数量 \div 订单原定的交货数量）\times 100\%$$

3. 经济指标

供应商考核的经济指标总是与采购价格、成本相联系的。与质量及供应指标不同的是，质量与供应考核通常每月进行一次，而经济指标则相对稳定，多数企业是每季度考核一次。

此外经济指标往往都是定性的，难以量化，其具体考核点有以下几个方面：

（1）价格水平。往往同本公司所掌握的市场行情比较或根据供应商的实际成本结构及利润率进行判断，有以下计算公式可作参考。

$$平均价格比率 = [（供应商的供货价格 - 市场平均价格）\div 市场平均价格] \times 100\%$$

$$最低价格比率 = [（供应商的供货价格 - 市场最低价格）\div 市场最低价格] \times 100\%$$

（2）报价是否及时。报价单是否客观、具体、透明（分解成原材料费用、加工费用、包装费用、运输费用、税金、利润等，以及相对应的交货与付款条件）。

（3）降低成本的态度及行动。是否真诚地配合本公司或主动地开展降低成本活动，制订改进计划，实施改进行动，是否定期与本公司检讨价格。

（4）分享降价成果。是否将降低成本的好处也让利给本公司。

（5）付款。是否积极配合响应本公司提出的付款条件要求与办法，开出付款发票是否准确、及时，是否符合有关财税要求。有些单位还将供应商的财务管理水平与手段、财务状况及对整体成本的认识也纳入考核。

4. 配合度指标

同经济指标一样，考核供应商在支持、配合与服务方面的表现通常也是定性的考核，每季度一次，相关的指标包括反应与沟通、表现合作态度、参与本公司的改进与开发项目、售后服务等，具体如下所述：

（1）反应表现。对订单、交货、质量投诉等反应是否及时、迅速，答复是否完整，对退货、投诉等是否及时处理。

（2）沟通手段。是否有合适的人员与本公司沟通，沟通手段是否符合本公司的要求（电话、传真、电子邮件及文件书写所用软件与本公司的匹配程度等）。

（3）合作态度。是否将本公司看成是重要客户，供应商高层领导或关键人物是否重视本公司的要求，供应商内部沟通协作（如市场、生产、计划、工程、质量等部门）是否能整体配合并满足本公司的要求。

（4）共同改进。是否积极参与或主动参与本公司相关的质量、供应、成本等改进项目或活动，或推行新的管理做法等，是否积极组织参与本公司共同召开的供应商改进会议，配合本公司开展的质量体系审核等。

（5）售后服务。是否主动征询本公司的意见，主动访问本公司，主动解决或预防问题。

（6）参与开发。是否参与本公司各种相关开发项目，如何参与本公司的产品或业务开发过程。

（7）其他支持。是否积极接纳本公司提出的有关参观、访问事宜，是否积极提供本公司要求的新产品报价与送样，是否妥善保存与本公司相关的文件等并不予泄露，是否保证不与影响到本公司切身利益的相关公司或单位进行合作等。

知识拓展

有效供应商评价的10个"C"法则

（1）Competence——竞争能力：供应商承担所需任务和工作的能力。

（2）Capacity——生产能力：供应商满足买方所有需求的生产能力。

（3）Commitment——承诺：供应就质量、效益和服务给予顾客的承诺。

（4）Control System——控制系统：有关库存、成本、预算、人员和信息等方面的控制。

（5）Cash Resources and Financial Stability——现金资源和财政稳定程度：确保供应商在财务上是有保障的，且能够持久地开展业务。

（6）Cost——成本：与质量和服务相匹配的成本。

（7）Consistency——一致性：供应商保持供货和递送的一致性，以及在可能的情况下不断改进质量和服务水平的能力。

另外，还有3个"C"没有被确认。

（1）Culture——企业文化：供应方和采购方应该共享相似的文化观和价值观。

（2）Clean——道德高尚：供应商及其产品应该是合法的，并且满足环境保护的要求。

（3）Communication——交流：供应商是否能够以电子方式交流和收取信息。

当确定供应商能成为有效供应商的基本条件后，下一步还需要确立应变措施来均衡7个"C"（10个"C"）之间的相互关系，以及它们对业务的影响。

作为采购人员来说，在一定的周期内对供应商的各方面情况做一次综合评估，看一下他对超市的各项工作的配合度是非常必要的。沃尔玛对供应商的评估应以3个月为一个周期，由采购经理主持召开一次评估会，由采购员来评价所管理供应商的配合情况。采购员在评估会开始前3天，要填写一式三份的供应商评估表（一份交采购经理，一份交采购主管），对每个供应商这3个月来的各项情况进行统计。供应商评估表包括两张表，一张是基本情况评估表，一张是效益评估表。

基本情况评估表

评估期间：___月___日至___月___日　　　　　　　　　采购员：

供应商	上次评估整改结果	评估期末单品总数	评估期内引进新品数	评估期内淘汰旧品数	扣除折扣后价格竞争力	所供商品质量稳定性	供货准确性	供货稳定性	相应对策

续表

供应商	上次评估整改结果	评估期末单品总数	评估期内引进新品数	评估期内淘汰旧品数	扣除折扣后价格竞争力	所供商品质量稳定性	供货准确性	供货稳定性	相应对策

（1）上次评估整改结果。是对上次评估会上形成的整改方案落实情况的汇报，采购员应就整改中遇到的障碍或新问题，随时向采购经理或采购主管汇报，以增加整改方案的可行性。如果在预定的完成时间内不能如期完成，又无合理的理由，将按照采购部处罚条例进行处罚。

（2）评估期末单品数。在评估期末，该供应商在采购员所管辖的采购组内实际的单品数。

（3）扣除折扣后价格竞争力。指该供应商所供应的商品在扣除各种折扣后，和竞争对手比较，竞争力如何？一般有非常强、强、正常、弱、非常弱5个等级。在这5个等级中，采购员应主要针对该供应商的主力商品来进行评估。

（4）所供商品质量稳定性。是对供应商所提供商品的质量进行评估的一个指标。在评估期内，是否出现过质量问题？如有，处理情况如何？

（5）供货准确性。是对供应商在评估期内送货情况的考核，在评估期内，是否按时、按量、按所订商品送货？如没有，是哪方面的原因造成的。

（6）供货稳定性。是对供应商货源情况是否稳定进行的考核。在评估期内，是否出现过断货现象？如有，是什么原因。

（7）相应对策。是对该供应商不能让超市满意的各种基本情况做出的对策。在评估会上必须定下完成相应对策的时间。

效益评估表

评估期间：___月___日至___月___日　　　　　　　　　　　　采购员：

供应商	上次评估整改结果	评估期间销售额	评估期间毛利率	销售占比	毛利占比	评估期间付款金额	评估期间库存总额	库存周转天数	促销配合度	营业外收入总额	相应对策

（1）上次评估整改结果。同基本情况评估表的上次评估整改结果填写要求一致。

（2）销售占比。指该供应商在评估期内销售额占全店同期销售额的百分比。从中可以看出各个供应商的销售情况。

（3）毛利占比。指该供应商在评估期内毛利额占全店同期销售额的百分比。从中可以看出各个供应商对超市的贡献度。

（4）评估期内付款金额和评估期内库存总额（进价）。通过这两个指标，可以看出该供应商的总体销售情况，也可以看到付款是否合理，库存是否合理，是否有必要对其进行库存结构分析，退掉一部分积压的商品。

（5）库存周转天数。库存周转天数=库存金额÷日均销售成本。通过这个指标，也可以看出该供应商的库存合理性。

（6）促销配合度。指供应商对超市促销活动的配合程度，既提供促销商品，促销折扣的力度很大，又比较主动的供应商是A级，提供促销商品，促销折扣的力度一般，不太主动的供应商是B级，其余的供应商为C级。

（7）营业外收入总额。指供应商在评估期内所交纳的营业外收入总额。这也是供应商对超市配合度的一个体现。

（8）相应对策。和基本情况评估表的相应对策栏的填写要求一致。

采购经理要严格供应商评估会制度，以3个月为一期，对供应商的情况进行分析，并在会上拿出相应的对策和完成时间，由采购员执行，采购主管负责监督并在到期后向采购经理汇报完成的情况。对于不合作或影响超市效益的供应商，要坚决清退或改变合作方式。对于各方面配合的供应商，可考虑在付款、收费标准上适当给以优惠。在评估时如有因超市方面的原因，而造成供应商不能有效配合的情况，属于采购部门的问题，应限期解决。属于其他部门的问题，由采购经理向上级汇报并落实解决的日期。

通过供应商评估会制度，可以使采购人员增强管理意识，发现存在问题，并通过对问题的整改过程，提高自己的管理水平。使供应商的管理向科学化、数据化、透明化发展，减少因人为因素而造成的管理随意性和局限性。

 职业能力训练

案例分析：如何选择供应商？

C集团公司的采购员老王，正面临着一项困难的供应商抉择——复印机租赁合同的竞争者只剩下最后的A和B这两家公司。A公司给出了更为有利的报价，但是老王认为与A公司以前的合作并不满意。

C集团现在使用的225台复印机，其中的100台是根据一份4年期的合同从A复印机公司租赁的。

4年前，C集团与A复印机公司供应商签订了一份为期4年的租赁复印机合同。A复印机公司是一家大型的跨国公司，在市场中占主导地位，它以每次复印大约0.07元的投标价格获得了合同。但在合同的执行过程中，A公司表现得很一般。它所提供的所有复印机不仅都没有放大功能，并且不能保证及时的维修。

4年后，合同期满，需要重新签订合同。激烈的竞争和生产复印机成本的降低，使B公司提供了每次复印0.05元的价格。另外，B公司提供了多种规格和适应性很强的机型，有放大、缩小等多种功能。老王对B公司比较满意，并准备与其总经理签订4年的合同，该总经理承诺将提供关于每一台复印机的服务记录，而且还允许老王决定何时更换同类型的复印机，即老王有权决定可随时更换掉经常出故障的复印机。

在C集团与A公司过去的4年合作期间，A复印机公司曾不断地向C集团介绍A公司的其他系列产品，老王对此很反感。另外，还有两点：

（1）老王从事采购工作的6年间，A公司曾先后更换了13位销售代表。

（2）C集团明确规定所有采购都要由采购总部来完成，而A公司的代表虽然也明知这项规定，却有时仍直接与最终的使用者进行联系而不通过C集团的采购总部。

老王此次招标，共收到了19份复印机租赁合同的投标。老王把范围缩小到5家，其中包括A和B，最后再经筛选，确定为A和B两家公司。

淘汰其他投标者的主要理由是：那些供应商缺乏供应的历史记录，不能满足C集团的业务要求；没有计算机化的服务系统，也没有计划要安装。

这次A公司的投标中包括重新装备的复印机，并提供了与B公司相似的服务，而且价格竟比B公司还要低20%。

这时，老王在考虑这些影响他短期内做出决策的因素时，感到有些忧虑。

显然，A公司提供了一个在价格方面很有吸引力的投标，但在其他方面又会如何呢？另外，很难根据过去的表现来确定A公司的投标合理性。同时，B公司是家小公司，对老王来说又是新的供应商，又没有足够的事实能确定它的确能提供它所承诺的服务。

如果签订的采购合同不公平，很可能会带来日后一些消极的影响。老王必须权衡许多问题，并被要求在3天内向采购部提出一份大家都能接受的建议。

分析：如果你是老王，该如何选择供应商？为什么？

技能训练：供应商评价

某物品采购单位拟按加权评分法评价本地的4个供应商，给出加权评分法的权重为：产品质量占60分，价格占15分，合同完成率占25分。2016年供应商供货情况见表4-5。

表4-5　2016年供应商供货情况

供应商	收到的商品数量/件	验收合格的数量/件	单价/元	合同完成率
甲	2 000	1 920	89	98%
乙	2 400	2 200	86	92%
丙	600	480	93	95%
丁	1 000	900	90	100%

【实训要求】

（1）根据以上资料进行计算，选择下期2017年最合适的供应商。

（2）对比本技能训练与本任务"练一练"中的评价供应商方法的不同权重，分析反映了什么问题或现象？

课程重点

（1）选择和评估供应商的标准。

（2）选择供应商的程序。

（3）选择供应商的方法。

（4）供应商绩效考核。

任务4.3 供应商关系管理

学习目标

能力目标	● 能对供应商进行正确分类 ● 系统掌握供应商管理的全过程
知识目标	● 了解供应商管理的内涵 ● 理解供应管理的意义 ● 掌握供应商管理的几个基本环节

案例引入

D公司拥有3 700名员工,生产设备在美国和拉丁美洲,年生产日用销售品17亿欧元。D的品牌包括D牌香皂、P牌洗衣剂、R牌空气清洁剂和S牌肉罐头。D公司的产品通过超市、批发商、医药商店和俱乐部销售,其中沃尔玛是它最大的客户。

1996年,D公司从它的母公司中分离出来,以便更好地专注于日常销售品业务。一份战略计划指导着D公司在21世纪的发展。在快速发展和竞争的环境中,企业开发新产品并推向市场面临着重大的压力。聪明的消费者都希望得到最实惠的产品,D公司不得不努力在生产环节发现并降低成本。在这个变化的市场环境中,采购行为转向最好的供应商,并与新产品开发过程形成一个整体就非常必要了。因此,D公司彻底审视了其采购模式并转向中央采购。如今,采购已经在D公司跨平台战略的发展过程中扮演着领导的角色。D公司采购的整体目标是"以最好的价格,为公司获取最高质量的产品和最好的服务"。

D公司的高级副总裁和首席采购官介绍说:"D公司与很多供应商都在很好地合作。当我们向唯一的供应商进行采购,或者他们对我们的业务量足够大,他们就需要调整并适应我们的运营模式,我们的采购也需要和供应商的代表见面、回顾和发现商业机会。我们向供应商提出大量的问题,以确保我们没有增加不增值的成本。我们的供应商能够获得健康的利润,如同我们能获得利润一样重要。"通过与几家战略供应商紧密合作,D公司在自己的厂区建立了由供应商管理的库存。这些库存保管在D公司的库房里,但是由供应商单独管理。

通过让所有员工参与,D公司成功地实施了旨在降低成本的"屠龙计划"。自从员工根据企业的利润情况获得奖金以来,员工参与项目的积极性逐步提高。员工所有降低成本的设想和建议都提交到采购部门进行回顾和总结。采购部门根据这些建议与企业战略目标的符合程度进行排序。

作为机构重组的一部分,D公司减少了供应商名单,与关键供应商建立了紧密的合作关系,通过跨业务部门的协同采购提高谈判能力,在全公司范围内推行降低成本计划。对于一些产品,D公司完全依靠单一采购。例如,D公司的R牌空气清洁剂的调节部件只用一家公司的产品,P牌洗衣剂的瓶子都来自于一家公司。在为期5年的时间内,D公司在采购方面所做的努力,为其减少了1亿美元的成本。原材料成本的变化对企业利润率的影响非常大。

但 D 公司所有产品的市场竞争程度都非常高，它不能通过涨价来弥补原材料价格上涨的损失。因此，D 公司对物料成本的管理就至关重要。

讨论：D 公司是如何进行供应商关系管理的？其成功的原因是什么？

案例导学

从目前的企业发展事实来看，由传统的非合作性竞争走向合作性竞争、合作与竞争并存是当前企业发展的一个趋势。

相关知识

正如客户关系管理（Custom Relationship Management，CRM）是用来改善与客户的关系一样，供应商关系管理（Supplier Relationship Management，SRM）是用来改善与供应链上游供应商的关系的，它是一种致力于实现与供应商建立和维持长久、紧密伙伴关系的管理思想和软件技术的解决方案，它旨在改善企业与供应商之间关系，实施于围绕企业采购业务相关的领域，目标是通过与供应商建立长期、紧密的业务关系，并通过对双方资源和竞争优势的整合来共同开拓市场，扩大市场需求和份额，降低产品前期的高额成本，实现双赢的企业管理模式。

4.3.1 供应商分类

企业按照供应商提供产品的重要程度及供应商对本企业的重视程度与信赖因素，将供应商分成若干个群体。对供应商进行分类，是供应商关系管理的先行环节，只有在供应商细分的基础上，企业才有可能根据供应商的不同情况实行不同的供应商关系管理策略。

1. 按照供应商的重要程度分类

依据本企业对供应商的重要程度及供应商对本企业的重要程度，可将供应商分成 4 类，如图 4.5 所示。

（1）伙伴型供应商。该类供应商为本企业提供生产制造所需要的重要部件，同时其自身也是同行业中的领跑者，具有很强的产品研发与创新能力。

（2）优先型供应商。该类供应商非常看重本企业的采购业务，对本企业有强烈的信赖感。但市场上提供同类商品的供应商较多，或该类供应商提供的商品对本企业生产并不是太重要。

（3）重点型供应商。本企业的采购数量不大，但该项采购业务对本企业非常重要，然而对供应商而言，本企业的采购无关紧要。在这种情况下，

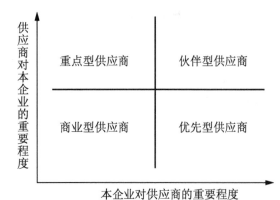

图 4.5 按照供应商的重要程度分类

企业必须保持与供应商的长久关系，才能获得有利的市场地位，保持持久的竞争优势。

（4）商业型供应商。企业和供应商对于彼此间的业务都不是非常看重，相互交易具有偶

然性和临时性的特点，这类供应商对本企业具有很强的变动性。本企业不需要花费太多的精力和时间来维护彼此的关系。

2．按照 20/80 规则分类

物品采购的 20/80 规则是供应商 20/80 规则分类法的理论基础。其基本思想是：针对不同的采购物品应采取不同的策略，同时采购工作时间、精力也应各有侧重，相应的对不同物品的供应商也应采取不同的策略。供应商分类 20/80 规则如图 4.6 所示。

【拓展知识】

从图 4.6 上可以看出，通常情况下 20%数量的采购物品（重点采购物品）占采购物品 80%的价值；而其余 80%数量的物品（普通采购物品）只占采购物品 20%的价值。相应的，可以将供应商依据 20/80 规则进行分类，划分为重点供应商和普通供应商，即占 80%价值的 20%的供应商为重点供应商，而只占 20%价值的 80%的供应商为普通供应商。

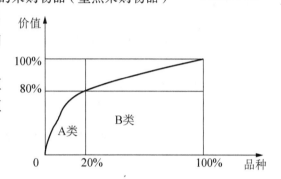

图 4.6　按照 20/80 规则分类

4.3.2　供应商关系分类

企业与供应商之间的关系大致可以分成 5 种，即短期目标型、长期目标型、渗透型、联盟型、纵向集成型。

（1）短期目标型。供需双方是交易关系，通常是需方的采购员与供方的销售业务员有联系。

（2）长期目标型。供需双方建立合作伙伴关系，并且双方多个部门间存在联系。

（3）渗透型。这种关系形式是在长期目标型基础上发展起来的，其思想是双方将对方公司看成是自己公司的延伸，有时会有产权关系，双方互有人员加入对方有关业务。

（4）联盟型。联盟型是从供应链的角度提出的，它的特点是从更长的纵向链条上管理成员间关系，难度提高了，要求也更高，通常由处于核心地位的企业任"盟主"。

（5）纵向集成型。这是最复杂的关系，是指供应链上的成员整合起来，像一个企业，但彼此又完全独立，有利于整个供应链整体利益的决策。

4.3.3　建立供应商战略伙伴关系的意义

1．有利于提高生产效率

两个具有战略供应关系的企业间合作，使得不同技术的生产作业联合起来，有利于提高生产效率。

2．有利于提高经济效益

从采购方角度出发，所需的产品在供货的及时性和质量方面具有一定的保证；从供应商角度出发，其产品销售也具备了相当的稳定性；从整个供应链角度出发，降低了生产过程的不确定性。

3. 有利于降低交易成本

通过联盟，双方可以减少双方在销售、定价、谈判及市场交易等方面的部分成本，并且集中精力发展各自的核心技术，提高产品质量。

4. 有利于实现准时化采购

对制造商来说，通过实施准时化采购，可有效降低库存量；对供应商来说，由于制造商的准时化采购实施，准时化思想必然会扩展到供应商，有助于供应商提高管理水平，准确把握客户需求，提高对市场的响应能力。

4.3.4 管理供应商关系

1. 现代供应商关系与传统供应商关系的区别

随着卖方市场向买方市场转化、顾客需求的变化，传统的供应关系发生了很大的变化，买卖双方之间不再是你死我活的竞争关系，而是建立在一定合作基础上的"双赢"关系，是一种合作模式。传统供应商管理与现代供应商管理的主要区别见表4-6。

表4-6 传统供应商管理与现代供应商管理的主要区别

项 目	传统供应商管理	现代供应商管理
供应主体	物料、部件	物料、部件、服务、技术、知识
供应商选择标准	首先强调价格，其次是质量	并行考虑、多标准因素
供应商选择	凭采购员经验	完善的程序和战略标准
稳定性	变化频繁	长期、稳定、紧密合作
合同性质	短期、单一	长期、开放式合同
商务谈判/合同签订频率	高，频繁	低，较固定
供应批量	小	大
供应商数量	大量	少而精，长期紧密合作关系
供应商规模	小	大
供应商范围	主要在本国	全球范围
企业与供应商的沟通	仅限于采购部与销售部之间	双方多部门沟通
信息交流	仅限于订货、收货信息	共享众多信息
质量控制	需要质检控制	由买方认证，供应商对产品质量负全责
参与买方早期开发	基本不参与	供应商在早期融入自己的知识技术等
供应商对企业的支持	基本没有	有
企业对供应商的支持	基本没有	有

2. 建立双赢合作伙伴关系

1）信息交流与共享机制

（1）保持信息的有效沟通（一致性和准确性），包括作业计划、成本和质量控制等方面信息。

（2）让供应商尽早参与产品研发，并考虑整个生命周期的所有因素，从而提高产品竞争力，降低产品成本。

（3）建立联合任务小组，解决共同关心的问题。

（4）供应商与制造商间经常互访，实行双方多部门的交流，以便及早发现和解决问题。

（5）利用网络技术建立电子数据交换，实行高速传输，提高工作效率。

2）建立健全对供应商的激励机制

有效的激励机制有助于维持良好的供应关系。在激励机制的设计上，应充分体现公平和公正原则，目的在于让供应商与制造商分享成功，体会双赢的好处。

3. 合理的供应商评价方法和手段

要实施对供应商的激励机制，就必须对供应商的业绩进行评价。合理的供应商评价方法，有利于调动供应商的积极性和主动性。通过评价，把问题及时反馈给供应商，并与之共同研究、及时解决问题。

4. 供应商的激励与控制

（1）逐渐建立起一种稳定可靠关系。一般来说，时间不宜太长，以一年为宜。

（2）有意识引入竞争机制（AB/ABC角制）。独家供应时，供应商会因为没有竞争压力而形成惰性，不去提升产品质量、提高管理。对供应商实施动态的选择、比较和淘汰机制，可从本质上提高供应链的能力，提升供应链的竞争优势。

（3）建立相应的监督控制措施。可向供应商派常驻代表或对供应商进行不定期监督检查，以便及时发现与解决问题。另外，加强货检和供应商辅导，也有利于对供应商的监督和控制。

职业能力训练

案例分析：波音公司的供应商关系

波音公司多年来一直把重点放在性能卓越的喷气机系列747、757、767、777机型上，尽管每一架飞机都是由波音公司设计和制造的，但实际上全球的供应商们都为之做出了重要的贡献。长期以来，波音公司与日本的4家飞机制造公司建立了良好的供应商关系。欲了解波音公司与上述日本供应商的关系，需要退回到几十年前。当时，波音公司在日本第一次试销，为了成功地向日本航空公司推销自己的产品，附加条件是波音公司必须把某些有关的零件制造业务承包给日本的公司。为了打开和占领日本市场，波音公司的管理者接受了这种条件。

这就使双方开始了一个动态的策略变化过程，最终导致了两者目前重大的相互依赖关系。到20世纪90年代末，部件外购的成分占了一架飞机总价值的50%。事实上，日本这4家公司在宽体喷气式飞机的机体中已贡献了将近40%的价值，使用的专业技术和工具在许多方面都是全球最领先的。

这是一种双赢的伙伴关系，双方都是大赢家，日本人购买了大量的飞机，帮助波音公司成为全球主导的商用机公司；同时，与波音的关系也使日本的制造厂家改进了它们的技术能力，从而增加了他们对波音和世界范围内其他生产商的吸引力。尽管波音公司对其供应商有很大的依赖性，但公司的管理层相信，他们的系统设计能力和整合技术将防止任何供应商或若干供应商联合起来从他们手里夺走行业的控制权。

分析： 结合本案例，分析供应商合作伙伴关系能为企业带来哪些益处？

课程重点

（1）供应商的分类。
（2）供应商关系的分类。
（3）供应商关系的管理。

复习题

（1）简述供应商管理的意义。
（2）简述开发新供应商的主要步骤。
（3）选择和评估供应商的标准有哪些？
（4）简述选择供应商的程序。
（5）选择供应商的方法有哪些？各有哪些优、缺点？
（6）传统供应商管理与现代供应商管理的主要区别有哪些？

【项目小结】

项目 5

采 购 谈 判

 任务 5.1 采购谈判内容与原则

 学习目标

能力目标	<ul><li>能运用所学理论知识进行采购谈判</li><li>会根据采购谈判程序进行采购谈判</li></ul>
知识目标	<ul><li>熟悉采购谈判的原则和特点</li><li>掌握采购谈判的内容和程序</li></ul>

案例引入

日本航空公司决定向美国麦道公司引进10架新型麦道机，指定常务董事担任领队，财务经理为主谈，技术部经理为助谈，组成谈判小组去美国洽谈购买事宜。

日航代表飞抵美国稍事休息，麦道公司立即来电，约定明日在公司会议室开谈。第二天3位日本绅士仿佛还未消除旅途的疲劳，行动迟缓地走进会议室，只见麦道公司的一群谈判代表已经端坐一边。谈判开始，日航代表慢吞吞地喝着咖啡，还在缓解时差的不适。狡猾而又实效的麦道方主谈，把客人的疲惫视为可乘之机，在开门见山重申双方购销意向之后，迅速把谈判转入主题。

从早上9点到中午11点30分，3架放映机相继打开，字幕、图表、数据、电脑图案辅助资料和航行画面应有尽有，欲使对方置身于迪士尼乐园的神奇之中，会不由自主地相信麦道飞机性能和定价都是无可挑剔的。孰料日航三位谈判代表自始至终默默地坐着，一语不发。麦道的领队大感不解地问："你们难道不明白？你们不明白什么？"日航领队笑了笑，回答："这一切。"

麦道主谈急切地追问："这一切是什么意思？请具体说明你们从什么时候开始不明白的？"

日航助谈歉意地说："对不起，从拉上窗帘的那一刻起。"日方主谈随之咧咧嘴，用连连点头来赞许同伴的说法。

"笨蛋！"麦道领队差一点骂出声来，泄气的倚在门边，松了松领带后气馁地说道："那么，你们希望我们做些什么呢？"日航领队歉意地笑笑说："你可以重放一次吗？"别无选择，只得照办。但麦道公司谈判代表重复那两个小时的介绍时，已经失去了最初的热忱和信心。是日本人开了美国人的玩笑吗？不是，他们只是不想在谈判开始阶段表明自己的理解力，不想用买方一上来就合作使卖方产生误解，以为买方在迎合，讨好对方。谈判风格素来以具体、干脆、明确而著称的美国人，哪里会想到日本人有这一层心思呢？更不知道自己在谈判伊始已输一盘了。

谈判进入交锋阶段，老谋深算的日航代表忽然显得听觉不敏、反应迟钝，显得很难甚至无法明了麦道方在说些什么，让麦道公司代表十分恼火，觉得自己在和愚笨的人谈判，早已准备的论点、论据和推理根本没用，精心选择的说服策略也无用武之地。连日来麦道方已被搅得烦躁不安，只想尽快结束这种与笨人打交道的灾难，于是直截了当地把球踢给对方："我们飞机的性能是最佳的，报价也是合情合理的，你们有什么异议吗？"

此时日航主谈似乎由于紧张，忽然出现语言障碍，他结结巴巴地说："第——第——""请慢慢说。"麦道主谈虽然嘴上是这么劝着，心中却又恨又痒。"第——第——第——""是第一点吗？"麦道主谈忍不住问。日航主谈点头称是。"好吧，第一点是什么？"麦道主谈急切地问。"价——价——价——""是价格吗？"麦道主谈问，日航主谈又点了点头。"好，这点可以商量。第二点是什么？"麦道主谈焦急地问。"性——性——性——""你是说性能吗？只要日航方面提出书面改进要求，我们一定满足。"麦道主谈脱口而出。

至此，日航一方说了什么呢？什么也没有说。麦道一方做了什么呢？在帮助日方跟自己交锋。他们先是帮日方把想说还没有说出来的话解释清楚，接着为问出对方后面的话，就不假思索地匆忙做出许诺，结果把谈判的主动权拱手交给了对方。

麦道轻率地许诺让步，日航就想得寸进尺地捞好处。这是一笔价值数亿元的大宗贸易，还价应该按照国际惯例取适当幅度,日航的谈判助理却故意装作全然不知,一开口就要求销价20%。麦道主谈听了大吃一惊,再看看对方是真的,不像是假的,心想既然已经许诺让价。为表示诚意就爽快地让吧,于是便说:"我们可以让价5%。"

双方差距甚大,都竭力为自己的报价陈说大堆理由,第一轮价格谈判在激烈的交锋中结束。经过短暂的沉默,日方第二次报价:削减18%,麦道方还价是6%,于是又唇枪舌剑,辩驳对方,尽管口干舌燥,可谁也没有说服谁。此刻麦道公司的主谈对成交已不抱太大希望,开始失去耐心,提出休会:"我们双方在价格上差距很大,有必要为成交寻找新的方法。你们如果同意,两天后双方再谈一次。"

休会原是谈判陷于僵局时采取的一种正常策略,但麦道公司注入了"最后通牒的意味",即"价格太低,宁可不卖"。日航谈判代表这时不得不慎重地权衡得失:价格还可以争取削低一点,但是不能削得太多,否则将触怒美国人,那不仅丧失主动权,而且连到手的6%让价也捞不到。倘若空着两手回日本怎么向公司交代呢?他们决定适可而止。

重新开始谈判,日航一下子降低了6%,要求削价12%;麦道公司增加1%,只同意削价7%,谈判又形成僵局。沉默,长时间的沉默。麦道公司的主谈终止交易,开始收拾文件。恰在这时,口吃了几天的日航主谈突然消除了语言障碍,十分流利地说道:"你们对新型飞机的介绍和推销使我们难以抵抗,如果同意降价8%,我们现在就起草购买11架飞机的合同。"说完他笑吟吟起身,把手伸给麦道公司的主谈。"同意!"麦道的谈判代表也笑了,起身和3位日本绅士握手:"祝贺你们,用最低的价格买到了世界上最先进的飞机。"的确,日航代表把麦道飞机压到了前所未有的低价位。

讨论:

(1)试分析以上案例中谈判双方的得失各是什么?

(2)通过以上案例,总结谈判中买卖双方可以采取的策略有哪些?制胜的关键因素是什么?

 相关知识

5.1.1 采购谈判概述

采购谈判是采购过程中最重要的一个环节,具有关键性意义。相关调查数据表明,每降低1%的采购成本,相当于增加10%的销售额。成功的采购谈判将有利于企业降低成本,达成企业利润最大化。

成功的采购谈判并不像一般比赛中有输有赢,而是以采购谈判双方的共同利益为目标,最终达到采购谈判双方双赢的效果。

1. 采购谈判的定义

采购谈判是指在采购时与供应商进行的商务谈判。采购方想以理想的价格、商品质量和供应商服务条件来获取供应商的产品,而供应商则想以自己希望的价格和服务条件向购买方提供自己的商品,此时双方需要通过谈判来解决,这就是采购谈判。

2. 采购谈判的目的

采购谈判的宗旨就是以较小的代价获得较理想的资源,同时与供应商建立良好的合作关系。总体来说,采购谈判的目的包括以下5点:

(1)获得规定的产品质量和数量。
(2)获得公平合理的价格。
(3)确定合同的方式和控制条件。
(4)取得供应商最大的合作。
(5)建立持久和稳定的关系。

3. 采购谈判的特点

1)合作性与冲突性
(1)采购谈判是建立在双方利益既有共同点,又有分歧点的基础上的。
(2)合作性和冲突性是可以相互转化的。
(3)采购人员可事前将双方的共同点和分歧点列出,并给出权重和分数,从而预测谈判成功的概率。

2)原则性与可调整性
谈判双方对重大的原则问题通常是不会轻易让步的,退让是有一定限度的。

3)经济利益中心性
在谈判过程中,谈判的中心是各自的经济利益,而价格在谈判中作为调节和分配经济利益的主要杠杆就成为谈判的焦点。

5.1.2 采购谈判的原则

一个善始善终的谈判对合同的签订及其内容起着决定性的作用。因此,谈判时应遵循以下 3 项原则,如图 5.1 所示。

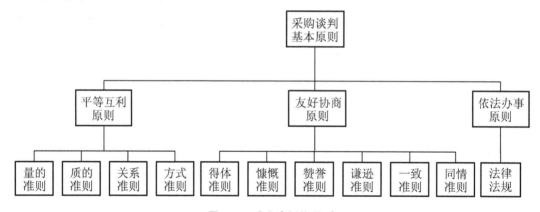

图 5.1 采购谈判的原则

1. 平等互利原则

谈判双方的法律地位不分单位大小,实力强弱,都互惠互利。如果一方只享受权利而不承担义务,而另一方只尽义务却不享受权利,这样的合同很难签订。只有平等互利才能达到"双赢"的结果。为达到这一结果,谈判双方在语言交流表达方面应遵循以下 4 项准则:

(1)量的准则。要求所说的话包括交谈所需要的信息,不应包含超出的信息。
(2)质的准则。要求不要说自知是虚假的话,不要说缺乏足够证据的话。
(3)关系准则。要求所说的话的内容要关联并切题,不要漫无边际地胡说。
(4)方式准则。要求清楚明白,避免晦涩、歧义,要简练、井井有条。

2. 友好协商原则

在谈判时，不可避免地要发生争议。在发生争议的时候，急躁、强迫、要挟、欺骗等手段都不是解决问题的好办法。谈判往往正是在冲突中实现双方的合同目的，双方应通过友好协商的方式解决争议。如果双方在合作的开始就不愉快，那么以后就很难顺利地履行合同。具体来说，在双方交流过程中应遵循以下6项准则：

（1）得体准则。即说话大方，少说或不说有损他人的话。

（2）慷慨准则。即减少表达利己的话。

（3）赞誉准则。即多说表扬对方的话。

（4）谦逊准则。即少说表扬自己的话。

（5）一致准则。即尽可能减少自己与别人在观点上的不一致。

（6）同情准则。即减少自己与他人在感情上的对立。

3. 依法办事原则

双方只有把自己的想法和愿望放置于法律的框架内，才能防范自己在市场经营过程中由各方面因素所带来的风险，其权益才能受到国家法律的保护。

5.1.3 采购谈判的内容

采购谈判的基本内容一般可分为三大项，如图5.2所示。

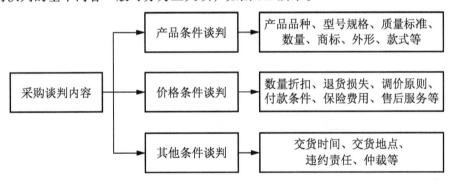

图 5.2 采购谈判的内容

1. 产品条件谈判

产品是采购的核心内容，因此，采购谈判的首项谈判内容是围绕产品条件的谈判，具体包括产品品种、型号、规格、数量、质量标准、商标、外形和款式等，其中又以产品质量条款尤为重要。采购谈判使产品质量标准、检测方法和检测手段得到双方的认同，从而保障了企业将获得质量稳定而且可靠的材料供生产经营所需，同时为企业自己生产出合格的产品供应给客户打下了坚实的基础。

2. 价格条件谈判

价格条件谈判是采购谈判的中心内容，是谈判双方最为关心的问题。通常谈判双方会围绕价格条件展开反复的讨价还价，直至最后的价格敲定。

采购谈判应促使采购价格及调价原则达成一致，包括因能源和原材料价格上涨或下跌、采购数量增加或减少等因素可能要求的价格调整，并应明确价格调整的幅度和时间。价格条件谈判还包括付款条件、退货损失、保险费用和售后服务等方面的谈判。

3．其他条件谈判

采购谈判还应促使双方在交货方式和交货地点等方面达成一致。要使供应商明确采购方物料需求的特点、仓库条件、缺货可能导致的严重后果，了解供应商整个物流业务流程，并要求供应商提供确保供货的物流解决方案，避免企业可能因材料短缺而导致停产的风险。

除此以外，采购谈判还应考虑违约责任和仲裁等方面内容。

5.1.4 采购谈判的程序

采购谈判的过程可以分为 3 个显著的阶段，即谈判前、谈判中和谈判后，具体如图 5.3 所示。

【拓展知识】

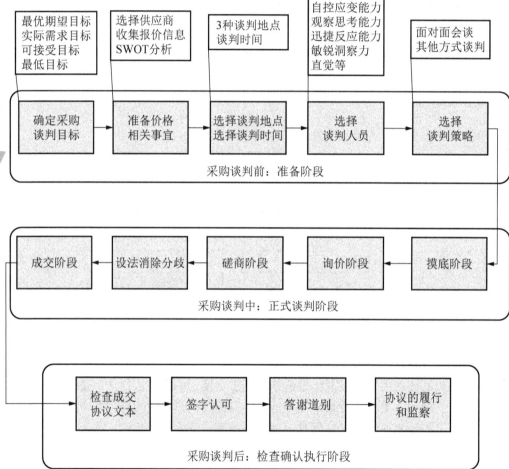

图 5.3 采购谈判的程序

1．采购谈判前——准备阶段

（1）确定采购谈判目标。

（2）准备价格相关事宜。

① 选择供应商，并加以分类。

② 收集报价相关信息，并加以审查。
③ 分析各方的优势和劣势等。
（3）选择谈判地点和时间。
（4）选择谈判人员。
（5）选择谈判策略。必要时可进行谈判预演。

知识拓展

确定采购谈判目标

在每一次与供应商的具体谈判中，首先要处理好的就是目标问题，要设法实现目标的优化。目标归结起来有4类，从低到高依次是最低、可接受、实际需求和最优期望。在谈判的过程中能实现目标的向上递增是最好的。

（1）最优期望目标。最优期望目标＝实际需求利益＋增加值，具体涉及心理、信誉、利益、历史成见，是不易实现的、最佳的理想目标。

（2）实际需求目标。实际需求目标是秘而不宣的内部机密，是较理想的、最佳的目标。由谈判对手挑明，对方见好就收，或给台阶就下。

（3）可接受目标。可接受目标是只满足了部分需求，实现了部分经济利益的目标。现实的态度是"得到部分需求就算成功的谈判"。

（4）最低目标。最低目标是商务谈判务必达到或至少保住的目标，是必须死守的底线。若没有这种心理准备，则不利于谈判的进程，会带来僵化的结局。

2．采购谈判中——正式谈判阶段

在双方正式开始采购谈判前，一般双方互做介绍，并对谈判议程和程序规则做简要说明。在谈判过程中，一般分为以下几个阶段：

（1）摸底阶段。双方都希望知道对方的目标底线，谈话中一般不涉及价格这一敏感话题。

（2）询价阶段。价格是谈判双方都敏感的问题，也是谈判关键，因此，谁先开价、如何开价、开价后如何还价都有一定的技巧。

（3）磋商阶段。通过一系列的、严谨的询问来获得信息，在这个阶段存在分歧是自然和正常的。

（4）消除分歧阶段。在可能的情况下，双方需要确定并解决阻碍谈判达成共同目标的分歧。

（5）成交阶段。达成协议，谈判结束。

3．采购谈判后——检查确认执行阶段

（1）检查成交协议文本。起草一份声明，尽可能清楚地详述双方已经达成一致的内容，并将其呈送到谈判各方以供检查。

（2）签字认可。谈判各方检查同意后，签字认可。

（3）答谢道别。在谈判结束后和对方举行一场宴会是必不可少的，在激烈交锋后，这种方式可以消除谈判过程中的紧张气氛，有利于维持双方的关系。

（4）协议的履行和监察。按协议各项内容执行，设定专门程序监察协议履行情况，并处理可能会出现的任何问题。

 职业能力训练

案例分析：如何应对供应商的"中止合同"要求

某市的时代精密制造公司与供应商 B 合作了十几年，现在供应商 B 在时代精密制造公司所在的相同区域开发了两家新客户，并且供应价格均高于时代精密制造，所以供应商 B 要终止与时代精密制造公司的合同。假如你是时代精密制造公司的一名采购人员，公司委派你前往供应商 B 处处理此事。公司要求在原价格上与供应商 B 继续签订合同。

分析： 你在去之前该准备哪些工作？如何与供应商 B 进行谈判，完成公司安排的任务？

课程重点

（1）采购谈判的特点和原则。
（2）采购谈判的内容和程序。

任务 5.2 采购谈判策略与技巧运用

 学习目标

能力目标	● 能够灵活运用采购谈判策略与技巧进行采购谈判
知识目标	● 掌握采购谈判的策略和技巧

 案例引入

美国著名发明家爱迪生在某公司当电气技师时，他的一项发明获得了专利。公司经理向他表示愿意购买这项专利权，并问他要多少钱。当时，爱迪生想：只要能卖到 5 000 美元就很不错了。但他没有说出来，只是对经理说："您一定知道我的这项发明专利权对公司的价值了，所以，价钱还是请你自己说一说吧！"经理报价道："40 万美金，怎么样？"

还能怎么样呢？谈判当然是没费周折就顺利结束了。爱迪生获得了意想不到的巨款，为日后的发明创造提供了资金。

讨论： 从上述这个案例中你得到了什么启示？

 相关知识

5.2.1 采购谈判策略

在采购谈判中，为了使谈判能够顺利进行并取得成功，谈判者应善于应用各种谈判策略。

谈判策略是指谈判人员通过某些方法达到预期的谈判目标。当然，在实际工作中，应根据不同的谈判目标、谈判内容和谈判对手等具体情况，选用不同的谈判策略和技巧。

1. 避免争论策略

谈判中出现分歧是很正常的事。出现分歧时应始终保持冷静，防止感情冲动，尽可能地避免争论。

1）冷静倾听对方的意见

当对方说出你不愿意听或对你很不利的话时，不要感情冲动或生气地立即打断及反驳对方，应耐心地听完对方的发言，必要时还可承认自己某方面的疏忽。

2）婉转地提出不同意见

不应直截了当地提出自己的否定意见，这样会使对方在心理上产生抵触情绪，反而迫使对方千方百计维护自己的意见；而应先同意对方的意见，再作探索性的提议。

3）谈判无法继续时应马上休会

如果某个问题成了彼此继续谈判的绊脚石，使谈判无法再顺利进行，应在双方对立起来之前就及时地休会，从而避免引起更进一步的僵持和争论。

休会的策略为固执型的谈判人员提供了请示上级的机会，也可借机调整双方思绪，以利于问题在心平气和的友好氛围中得以最终的圆满解决。

2. 情感沟通策略

人有七情六欲，满足人的感情和欲望是人的一种基本需求。在谈判中充分利用感情因素以影响对方，则不失为一种可取的策略。例如，可利用空闲时间，主动与谈判对方一起聊天、娱乐，讨论对方感兴趣的话题，也可馈赠小礼品、请客吃饭、提供食宿的方便。

还可通过帮助解决一些私人问题以增进了解、联系感情、建立友谊，从侧面促进谈判的顺利进行。

3. 抛砖引玉策略

抛砖引玉策略是指在谈判中，一方主动提出各种问题，但不提供解决的办法，让对方来解决。这一策略不仅能尊重对方，而且又可摸清对方的底细，争取主动。这种策略在以下两种情况下不适用：

（1）谈判出现分歧时，对方会误认为你是故意在给他出难题。

（2）若对方是一个自私自利、寸利必争的人，就会乘机抓住对他有利的因素，使你方处于被动地位。

4. 避实就虚策略

避实就虚策略是指你方为达到某种目的和需要，有意识地将洽谈的议题引导到相对次要的问题上，借此来转移对方的注意力，以求实现你方的谈判目标。例如，对方最关心的是价格问题，而你最关心的是交货问题。这时，谈判的焦点不宜直接放到价格和交货时间上，而应放到运输方式上。

在讨价还价时，你可以在运输方式上做出让步，而作为双方让步的交换条件，要求对方在交货时间上做出较大的让步。这样，对方感到满意，你的目的也达到了。

5. 最后期限策略

处于被动地位的谈判者，总有希望谈判成功达成协议的心理。当谈判双方各持己见、争执不下时，处于主动地位的谈判者就可利用这一心理，提出解决问题的最后期限和解决条件。

期限是一种时间通牒，可使对方感到如不迅速做出决定就会失去机会，从而给对方造成一种心理压力——谈判不成损失最大的还是自己。

只要处于谈判的主动地位，就不要忘记抓住恰当的时机来适时使用该策略。使用该策略时还应注意以下几点：

（1）切记不可激怒对方，而要语气委婉、措辞恰当。

（2）要给对方一定的时间进行考虑，让对方感到你不是在强迫他，而是向他提供了一个解决问题的方案，并由他自己决定具体时间。

（3）提出最后期限时最好还能对原有条件也有所让步，给人以安慰。

6. 留有余地策略

在实际谈判中，不管你是否留有余地或真的没留什么余地，对方总认为你是留有余地的，所以在谈判对手最看重的方面作了让步，可在其他条款上争取最大利益。

例如，你的报价即使分文不赚，对方却还是总觉得你利润不薄，你不作让步，他便不会签约。因此，在价格上适当地做些让步，就有可能为自己争取到最好的付款条件。在以下两种情况下尤其需要这种策略：

（1）对付寸利必争的谈判方。

（2）在不了解对方的情况下。

7. 保持沉默策略

保持沉默是处于被动地位的谈判人员常用的一种策略，是为了给对方造成心理压力，同时也起到缓冲作用。

但是如果运用不当，可能适得其反。例如，在还价中沉默常被认为是默认，而沉默时间太短常意味着被慑服。

在对方咄咄逼人时，适当地运用沉默可缩小双方的差距。在沉默中，行为语言是唯一的反应信号，是对方十分关注的内容，所以应特别加以运用，以达到保持沉默的真正目的。

8. 忍气吞声策略

谈判中占主动地位的一方有时会以一种咄咄逼人的姿态表现自己。这时如果表示坚决反对或不满，对方会更加骄横甚至退出谈判。

这时你方可对对方的态度不作任何反应，采取忍耐的策略，则可慢慢地消磨对方的棱角，挫其锐气、以柔克刚，反而能变弱为强。因为被动方忍耐下来，对方则在得到默认的满足之后，反而可能会因此而通情达理，公平合理地与你方谈判。

9. 多听少讲策略

多听少讲是忍耐的一种具体表现方式，也就是让对方尽可能多地发言，充分表明他的观点，这样做既能表示尊重对方，也可使你根据对方的要求，确定你对付对方的具体策略。

例如，卖方为了说明自己产品的优越性而滔滔不绝地夸夸其谈，结果让买方觉得是自卖自夸，产生逆反心理。

如果让买方先讲，可以以满足对方需求为前提，再作恰当的介绍，重在说明该产品能给买方带来哪些好处和方便,这样就可大大减少买方的逆反和戒备心理,有助于促成交易。

10. 先苦后甜策略

如果供应商想要在价格上有多些的余地,则可先在包装、运输、交货、付款方式等多方面提出较为苛刻的方案来作为交换条件。

在讨价还价过程中,再逐步地做出让步。供应商鉴于你方的慷慨表现,往往会同意适当地降价,而事实上这些"让步"是你方本来就打算给供应商的。

但要注意的是,这一策略只有在谈判中处于主动地位的一方才有资格使用。

11. 其他谈判策略

其他谈判策略有货比三家策略、声东击西策略、讨价还价策略、欲擒故纵、以退为进策略等。

总之,只要谈判人员多观察、勤思考和善总结,并能理论结合实际,就一定能创造出更好、更能适合自己的谈判策略,从而获得谈判的成功。

5.2.2 采购谈判技巧

1. 入题技巧

(1)迂回入题。为避免谈判过于直露,影响融洽的气氛,谈判可先简单介绍谈判人员或本企业的最新情况,然后自然地切入主题。

(2)先谈细节,后谈原则。围绕着谈判主题,先从洽谈的细节问题入手,待各项细节问题谈妥之后,便自然而然地达成了原则性的协议。

(3)先谈原则,后谈细节。在大型的采购谈判中,高级谈判人员不可能介入全部谈判,往往要分成若干等级地依次进行,这就需要采取先谈原则后谈细节的方法入题。一旦原则问题达成协议,细节也就有了谈判的依据了。

(4)从具体议题入手。大型采购谈判总是由具体的谈判组成,在具体的每一次谈判中,双方可以首先确定本次谈判的谈判议题,然后从这一具体议题入手来进行谈判。

2. 阐述技巧

(1)开场阐述。首先明确本次谈判的主题,统一认识,简要地回顾双方以前合作的成果,展望今后进一步合作的机遇,再表明你方的基本立场。

(2)让对方先谈。当你方对产品的性能、价格、市场态势等信息没有十分把握时,不妨让对方先谈,然后根据对方所谈的、各方面的现实情况进行综合分析后,判断出对方在原则问题上能否与自己达成协议及达成协议的程度后,再慎重地表达意见。

(3)坦诚相见。不但将对方想要知道的情况坦诚相告,而且还可适当地透露你方的某些动机和想法,以获得对方的信赖和好感。但要注意,不能因此而处于被动,要采取有限度的坦诚。

(4)正确使用语言。谈判所使用的语言要简明扼要、有条理性、留有余地、富有弹性、措辞得体、紧扣主题,并注意语音、语调、停顿和重复。

3. 提问技巧

(1)封闭式提问。例如,"您是否认为有必要改进你们的售后服务?"

(2)开放式提问。例如,"请问您对我们公司的印象如何?"

（3）婉转式提问。例如，"这种产品的功能还不错吧？您能评价一下吗？"

（4）澄清式提问。例如，"按您刚才所说，您是拥有全权与我进行谈判的，是吗？"

（5）探索式提问。例如，"我们想增加购买量，您能否在价格上更优惠些呢？"

（6）借助式提问。例如，"我们比较了其他供货商的价格，对该产品有了更多的了解，请您考虑能否把价格再降低一点儿呢？"

（7）强迫选择式提问。例如，"按照支付佣金的国贸惯例，我们从上海供应商那里一般可得到3%～5%的佣金，贵方是否同意呢？"

（8）引导式提问。例如，"经销这种商品，我方利润很少，贵方可否考虑给予3%的折扣呢？"

（9）协商式提问。例如，"您看给我方的折扣定为3%是否妥当？"

需要特别注意的是，不论采用何种方式，都要注意提问的时机、所提问题的连续性和留出足够的答复时间。

4. 答复技巧

（1）不要彻底答复对方的提问。如对方问及产品质量，不必详细介绍所有指标，而只回答其中主要几个，造成质量好的印象即可。

（2）针对提问者的真实心理来答复。若对方问题模棱两可，含糊其辞，先要探明其真实心理，然后巧妙作答，以防其有机可乘。

（3）不要确切答复对方的提问。当对方压价时你方可说："价格的确是大家很关心的问题，不过我方产品的质量和售后服务是一流的。"

（4）降低提问者追问的兴致。例如，"这个问题容易解决，不过现在还不是时候。""现在讨论这个问题还为时过早，是不会有什么结果的。"

（5）让自己获得充分的思考时间。不必顾忌对方的催问，而应转告对方你必须进行认真的计算或思考，你需要充分的时间进行周密的考虑。

（6）礼貌地拒绝不值得答复的问题。有些与谈判主题无关或关系不大的问题容易扰乱你的思路，不妨一笑了之。

（7）找借口拖延答复。例如，"对您所提的问题，我没有第一手资料作回答，我想您是希望我为您做详尽并满意的答复的，但这需要时间，您说对吗？"

5. 说服技巧

（1）先谈容易解决的问题，后谈容易引起争议的问题。

（2）用大量的事实影响对方的意见，在不知不觉中说服对方。

（3）强调与对方立场、观点、期望的一致，淡化差异，提高接纳程度。

（4）先谈好的消息，然后再谈坏的消息。

（5）不断地强调合同中有利于对方的条款。

（6）先听听对方的意见，再寻找恰当的时机，适时提出你方的意见。

（7）精心设计开头和结尾，以便给对方留下深刻的印象。

（8）结论应由你方明确地提出而不是由对方进行猜测。

（9）多次重复你方的观点，增进对方对这些意见的了解。

（10）以对方习惯的能接受或易于接受的方式和逻辑说服对方。

（11）不要奢望对方立即接受你的意见和建议，要事先进行巧妙的铺垫。

（12）强调合作及互惠互利的可能性和现实性，激发对方在自身利益认同的基础上接纳你方的意见和建议。

6. 倾听技巧

耐心地倾听，不仅是尊重对方的具体表现，也是了解对方、获取信息、发现事实、探索动机的重要和必要的积极手段，是谈判中攻与守的重要基础和前提。

倾听是一种有益的谈判艺术，它有时带来的比付出的还要多。因为在谈判中多听少讲，对于充分地洞察对方实力、扬长避短、有的放矢，都具有重大的现实指导意义。

善于倾听能完整、准确、及时地理解对方谈话的实质内容和含义。不可只注意与自己有关的内容或只考虑自己头脑中的问题，而无意去听取对方发言的全部内容。

记笔记是集中精力倾听的有效手段。记笔记不仅能鼓励对方发言，而且能帮助自己记忆和回忆，更有利于在对方发言完毕后，就某些问题向对方提出询问，自己也有时间充分分析和理解对方的正确意思。

7. 捕捉信息技巧

有经验的谈判人员，在谈判中能从对方的肢体语言中捕捉到许多他们所需要的信息。例如，眼睛闪烁不定常被视为不诚实或想掩饰事实；皱眉表示困惑、不愉快、不赞成或表示关注、思索；抿嘴并避开对方的目光则表示心中有秘密不想透露；手臂交叉地放在胸前表示不愿与你接触；用脚尖拍打地面表示焦虑不安、不耐烦或心情紧张；腰板挺直表示情绪高昂、充满自信；双手叉腰表示胸有成竹；等等。

当然，肢体语言还会随个人性格和文化背景的不同而不同。有些老练的谈判人员还会利用肢体语言故意迷惑你，可通过对方发言的内容、语音、语气、语调等综合因素进行分析和判断。

8. 表演技巧

为达到某一目的，谈判时还可利用各种道具进行表演，例如，相关的图片、价格表、合同书、传真件、公司文件、计算器、演算纸、笔记本、飞机票等。又如，可以通过合起笔记本暗示对方暂停谈判；拿出合同书暗示对方赶快签约；拿出返程机票暗示对方时间有限；按几下计算器，婉转地表示拒绝对方的价格；等等。

谈判道具的灵活运用，能使谈判人员寓其意于不言中，避免了直接论战的锋芒，使谈判得以平衡，并在平衡中得以发展。

谈判道具并无严格的规定，任一物品都可以充当，关键在于谈判者的灵活运用，见机行事，将道具的运用与神态巧妙地有机结合起来。优秀的谈判者很善于运用这些表演道具，信手拈来，表演熟练。

5.2.3 谈判技巧在采购价格谈判中的应用

采购价格谈判是采购人员与供应商业务人员讨价还价的过程。对于采购人员来说，是想办法压价的过程；而对于业务人员来说，是固守报价的过程。

1. 还价技巧

1）要有弹性

在价格谈判中，还价要讲究弹性。对于采购人员来说，切忌漫天还价，乱还价格；也不要一开始就还出了最低价。前者让人觉得是在"光天化日下抢劫",而后者却因失去弹性而处于被动,让人觉得有欠精明,从而使价格谈判毫无进行的余地。

2)化零为整

采购人员在还价时可以将价格集中起来,化零为整。这样可以在供应商心理上造成相对的价格昂贵感,会比用小数目进行报价获得更好的交易。这种报价方式的主要内容是换算成大单位的价格,加大计量单位,例如,将"千克"改为"吨";将"月"改为"年";将"日"改为"月";将"小时"改为"天";将"秒"改为"小时";等等。

3)过关斩将

过关斩将是指采购人员应善用上级主管的议价能力。通常供应商不会自动降价,采购人员必须据理力争。但是,供应商的降价意愿与幅度,视议价的对象而定。因此,如果采购人员对议价的结果不太满意,此时应要求上级主管来和供应商议价。当买方提高议价者的层次,卖方有受到敬重的感觉,可能同意提高降价的幅度。

若采购金额巨大,采购人员甚至可进而请求更高层的主管(如采购经理,甚至副总经理或总经理)邀约卖方的业务主管(如业务经理等)面谈,或直接由买方的高层主管与对方的高层主管直接对话,此举通常效果不错。因为高层主管不但议价技巧与谈判能力高超,而且社会关系及地位崇高,甚至与卖方的经营者有相互投资或事业合作的关系,所以通常只要招呼一声,就可获得令人意想不到的议价效果。

4)压迫降价

压迫降价是指买方占优势的情况下,以胁迫的方式要求供应商降低价格,并不征询供应商的意见。这通常是在卖方处于产品销路欠佳,或竞争十分激烈,以致发生亏损和利润微薄的情况下,为改善其获利能力而使出的杀手锏。

此时,采购人员通常遵照公司的紧急措施,通知供应商自特定日期起降价若干;若原来供应商缺乏配合意愿,及时更换供应来源。当然,此种激烈的降价手段会破坏供需双方的和谐关系;当市场好转时,原来委曲求全的供应商,不是"以牙还牙"抬高售价,就是另谋发展,因此供需关系难以维持良久。

5)敲山震虎

在价格谈判中,巧妙地暗示对方存在的危机,可以迫使对方降价。通过暗示对方不利的因素,从而使对方在价格问题上处于被动,有利于自己提出的价格获得认同。这就是还价法的技巧所在。但必须"点到为止",而且要给人一种"雪中送炭"的感觉,让供应商觉得并非幸灾乐祸、趁火打劫,而是真心诚意地想合作、想给予帮助。当然,这是有利于双方的帮助,那么还价也就自然而然了。

2. 让步技巧

(1)谨慎让步,要让对方意识到你的每一次让步都是艰难的,使对方对此充满期待,并且每次让步的幅度不能过大。

(2)尽量迫使对方在关键问题上先行让步,而本方则在对方的强烈要求下,在次要方面或者较小的问题上让步。

(3)不做无谓的让步,每次让步都需要对方用一定的条件交换。

(4)了解对手的真实状况,在对方急需的条件上坚守阵地。

(5)事先做好让步的计划,所有的让步应该是有序的,并将具有实际价值和没有实际价值的条件区别开来,在不同的阶段和条件下使用。

3. 讨价还价技巧

1)欲擒故纵

由于买卖双方势力均衡,任何一方都无法以力取胜,所以必须斗智。采购人员应该设法掩藏购买的意愿,不要明显表露非买不可的心态;否则,若被供应商识破非买不可的处境,将使采购人员处于劣势。

因此,此时采购人员应采取"若即若离"的姿态,从试探性的询价着手。若能判断供应商有强烈的销售意愿,再要求更低的价格,并作出不答应即行放弃或另行寻求其他来源的意向。通常,若采购人员出价太低,供应商无销售的意愿,则不会要求采购人员加价;若供应商虽想销售,但利润太低,即要求采购人员酌情加价。此时,采购人员的需求若相当急迫,应可同意略加价格,迅速成交;若采购人员并非迫切需求,可表明绝不加价的意思,供应商则极可能同意买方的低价要求。

2)差额均摊

由于买卖双方议价的结果存在着差距,若双方各不相让,那么交易会告吹,采购人员无法取得必需的商品,供应商也丧失了获取利润的机会。因此,为了促成双方的成功交易,最好的方式就是采取"中庸"之道,即将双方议价的差额,各承担一半。

3)迂回战术

在供应商占优势时,正面议价通常效果不好,此时应采取迂回战术才能奏效。

案例阅读

某超市从本地的总代理购入某项进口化妆品,发现价格竟比同行业某公司的购入价贵。超市总经理要求总代理说明原委,并比照同行业的价格。但是总代理未能解释其中道理,也不愿意降价。因此,采购人员就委托原产地的某贸易商,先行在该国购入该项化妆品,再转运至超市。因为总代理的利润偏高,此种转运安排虽然费用增加,但总成本还是比通过总代理购入的价格便宜。当然,此种迂回战术是否成功,有赖于运转工作是否可行。有些原厂限制货品越区销售,则此时执行迂回战术就有些困难。

4)直捣黄龙

有些单一来源的总代理商,对采购人员的议价要求置之不理,摆出一副"姜太公钓鱼,愿者上钩"的姿态,使采购人员有被侮辱的感觉。此时,若能摆脱总代理商,寻求原制造商的报价将是良策。

案例阅读

某超市拟购一批健身器材,经总代理商报价后,虽然三番两次应邀前来议价,但总代理商却总是推三阻四,不入主题。后来采购人员查阅产品目录时,随即发送要求降价12%的传真给原厂。事实上,该超市只是存着姑且一试的心理,不料次日原厂回电同意降价,使采购人员雀跃不已。

从上述的事例中,可以看出采购人员对所谓的总代理应在议价的过程中辨认其虚实。因为有些供应商自称为总代理,事实上并未与国外原厂签订任何合约或协议,只想借总代理的名义自抬身价,获取超额利润。因此,当采购人员向国外原厂询价时,多半会获得回音。但是,在产、销分离制度相当严谨的国家,如日本，采用迂回战术、直捣黄龙就不得其门而入了，因为原厂通常会把询价单转交当地的代理商，不会自行报价。

5）哀兵姿态

在居于劣势情况下，采购人员应以"哀兵"姿态争取供应商的同情与支持。由于采购人员没有能力与供应商议价，有时会以预算不足作借口，请求供应商同意在其有限的费用下，勉为其难地将货品卖给他，而达到减价的目的。

一方面采购人员必须施展"动之以情"的议价功夫，另一方面则口头承诺将来"感恩图报"，换取供应商"来日方长"的打算。此时，若供应商并非血本无归，只是削减原本过高的利润，则双方可能成交；若采购人员的预算距离供应商的底价太远，供应商将因无利可图，不为采购人员的诉求所动。

6）釜底抽薪

为了避免供应商在处于优势下攫取暴利，采购人员应同意让供应商有"合理"的利润，否则胡乱杀价仍会给供应商以可乘之机。因此，通常采购人员应要求供应商提供其所有成本资料。对国外货品而言，则应请总代理商提供一切进口单据，借以查核真实的成本，然后加上合理的利润作为采购的价格。

4. 直接议价技巧

即使面临通货膨胀、物价上涨时，直接议价仍能达到降低价格的功能。因此，在议价协商的过程中，采购人员可以用直接议价的方式进行谈判。

1）以原价订购

当供应商提高售价时，往往不愿意花太多时间在重复议价的交涉上。因此，若为其原有的顾客，则可利用此点，要求沿用原来价格购买。

2）直接说明预设底价

在议价过程中，采购人员可直接表明预设的底价，如此可促使供应商提出较接近该底价的价格，进而要求对方降价。

3）不干拉倒

此技巧适用于两种情况：当采购人员不想再讨价还价时；当议价结果已达到采购人员可以接受的价格上限时。

4）要求说明提高售价的原因

供应商提高售价，常常归到原料上涨、工资提高、利润太薄等原因。采购人员在议价协商时，应对任何不合理的加价提出质疑，如此可掌握要求供应商降价的机会。

5. 间接议价技巧

1）针对价格的议价技巧

在议价的过程中，也可以以间接方式进行议价。采购人员可采用下列 3 种技巧来进行协商：

（1）议价时不要急于进入主题。在开始商谈时，最好先谈一些不相关的话题，借此熟悉对方周围事物，并使双方放松心情，再慢慢引入主题。

（2）运用"低姿势"。在议价协商时，对供应商所提的价格，尽量表示困难，多说"唉""没办法！"等字眼，以低姿势博取对方同情。

（3）尽量避免书信或电话议价，而要求面对面接触。面对面的商谈，沟通效果较佳，往往可通过肢体语言、表情来说服对方，进而要求对方妥协，予以降价。

2）针对非价格因素的议价技巧

在进行议价协商的过程中，除了上述针对价格所提出的议价技巧外，采购人员也可利用其他非价格的因素来进行议价。

（1）在协商议价中要求供应商分担售后服务及其他费用。当供应商决定提高售价，而不愿有所变动时，采购人员不应放弃谈判，但可改变议价方针，针对其他非价格部分要求获得补偿。最明显的例子便是要求供应商提供售后服务，如大件家电的维修、送货等。在一般的交易中，供应商通常将维修和送货成本加于售价中，常使采购人员忽略此项成本，所以在供应商执意提高售价时，采购人员可要求供应商负担所有维修和送货成本，而不将此项成本进行转嫁，如此也能间接达到议价功能。

（2）善用"妥协"技巧。在供应商价格居高不下时，采购人员若坚持继续协商，往往不能达到效果。此时可采取妥协技巧，对少部分不重要的细节，可做适当让步，再从妥协中要求对方回馈，如此也可间接达到议价功能。但妥协技巧的使用需注意以下几点：

① 一次只能做一点点的妥协，如此才能留有再妥协的余地。
② 妥协时马上要求对方给予回馈补偿。
③ 即使赞同对方所提的意见，也不要答应太快。
④ 记录每次妥协的地方，以供参考。

3）利用专注的倾听和温和的态度博得对方好感

采购人员在协商过程中，应仔细地倾听对方说明，在争取权益时，可利用所获得的对方资料或法规章程，进行合理的谈判，即"说之以理，动之以情，绳之以法"。

职业能力训练

案例分析1：中美关于购买组合炉案例

我国某冶金公司要向美国购买一套先进的组合炉，派一高级工程师与美商谈判。为了不负使命，这位高工做了充分的准备工作，他查找了大量有关冶炼组合炉的资料，花了很大的精力对国际市场上组合炉的行情及美国这家公司的历史、现状、经营情况等进行了解。谈判开始，美商一开口要价150万美元。中方工程师列举各国成交价格，使美商目瞪口呆，终于以80万美元达成协议。当谈判购买冶炼自动设备时，美商报价230万美元，经过讨价还价压到130万美元，中方仍然不同意，坚持出价100万美元。美商表示不愿继续谈下去了，把合同往中方工程师面前一扔，说："我们已经做了这么大的让步，贵公司仍不能合作，看来你们没有诚意，这笔生意就算了，明天我们回国了。"中方工程师闻言轻轻一笑，把手一伸，做了一个优雅的、请的动作。美商真的走了，冶金公司的其他人有些着急，甚至埋怨工程师不该抠得这么紧。工程师说："放心吧，他们会回来的。同样的设备，去年他们卖给法国只有95万美元，国际市场上这种设备的价格100万美元是正常的。"

果然不出所料，一个星期后美方又回来继续谈判了。工程师向美商点明了他们与法国的成交价格，美商又愣住了，没有想到眼前这位中国商人如此精明，于是不敢再报虚价，只得说："现在物价上涨得厉害，比不了去年。"工程师说："每年物价上涨指数没有超过6%。一年时间，你们算算，该涨多少？"美商被问得哑口无言，在事实面前，不得不让步，最终以101万美元达成了这笔交易。

分析：
（1）分析中方在谈判中取得成功的原因及美方处于不利地位的原因。
（2）你认为成功的采购谈判的关键是什么？

案例分析2：关于引进环形灯生产技术案例

江苏某工厂A、贵州某工厂B、东北某工厂C、北京某工厂D要引进环形灯生产技术，各家的产量不尽相同。北京某进出口公司E是其中工厂D的代理，知道其他3家的计划后，主动联合这3家在北京开会，建议联合对外，统一谈判，这3家工厂觉得有意义，同意联合。E公司代表将4家工厂召在一起做谈判准备。根据市场调查，日本有两家环形灯生产厂，欧洲有1家，有的曾来过中国，有的还与中国工厂做过技术交流。E进出口公司组织与外商谈了第一轮后，谈判就中止了。外商主动找其熟悉的一家工厂直接谈判，工厂感到高兴，而且外商对工厂谈判的条件比E公司谈判时灵活，更优惠。有的工厂一看联合在一起，自己好处不多，于是提出退伙。有的外商故意不报统一的价格，也与自己欲成交的工厂直接联系，请工厂代表吃饭，单独安排见面等。工厂认为这对自己有好处，来者不拒。E进出口公司的代表知道后劝说各工厂，各工厂不听。最终，这4家各自为政，联合对外谈判也宣告失败。

分析：
（1）外商谈判成功在哪儿？
（2）北京进出口公司E在谈判过程中存在哪些问题？

技能训练："北京现代汽车的轮胎采购谈判"模拟

【实训背景】

北京现代汽车有限公司生产的索纳塔轿车的轮胎一直是从米其林公司采购的，而另一款价位略低的伊兰特轿车的轮胎则是从固特异公司采购的，因为米其林公司生产的轮胎价格高于固特异轮胎。

现北京现代汽车有限公司的采购部希望与米其林公司通过采购谈判，进一步合作，将伊兰特轿车轮胎也采用米其林轮胎，但米其林公司给予的报价仍然是每只500元，于是双方展开谈判。假设北京现代汽车有限公司全年生产伊兰特轿车需用轮胎40 000只，储存费率为10%，供应商报价是每只轮胎500元，每次订货成本为50元。

经双方商量，选择在中国北京长城饭店第三会议室召开相关洽谈会，时间为某日上午8时。

北京现代汽车有限公司与米其林公司在谈判过程中，在价格上发生争执，北京现代汽车有限公司想让对方降低价格，但米其林公司一直不肯妥协。

【实训要求】
（1）制订采购谈判计划。
（2）设计采购谈判的开局。
（3）灵活运用价格谈判策略和技巧展开谈判。

【实训组织】

（1）将参加实训的学生分成若干谈判小组，分别代表北京现代汽车有限公司和米其林公司，首先进行采购谈判的准备阶段，组成谈判队伍并分工。

（2）两组同学快速进入模拟角色，进入正式谈判的摸底阶段——介绍各自来意、谈判人员情况，企业历史和产品介绍等。

（3）谈判小组运用采购谈判策略和技巧，尽可能为本方争得利益。

（4）学生评论模拟谈判过程。

（5）教师点评模拟谈判过程。

课程重点

采购谈判策略和技巧。

复习题

（1）采购谈判的目的是什么？

（2）采购谈判的特点是什么？并做简述解释。

（3）简述采购谈判的内容和程序。

【项目小结】

项目 6
采购定价与合同管理

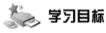 任务 6.1 　采购价格确定

 学习目标

能力目标	<ul><li>能正确询价，并初步确定采购价格</li><li>能够运用某种信息收集方式全面了解采购价格</li><li>能正确分辨各类采购价格</li></ul>
知识目标	<ul><li>正确理解采购价格、采购适当价格的概念以及各类采购价格</li><li>深刻理解影响采购价格的因素</li><li>掌握采购价格确定的基本程序</li></ul>

案例引入

3年前,胡经理在县城开了一家饺子馆,生意火爆,可胡经理却抱怨说赚不到钱,这到底是怎么回事呢?

饺子馆刚开始卖出一位顾客10个煎饺,定价5元,即每个饺子的销售价格为5角钱。直接成本为饺子馅、饺子皮、佐料和燃料,每个饺子的成本大约2角钱。虽然存在差价空间,但是做饺子的数量很难掌握。做少了,有的时候顾客来买没有,也等不及现做,眼看着要到手的生意飞走了;做多了就要剩下……于是胡经理每天都有大量剩余原料,这些剩余的原料又不能隔天使用,算上人工、水电、房租等间接成本,每个饺子的成本就接近4角钱了。如果每天卖出1000个饺子,同时多余500个饺子的原料,相当于亏损了100元左右,每个饺子的物流成本最高时达到1角钱,加上粮油涨价等因素,因此利润越来越薄。

后来胡经理又开了两家连锁店,原料供货就更需要统筹安排了。经过一年多的摸索,胡经理总结出了以下方法。

1. 定期采购

饺子馅的原料要根据头天用量进行每日预测,然后根据原料清单进行采购,一天采购两次,下午会根据上午的消耗进行补货,晚上采购第二天的需求量。

2. 促销策略

用餐高峰期大概在每天12:00—13:00和19:00—20:00这两个时段,胡经理就选择在11:00—11:45和18:00—18:45推出九折优惠计划,有效分散了客流。

如果碰到需求波动比较大的情况,也就是说某种饺子的需求量非常大的时候,比如客户需要白菜馅儿的饺子,可白菜馅儿饺子没有了,胡经理就要求店员推销牛肉馅儿饺子或者羊肉馅儿饺子。

同时,改进店面环境,安上空调,提供报纸、杂志,使顾客的等待时间平均从5min延长到10min。

胡经理做了3年的水饺生意,从最初每个饺子分摊1角钱的物流成本,到去年的5分钱,而今年成本就更低了。由于做饺子的时间长了,需求的种类和数量相对固定下来,每个饺子的物流成本得到有效控制,大约在2分钱,主要就是采购人工、运输车辆的支出,从而提高了利润率。

讨论:

(1)为什么3年前胡经理的饺子馆生意火爆却赚不到钱?

(2)饺子供应方式有哪几种?各有什么特点?胡经理可以采用哪种方式?

案例导学

采购价格的高低直接关系到企业的最终产品或服务价格的高低。因此在确保满足其他条件的情况下力争最低的采购成本是采购人员最重要的工作。

 **相关知识**

6.1.1 采购价格概述

企业成本管理的主体和核心内容是采购成本，而确定最优采购价格不仅是采购成本的重要内容，更是采购管理过程中的一项重要工作，因为采购价格的高低直接关系到企业最终产品或服务价格的高低，关系到企业竞争的优势。因此，在确保满足其他条件的情况下，力争最低的采购价格是采购人员的工作重点，也是整个企业的工作重点。

1. 采购价格的定义

采购价格是指企业进行采购作业时，通过某种方式与供应商之间确定的所需采购的物品和服务的价格。

2. 采购适当价格的含义

采购适当价格并不是采购最低价格，而是指在既定物料品质、交货期或其他条件下，所能得到的最低价格。

通常采购的要求是品质第一，服务第二，价格列为最后。因此，采购价格以能达到适当价格为最高要求。尽管采购价格是采购中一个非常重要的因素，应予以重视，但也不能过分重视，而忽略其他采购因素。

3. 采购价格的种类

依据不同的交易条件，采购价格会有不同的种类。采购价格一般由成本、需求及交易条件决定。常见的采购价格的种类及其特点见表6-1。

表6-1 采购价格的种类

采购价格种类	概 念	特 点
送达价	供应商报价中包含负责将商品送达指定仓库或地点的各种费用	包括货物抵达买方之前的一切运输费、保险费、进口关税、银行费用、利息及报关费等
出厂价	供应商的报价中不包含运送责任,采购方需自提货	通常在供应商不提供免费运送服务或加计运费偏高时采用
现金价	以现金或相等的方式支付货款，即"一手交钱，一手交货"	可使供应商免除交易风险,企业也可享受现金折扣
期票价	企业以期票或延期付款的方式来采购商品	通常企业会把延期付款期间的利息加在售价中
净价	供应商实际收到的货款	供应商不再支付任何交易过程中的费用
毛价	指供应商的报价	供应商可能因为某些因素而折让报价
现货价	每次交易时，由供需双方重新议定价格	此方式采用最为频繁,买卖双方按交易当时的行情进行，可避免价格波动的风险
合约价	买卖双方按照事先议定的价格进行交易	价格议定在先，会造成合约价格与现货价的差异，可能引发买卖双方的利害冲突
实价	企业实际上支付的价格	供应商为了促销，提供优惠条件给买方，如数量折扣等，使企业实际采购价格降低

6.1.2 影响采购价格的因素

采购价格的高低受各种因素的影响。对于国外采购而言，采购价格不仅受各国的政治经济、市场的供应关系影响，而且规格、服务、交货期限、运输及保险等对价格也有相当大的影响。而对于国内采购而言，尽管商业环境、地区、时间与人力关系等方面有所不同，但其价格变动还是比较易于预测与控制的，其中较为主要的影响因素有以下几个。

1. 采购物品的供需关系

当企业所采购的商品供过于求时，则采购企业处于主动地位，可以获得最优惠的价格；当企业需采购的物品为紧俏商品时，则供应商处于主动地位，可能会趁机抬高价格。

2. 供应商成本的高低

这是影响采购价格最根本、最直接的因素。任何企业的存在都是为了获取利润，供应商的成本是采购价格的底线。因此，采购价格一般在供应商成本之上，两者之差即为供应商的利润。尽管经过谈判供应商大幅降价的情况时常出现，但这只是因为供应商报价中的水分太多，采购价格的高低并不是全凭双方谈判随心所欲而决定的。

3. 规格与品质

采购企业对采购品的规格和品质要求越复杂，采购价格就越高。采购人员应首先确保采购物品能满足本企业的需要，质量能满足产品的设计要求，千万不要只追求价格最低，而忽略了质量。

4. 采购数量

如果采购数量大，供应商为了向采购方示好，采购企业就会享受供应商的数量折扣，从而降低采购的价格。因此，大批量、集中采购不失为一种降低采购价格的有效途径。

5. 生产季节与采购时机

当企业处于生产的旺季时，由于对原材料需求紧急，采购方不得不承受更高的价格。避免这种情况的最好办法是提前做好生产计划，并根据生产计划制订相应的采购计划，为生产旺季的到来提前做好准备。

6. 交货条件

交货条件也是影响采购价格非常重要的因素，交货条件主要包括运输方式、交货期的缓急等。如果货物由采购方承运，则供应商就会降低价格，反之就会提高价格。有时为了争取提前获得所需货物，采购方会适当提高价格。

7. 付款条件

在付款条件上，供应商一般都规定有现金折扣、期限折扣，以刺激采购方提前用现金付款。

6.1.3 采购价格确定的基本程序

1. 采购价格的调查

1）调查的主要范围

企业采购的物资种类繁多，每一种物资都要挨个去调查是不可能的。因此，可根据帕累托定理，采取重点管理法进行管理。根据一些企业的实际操作经验，可将以下 6 类物资列为主要的采购调查范围。

（1）选取主要原料 20~30 种，其价值占总价值的 70%~80%。
（2）常用物料和器材。
（3）关键零部件和瓶颈零部件。
（4）突发事件需紧急采购的物资。
（5）波动性大的物资和器材。
（6）计划外设备器材的采购，且数量大，影响远。

2）信息收集的方式
（1）上游法。了解欲采购的产品是由哪些物料组成的，查询其制造成本及产量相关资料。
（2）下游法。了解欲采购的产品用在哪里，查询其需求量及售价相关资料。
（3）水平法。了解欲采购的产品有哪些类似产品，查询其替代品及供应商相关资料。

3）信息的收集渠道
（1）杂志、报纸等媒体。
（2）信息网络或产业调查服务业。
（3）供货商、顾客及同行。
（4）参观展览会或参加研讨会。
（5）加入协会。

4）处理调查资料
将采购市场调查所得资料，加以整理、分析与讨论。在此基础上编制物料调查报告及进行商业环境分析，向本企业提出有关改进建议，供采购时参考，以求降低采购成本，增加利润。

> **知识拓展**
>
> 在此所说的市场调查，是专指针对商品价格所做的调查。商品的售价要合理的话，在定价之前做一定的市场调查是必不可少的。市场调查的对象有自身（商品结构是否健全、陈列是否美观等）、顾客（价格的吸引力、价格的战斗力等）、竞争对手、供应商等。由于现阶段竞争比较激烈，而且大部分顾客都把商品价格作为选择商家和商品的一个重要依据，所以为定价所做的市场调查的主要对象是竞争店，特别是同一商圈内的直接竞争对手。例如，沃尔玛对竞争店所做的调查内容见下表：

市场调查表

日　期：　　　　　星　期：　　　　　市调地点：

货号	商品名称	本公司 售价 A	竞争店 1		竞争店 2		竞争店 3		对策
			售价 B	差异 B-A	售价 C	差异 C-A	售价 D	差异 D-A	

续表

	相同品项/个	本公司便宜	占比/（%）	本公司贵/个	占比（%）	本公司累计 a	竞争店累计 b	比率 $(b-a)/a$	备注
竞争店1									
竞争店2									
竞争店3									

注：a 表示本公司与竞争店相同品项的所有商品售价的累加之和；
　　b 表示竞争店与本公司相同品项的所有商品售价的累加之和；
　　$(b-a)/a$ 表示本公司与竞争店相同品项的所有商品售价差额占比。

经　理：　　　　　　　主　管：　　　　　　　市调人：

（1）竞争店的商品结构。竞争店经营哪几个商品大类？各大类主力商品是哪些？辅助商品是哪些？附属商品是哪些？和我店比较有何不同等？根据这些情况对我店做一些调整，比如说对方不经营家电类商品，但我方经营家电，那么我店家电类商品价格可以适当定高一些。

（2）竞争店的价格线。竞争店的总体价格水平如何？各商品大类的价格水平如何？主力商品、辅助商品、附属商品的价格水平如何？根据这些情况，再结合我店的实际来设计我们的总体价格线，也就是我店的主力商品、辅助商品、附属商品的价格水平，在什么幅度时既能让顾客产生低价印象，又能让我店有合理的利润。

（3）竞争店的重点商品价格。对于各采购组的采购人员来说，自己所主管的商品大类里的商品是很多的，但不是说每个商品在竞争对手那里的价格你都要去了解。而且由于促销或季节的因素，价格是在不断变动的，要想非常清楚地掌握竞争对手每一个商品的价格，基本上是不可能的。所以在调查之前，采购人员一定要有一个调查的重点，要选取每个小分类里有代表性的重点商品，而不是漫无目的地乱调。

（4）竞争店的促销商品价格。竞争店促销商品有哪些？促销价格如何？促销价格是否有吸引力？

2. 采购价格的确定方式

应以达到价格适当为最高目标、买卖双方达到共赢作为采购的最终目标。通常确定采购价格的方式有以下3种。

1）询价采购方式

询价采购是指采购方根据所需的采购物品向供应商发出询价或征购函，请其正式报价的一种采购方式。通常应当至少选择3家符合采购条件的供应商作为询价对象，且供应商报价单上应包括交易条件及报价有效期等。报价经采购方完全同意接受，买卖契约才算成立。

2）招标确定价格

招标采购是采购企业确定采购价格的一种重要方式。其优点是公平合理，但手续较烦琐，需要设立招投标工作小组，并依据招标法和招投标流程进行。具体内容参见项目3相关内容。

3）谈判确定价格

谈判是确定价格的常用方式，也是最复杂、成本最高的方式。谈判方式适合各种类型的采购。

3．正确询价

询价是采购人员在采购作业流程上的一个必要阶段。在接到请购单、了解目前库存状况及采购预算后，通常最直接的反映就是马上联络供应商。为了方便供应商在最短的时间内给出正确、有效的报价，以及避免日后采购方与供应商在品质、供货等方面的认知差异，完整、正确的询价文件必不可少，通常应该包括以下内容：

（1）品名与料号。询价项目的"品名"和"料号"是在询价单上所应必备的最基本资料。所谓的"品名"和"料号"，也是买卖双方在日后进行后续追踪时的一个快速查办及检索的依据。

（2）数量。通常供应商在报价时都需要知道买方的需求量，这是因为采购量的多少会影响到价格的计算。数量信息通常包括"年需求量""季需求量""月需求量"等。除了让供应商了解需求量及采购的形态外，同时也可让供应商分析其自身产能是否能应付买方的需求。

（3）规格书。规格书是一种描述采购产品品质的工具，应包括"最新版本"的工程图面、测试规格、材料规格、样品、色板等有助于供应商报价的一切信息。

（4）品质要求。表达询价项目品质规范要求的方式有许多种，通常可以使用品牌、商业标准、材料与制造方法规格、性能或功能规格、工程图面、市场等级、样品和工作说明书等几种方式来呈现。

（5）报价基础要求。通常包括报价的"币值"与"贸易条件"，国内买卖比较单纯，国际贸易就比较复杂，国际贸易通常的贸易条件有 FOB（Free On Board，船上交货）、CIF（Cost, Insurance and Freight，成本＋保险费＋运费）等。

（6）付款条件。虽然双方都有各自的公司政策，最后的付款条件需要经双方协商确定。另外，在付款条件中需要明确注明"付款起算日"时间是如何确定的。

（7）交期条件。买方应视实际需要来提出要求，而并非一味地追求及时供货。

（8）包装要求。包装方式在供应商估算价格时占有一定的比重。若无特别说明，供应商对于包装都有其使用的标准包装材料。

（9）运送地点与交货方式。运送地点的国家、城市、地址及联络电话与传真都必须要清楚地告诉供应商。国内买卖的交货方式常以铁路、公路为主，国际采购中的运送地点与交货方式则决定了价格的计算。

（10）售后服务与保证期限要求。在采购一些机器设备时，供应商一般都会提供基本的售后服务与保证期限。如有特殊的要求，那么会牵涉到采购持有成本。

（11）报价到期日。对于较复杂的产品，应该给予供应商足够的时间来进行估价。

（12）采购人员与技术人员的姓名及联络电话。这是为便于供方咨询采购项目中复杂且具有技术性的问题，但以提供公司的电话为宜。

4．正确处理报价

采购部门在收到供应商报价单后，应尽早（报价有效期内）分析供应商报价的高低、交货期的长短、付款条件的宽严、交货条件合适与否，以便于选择合适的供应商。企业为便于分析、比较，大都设计有标准化表格。表 6-2 为报价分析表示例。

表 6-2　报价分析表示例

报价分析表		编　号：		
		日　期：		
物　品：				
请对每一种报价的下列方面进行评价，并将评定分数记在相应的栏目里： A 代表非常满意，B 代表比较满意，C 代表可以接受，D 代表不满意，E 代表非常不满意				
供应商	样　品	价　格	交货情况	成交条件	总体评价
分析人：		签　名：		

5. 采购议价

采购议价是采购活动中的一个交易过程。采购议价的内容多为采购方与供应商共同关心但又存在一定分歧的问题，如采购价格的高低、交货期的长短、付款条件的宽严、交货条件合适与否等。议价的目的是消除分歧，达成一致。在议价过程中，应注意议价策略，并灵活运用战术技巧。

职业能力训练

案例分析：美心公司的降低采购成本之路

某年，美心公司与大多数高速发展的企业一样，开始面临增长瓶颈，掌门人夏某毅然采取以利润换取名声的策略，大幅降低产品销售价格。然而降价不久，风险就不期而至，原材料钢材的价格突然飙升。继续低价销售——卖得越多，亏得越多；涨价销售——信誉扫地，再难立足。面对两难抉择，降低成本，尤其是原材料的采购成本就成了美心生死攸关的"救命稻草"。

经过反复思量，夏某最后向采购部下达指令：从现在开始起的 3 年内，企业的综合采购成本，必须以每年平均 10%的速度递减。

这让美心的采购部员工们有点傻眼，甚至不服气：此前美心公司的"开架式采购招投标制度"属国内首创，既有效降低成本，又杜绝暗箱操作，中央电视台都为此做过专题报道。而且此举已经为美心节约了 15%的采购成本，还有什么魔法能够让"青蛙变得更苗条"吗？

在夏某的带动下，美心采购部的员工开始走出去，从习惯坐办公室到习惯上路，超越经验桎梏，在不知不觉中形成了一套降低成本管理模式。

1. 联合采购，分别加工

针对中小供应商，美心将这些配套企业联合起来，统一由其出面采购原材料。由于采购规模的扩大，综合成本减少了 20%。配套企业从美心领回原材料进行加工，生产出来的半成品直接提供给美心，然后凭验收单到美心的财务部领取加工费。同时，随着原材料成本的降低，配套企业也更具竞争力，规模扩大，价格更低，形成良性循环。

2．成为原材料供应商的战略伙伴

针对上游的特大供应商即国内外大型钢铁企业，美心的做法是收缩采购线，率先成为其中一两家钢铁厂的大客户乃至于战略合作伙伴。而钢铁厂面向战略合作伙伴的价格比普通经销商低5%~8%，比市场零售价低15%。于是，仅当年的一次采购，美心就比同行节约成本近1 000万元。

随着采购规模的与时俱进，美心人开始有了和钢厂进一步谈判的砝码。应美心公司要求，钢厂定期向美心提供钢材的价格动态，并为美心定制采购品种。如过去钢板的标准尺寸是1m，而门板尺寸是90cm，其中10cm就只能裁下来扔掉。现在钢铁厂为美心量身订制生产90cm钢板，这就大大减少了浪费，节约了成本；它们还专门为美心公司开发了一种新材料门框，品质相同，价格每吨可节约600元……

3．新品配套，合作共赢

对于新配套品种的生产，由于配套企业需要增加大量投资，导致新配套产品与其他配套产品相比价格大幅增加。美心就以品牌、设备、技术、管理等软硬件向生产方入股，形成合作；合作条件为美心公司自己使用的产品，价格只能略高于生产成本。这样一来，合作方在新品的生产上减少了投入，降低了风险；同时，美心也降低了配套产品的采购成本，增加了收入。于是，各方受益，皆大欢喜……

4．循环取货，优化物流

解决了原材料和配套产品的采购问题，美心还与配套企业携手合作，从物流方面进行优化。由于不同配套企业的送货缺乏统一的标准化管理，在信息交流、运输安全等方面，都会带来各种各样的问题，必须花费双方很大的时间和人力资源成本。美心明白，配套企业物流成本的提高，将直接转嫁到配套产品的价格上。于是，美心就聘请一家第三方物流供应商，由它们来设计配送路线，然后到不同的配套企业取货，再直接送到美心的生产车间。这样一来，不仅节约了配套企业的运送成本，提高了物流效率，更重要的是，把这些配套产品直接拉到生产车间，保持了自身很低的库存，省去了大量的库存资金占用。

美心通过与原材料供应商及配套企业的携手合作，使原材料厂商拥有了稳定的大客户，配套企业降低了生产风险，而自身则在大大降低成本的同时，扩大了产销量，形成了各方皆大欢喜的共赢局面。

当年，美心的产销量同比翻了一番，美心的综合采购成本下降了17%，比全行业的平均水平低23%。美心公司成为唯一在原材料价格暴涨时期维持低价政策的企业，企业形象如日中天，渠道建设终于根深叶茂。

分析：

（1）美心公司降低采购成本的措施带给你什么启示？

（2）分组讨论，寻找你生活中降低"采购成本"的方法。

课程重点

（1）影响采购价格的因素。

（2）采购价格确定的基本程序。

任务 6.2 采购成本控制

 学习目标

能力目标	● 能进行初步的采购成本分析 ● 能够根据采购成本分析步骤进行初步采购成本控制
知识目标	● 了解采购成本的概念 ● 掌握采购成本的构成 ● 熟悉降低采购成本的途径

 案例引入

原材料成本占格兰仕总成本的 60%～70%，因此采购成本是格兰仕最重要的成本，采购部也就成了每年降低成本的重点部门。

1. 向供应商要利润

采购人员与对方谈判时最有效的一种武器是了解供应方的合理成本水平。为了培养采购人员的这种能力，格兰仕物资供应部把市场上各种同类产品都找来，分析最低多少成本能做出这个产品。

无独有偶，与沃尔玛打交道的供应商，大多对沃尔玛又爱又恨。爱的是商品进了沃尔玛一定很好销售，恨的是沃尔玛对供应商的成本极为清楚，它们的利润率被压在一个较低的水平上。

2. 不断开发供应商，营造竞争局面

供应商的开发和管理应该是动态的，较理想的状态是采用鲶鱼效应。格兰仕就是不断开发新的供应商，让它像鲶鱼激活沙丁鱼一样，在供应商之间营造彼此竞争的氛围。

3. 与供应商共赢

与供应商合作谋取共赢是有远见的、企业坚持不懈的工作。如果只顾自己的利益，将被供应商抛弃。格兰仕注重诚信，在付款条件方面坚决遵守 45 天付款期的规定，到期自动付款，不会像业内其他一些企业那样，找出各种借口拖欠，然后等着供应商来"做工作"。因此，很多供应商都愿意与格兰仕合作。

格兰仕的物资供应部门与供应商一直对降低零部件成本的方案进行探讨，积极帮助供应商降低成本。格兰仕非常重视与供应商达成长期合作的共识，朝着更高品质、更低成本的目标共同努力。

4. 招标比价技巧

格兰仕规定，所有采购都要通过招标进行，3 000 元以上的采购必须有 3 家以上的供应商竞标，5 000 元以上的采购必须有 5 家以上的供应商竞标，招标比价之后，采购人员可以初步定价，但采购员没有最终决定权，还得经过公司内的专家审计。审计专家日常建有采购成本的数据库，数据库中包括众多厂商的同类产品的市场价、成本构成等数据。审计专家认为采购员的报价合理时，签字后采购才有效，即使是总经理也要服从专家的意见。

5. 管好采购人员

采购人员拿回扣等腐败现象，在格兰仕没有生存的空间。格兰仕的经理会在双方合作开始前就直接拜访对方高层，向供应商的高层表明"阳光交易"的决心。由于高层已经沟通了这种理念，供应商就不会再动这种心思。如果对方私下里搞这种活动的话，格兰仕可能会终止与该供应商的合作。

格兰仕对采购人员的素质要求是：让对方充分地感到你的诚意；对没有把握的事情不要承诺；少说多听，以静制动；多问多听对方的陈述和要求，然后再寻求突破。

格兰仕在员工教育方面也特别强调真诚和诚信，并辅以制度上的严格要求。由于格兰仕是一个有长远发展前途的企业，包括采购业务人员在内的员工在企业里也容易有长远的计划，通常不会希望因为做"拿回扣"之类的短期行为而失去了在企业长期的发展机会。

讨论：格兰仕企业是如何降低采购成本的？

案例导学

有效控制采购成本，将会为公司带来更大的利润空间。企业应从深化成本管理改革、优化企业采购流程着手，并根据现代企业制度的要求，不断完善和总结出行之有效的成本管理方法，从而达到降低企业采购成本的目标。

相关知识

6.2.1 采购成本分析的意义

虽然采购的物料成本占企业总成本的比例因行业而异，但从世界范围来看，在一个典型企业的销售额中，一般采购成本要占 60%，工资和福利占 20%，管理费用占 15%，利润占 5%。而我国的企业，采购成本要占销售额的 70%。由此可见，采购是企业管理中"最有价值"的部分，采购成本是企业成本管理中的主体和核心部分，企业必须下大力气控制其经营成本。要想加强采购成本管理，必须对采购成本进行分析，通过分析可以实现下列目标。

1. 正确评价企业过去

通过对已发生的实际采购成本等资料的分析，能准确地反映企业的业绩，指出企业过去取得的成绩、发现存在的问题及产生的原因。正确评价过去是说明现在和揭示未来的基础。

2. 全面评价企业现状

根据不同分析主体的分析目的，采用不同的分析手段和方法，可得出反映企业在该方面现状的指标，如反映企业营运状况的指标、企业盈利能力指标等。

3. 准确估价企业潜力

企业的潜力通常是指在现有技术水平条件下，企业在一定资源投入情况下的最大产出，即产出潜力；或在一定产出情况下资源的最小投入，即成本潜力。

4. 充分揭示物流企业风险

企业风险包括投资风险、经营风险和财务风险等。风险的存在产生于经济中的不确定因素。成本分析，特别是对企业潜力的分析与企业风险有着密切联系。

6.2.2 采购成本的构成

采购成本不仅包括采购物料的价格，而且包括采购活动的成本费用（包括取得物料的费用、采购业务费用等）、因采购而带来的库存持有成本及因采购不及时而带来的缺货成本。

1. 物料成本

物料成本是指由于购买材料而发生的货币支出成本。物料成本总额取决于采购数量、单价和运输成本，其计算公式为

$$物料成本 = 单价 \times 数量 + 运输费 + 相关手续费 + 税金$$

在物料的成本中，最需要考虑的是物料的价格。可以说，物资采购控制的核心是采购价格的控制，降低采购成本的关键也是控制采购价格。

2. 订购成本

订购成本是指向供应商发出采购订单的成本费用。具体来说，订购成本是指企业为了实现一次采购而进行的各种活动的费用，如办公费、差旅费、邮资、电报和电话费等支出。订购成本中有一部分与订购次数无关，如常设采购机构的基本开支等，称为订购的固定成本；另一部分与订购的次数有关，如差旅费、邮资等，称为订购的变动成本。

3. 持有成本

持有成本是指为保持商品库存而发生的成本，它可以分为固定成本和变动成本。
（1）固定成本。是指与存货数量的多少无关，如仓库折旧、仓库员工的固定月工资。
（2）变动成本。是指与持有数量的多少有关，如物料资金的应计利息、物料的破损和变质损失、物料的保险费用等。

4. 缺货成本

缺货成本是指由于物料供应中断而造成的损失，包括停工待料损失、延迟发货损失和丧失销售机会损失（还应包括商誉损失）。如果损失客户，还可能为企业造成间接或长期损失。

1）保险库存及其成本

保险存货作为一种缓冲，指在防止需求或提前期方面的不确定性。保险存货太多意味着多余的库存，而不足则意味着断料、缺货等。企业保持保险存货是为了在需求量不规则、需求预测不准确或供应商意外供货中断的情况下，确保供应。缺料成本就是由于供应中断而造成的损失，包括原材料供应中断造成的停工损失、成品库存缺货造成的延迟发货损失和丧失销售机会的损失。

2）延期交货及其成本

延期交货会导致生产无法正常进行，造成产能、工时损失，影响生产交货期。若为确保生产，则必须从其他渠道重新采购，就会产生额外费用。

3）失去客户的成本

尽管一些客户允许延期交货，但是仍有一些客户会转向其他企业。每个企业都有竞争者，

当一个企业缺货时，客户就会从其他企业订货，在这种情况下，缺货就会导致客户流失和直接利润的损失。

4）商誉损失的成本

除了利润损失，还有由于缺货造成的商誉损失。商誉在采购成本控制中常被忽略，但它对未来销售及客户经营活动非常重要。

6.2.3 采购成本分析的步骤

1. 准备阶段

（1）明确目的。只有明确了采购成本分析的目的，才能正确地收集、整理采购成本相关资料，选择正确的分析方法，从而得出正确的分析结论。

（2）确立标准。不同的采购成本分析目的，其分析评价标准是不同的。

（3）制订计划。有了明确的采购成本分析目的和标准，应制订相应计划，这是实施采购分析活动的保证。

（4）收集整理。根据采购成本分析目的、标准和计划，收集采购成本分析资料是采购成本分析的基础。资料收集的完整性和及时性，对分析的正确性有着直接的影响。

2. 分析实施阶段

（1）整体分析。主要运用水平、垂直和趋势分析法等进行全面分析。

（2）成本指标分析。成本费用利润率指标是一种很重要的采购成本分析形式。

（3）基本因素分析。是指在报表整体和成本效益指标分析基础上，对一些主要指标的完成情况进行定量分析，确定各因素对企业影响的方向和程度。采购成本分析不仅要解释现象，而且要分析原因。

3. 分析报告阶段

（1）分析结论。

（2）提出建议。

（3）编写报告。

6.2.4 控制采购成本

1. 采购成本控制的基础工作

要做好采购成本控制工作，首先应建立和完善采购制度，即应首先做好采购成本控制的基础工作。

1）建立严格的采购制度

建立严格、完善的采购制度，不仅能规范企业的采购活动、提高效率、杜绝部门之间扯皮，而且能预防采购人员的不良行为。采购制度规定物料采购的申请、授权人的权限、物料采购的流程、相关部门的责任和关系、各种材料采购的规定和方法、报价和价格审批等。

2）建立价格档案和价格评价体系

企业采购部门应对所有采购材料建立价格档案，以便于追踪、分析与比较。如无特殊原因，采购材料的价格原则上不能超过档案中的价格水平，否则要做出详细的说明。对于重点材料的价格，要建立价格评价体系，成立价格评价组，定期收集有关的供应价格信息，从而分析、评价现有的价格水平,并对归档的价格档案进行更新。

3)建立供应商档案和准入制度

(1)建立供应商档案。每一个供应商档案应严格地审核才能归档。供应商档案除有编号、详细联系方式和地址外,还有付款条件、交货条件、交货期限、品质等级、银行账号等信息。供应商档案应及时更新,并有专业人员负责管理。所有采购业务必须在已归档供应商中进行。

(2)建立供应商准入制度。企业应制定严格的供应商选择与考核程序,只有达到或超过评分标准者才能成为归档供应商。重点材料的供应商必须经质检、物料、财务等部门联合考核后才能进入,如有可能要到供应商生产地进行实地考核。

(3)对归档供应商的定期考核和评价。其目的是不断促进与激励现有归档供应商,同时淘汰不合格的归档供应商。

4)利用标准采购价格考核采购人员的工作业绩

对重点监控的材料应根据市场的变化和产品标准成本定期制定标准采购价格,促使采购人员积极寻找货源,货比三家,不断地降低采购价格。标准采购价格也可与价格评价体系结合起来进行,并提出奖惩措施,对完成降低公司采购成本任务的采购人员进行奖励,对没有完成采购成本下降任务的采购人员分析原因,确定对其奖惩的措施。

2. 控制和降低采购成本的主要途径

1)付款条件的选择

通过付款条件的选择降低采购成本。如果企业资金充裕,可采用现金交易或货到付款的方式,这样往往能带来较大的价格折扣。对于国外采购,还应注意货币选择,并及时掌握汇率变化。

2)掌握市场行情,把握价格变动时机

充分进行市场调查和信息收集、整理,对供应商的产品成本或服务状况要有所了解。只有这样,才能充分了解市场的状况和价格的走势,才能在价格谈判中使自己处于有利地位。

价格会经常随着季节、市场供求情况而变动,因此,采购人员应注意价格变动的规律,把握好采购时机。

3)选择优质供应商

与诚实、讲信誉的供应商合作不仅能保证供货的质量、及时的交货,而且还可得到其付款方式及价格的关照,特别是与其签订长期的合同,往往能得到更多的优惠。

4)严格计划管理,加强物资采购的计划性

计划管理是物资管理工作的龙头,贯穿于整个物资活动的始终。采购计划管理包括以下两种管理:

(1)全过程管理。在与采购过程有联系的各个部门与各个环节之间(如采购计划、市场考察、商务谈判、确定价格、入库验收、货款支付等)建立相互制约、相互监督的内容控制系统,并注意发挥财务、审计部门和使用部门的监督作用,做到职责分明、相互制约,从而减少失误,并使有限资金的使用达到最大的效用。

(2)重点环节管理。是指对物资采购过程中的计划、价格、质量等主要环节实行重点控制,严格审查计划,把好价格关,加强质量验收。

5)强化采购业务的内部控制

采购业务是企业以支付货币或形成企业负债为代价,换取生产经营所需物资的活动,是企业生产经营的重要组成部分。采购业务往往表现为资金流与物资流、生产与物流、企业内与企业外的相互交织、相互影响。因此，采购业务领域也是经济犯罪的高发区，建立、加强与完善采购业务处理程序和内部控制制度的意义重大。

（1）完善企业采购业务处理程序。企业采购业务处理程序是指从事采购业务的当事人或相关人员在办理采购业务活动时应遵守的顺序、步骤和方法。这充分体现了"不以规矩，不能成方圆"的理念。

（2）采购业务中的不相容岗位必须互相牵制、制约。内部控制制度的一个基本原则就是不相容岗位的工作不能由一人承担。在采购业务中有 3 个不相容的岗位，即材料物资采购、仓库材料物资保管和会计付款记账，分别对应材料物资采购人员、仓库材料物资的保管人员和付款记账的会计人员。这"三员"的岗位不同，职责也不同，在业务关系上要互相牵制、互相制约。

（3）严格执行以凭证为依据的内部监督、控制制度。采购业务活动中涉及的凭证大致包括采购计划、请购单、采购订单、采购合同、送货单、入库单、采购发票等，这些凭证在采购业务的不同阶段起着不同的重要作用。运用凭证监督、控制，做到"认证不认人"，也是进行内部控制的一个有效手段。

知识拓展

降低采购成本的方法、措施和途径

根据统计，全美 Fortune200 公司所使用的成本降低手法，最有效果的前 10 项如下所述。由于各手法的执行成效因企业而异，所以以下 10 项并无优先顺序可言。

1. 价值分析（Value Analysis，VA）

针对产品或服务的功能加以研究，以最低的生命周期成本，透过剔除、简化、变更、替代等方法，来达成降低成本的目的。价值分析主要是使用于新产品工程的设计阶段。

2. 价值工程（Value Engineering，VE）

价值分析使用于新产品工程的设计阶段，而价值工程则是针对现有产品的功能/成本，做系统化的研究与分析，但如今价值分析与价值工程已被视为同一概念使用。

3. 谈判（Negotiation）

谈判是买卖双方为了各自目标，达成彼此认同的协商过程，这也是采购人员应具备的最基本能力。谈判并不只限于价格方面，也适用于某些特定需求。使用谈判的方式，通常期望价格降低的幅度为 3%～5%。如果希望达成更大的降幅，则需运用价格与成本分析、VA 与 VE 等手法。

4. 目标成本法（Target Costing，TC）

管理学大师彼得·德鲁克在《企业的五大致命过失》一文中提到，企业的第三个致命过失是，定价受成本的驱动。大多数美国公司，以及几乎所有的欧洲公司，都是以成本加上利润率来制定产品的价格。然而，它们刚把产品推向市场，便不得不开始削减价格，重新设计那些花费太大的产品，并承担损失，而且它们常常因为价格不正确，而不得不放弃一种很好的产品。产品的研发应以市场乐意支付的价格为前提，因此，必须假设竞争者产品的上市价，再来制定公司产品的价格。由于定价受成本驱动的"旧思考"模式，使得美国民生电子业不复存在。另外，丰田和日产将德国的豪华型轿车挤出了美国市场，便是采用价格引导成本的结果。

5. 早期供应商参与（Early Supplier Involvement，ESI）

这是在产品设计初期，选择让具有伙伴关系的供应商参与新产品开发小组。由新产品开发小组对供应商提出性能规格的要求，借助供应商的专业知识来达到降低成本的目的。

6. 杠杆采购（Leveraging Purchases, LP）

杠杆采购是企业中各部门之间的采购协作活动。收集各事业单位，或不同部门的需求量，以集中扩大采购量，从而增加议价空间的方式。避免各自采购，造成组织内不同事业单位，向同一个供应商采购相同零件，却价格不同，但彼此并不知情，平白丧失节省采购成本的机会。

7. 联合采购（Consortium Purchasing, CP）

主要发生于非营利事业的采购，如医院、学校等，经由统计合并算出各不同采购组织的需求量，以获得较好的数量折扣价格。这也被应用于一般商业活动之中，应运而生的新兴行业有第三者采购，专门替那些 MRO 需求量不大的企业单位服务。

8. 为便利采购而设计（Design for Purchase, DFP）

自制与外购的策略。在产品的设计阶段，利用外部现成厂商的标准制作工艺与技术，以及使用工业标准零件，以方便原材料的取得。如此一来，不仅大大减少了自制所需的技术支援，同时也降低了生产所需的成本。

9. 价格与成本分析（Cost and Price Analysis, CPA）

这是专业采购的基本工具，了解成本结构的基本要素，对采购者是非常重要的。如果采购人员不了解所买物品的成本结构，也就无法了解所买的物品价格是否公平合理，同时也就会失去许多降低采购成本的机会。

10. 标准化（Standardization）

实施规格的标准化作业，为不同的产品项目、夹具或零件使用通用的设计，或降低定制产品项目的数量，通过规模效应，达到降低制造成本的目的。但这只是标准化的其中一环，组织应扩大标准化的范围至作业程序和制作工艺上，以获得更大的效益。

想一想

杠杆采购、集中采购和联合采购有何关系？

职业能力训练

案例分析 1：某公司的采购成本分析及改进

某生产婴儿食品的大型公司过去每年花在采购方面的开支接近 8 亿美元。由于处在一个高利润的行业，所以该公司对采购成本的管理并不当回事，而且这种详细的审查在一个蒸蒸日上的经济环境中显得也没什么必要。然而，当经济开始回调、市场增长减慢时，该公司终于意识到，它现在不得不花更大的力气以求保住利润了。由于过去几年的采购过程未经严格的管理，所以现在看来，采购方面无疑是挖掘的首要方向了。

该公司首先从保养、维修及运营成本入手，很快做出决定：请专家制定了一套电子采购策略。这一做法有助于通过集中购买消除大量的企业一般行政管理费用来达到节省开支的目的。然而在最后的分析中，节省的效果却并未达到该公司的预期。

为了寻求更佳的节省效果，该公司开始转向其主要商品物料，如原料、纸盒、罐头及标签。该公司分析了可能影响到采购成本的所有因素，包括市场预测、运输、产品规格的地区差异、谈判技巧及与供应商关系等。通过深入的调查，一些问题开始浮出水面。结果显示，在材料设计、公司使用的供应商数量和类型、谈判技巧及运输方面均存在着相当明显的缺陷。

（1）公司采购的谈判效率奇低无比。人们对是否该争取有利的谈判地位并不关心在意，而且公司对供应商所处行业的经济状况或成本结构的研究也几乎空白。因此，采购经理极少对现状提出质疑。采购经理们通常习惯于在一个垂直一体化的卖家手中购买各种原料，而不是去寻找每种原料最佳的供应商。

（2）公司几乎从不将自己的采购成本与竞争对手的采购成本进行比较。

（3）公司缺乏将营销及购买部门制度化地集合在一起的机制。这也就意味着，公司没有对市场营销所需要的材料的成本和收益进行评估的系统。

（4）公司节省成本的机制不灵活。即使当采购经理发现了节省成本的机会（可能需要改变机器规格或操作流程），他们也很难让整个企业切实地实施自己的想法。任何一次对系统的调整所耗去的时间都会比实际需要的长得多。

当企业真正意识到因未能进行采购成本管理而造成的诸多损失时，公司开始对这个问题进行全面的处理。

（1）设定商品的优先次序，进行成本收益统计，并运用六西格玛指标对竞争对手的情况进行比较。

例如，按照营销部门对包装材料的要求，公司在制作包装盒时，其使用的纸材比竞争对手的纸材更厚而且昂贵得多。这样的要求其实并无道理，因为高质量的纸材并不会给公司带来任何额外的好处。公司还发现，在给铁罐上色的过程中，整个流程需要4道工序，而事实上1道工序就足够了，这样的话自然减少了开支。

此外，公司在低价值品牌的产品包装上使用了两张标签（前、后各一张），事实上只用1张也已足够。最后，由于公司属下的品牌及规格品种繁多，并且考虑到地区性推广的时间问题及不同地区所采用的不同标签内容，公司印制的标签流通周期显得偏短。相比较而言，延长印刷标签的周期会给公司节省很多钱。事实上，公司高达80%的标签是用作短期运作的，而主要竞争对手80%的标签却是用作长期运作的。

（2）建立一套积极的谈判方式。这需要对现有及潜在供应商的成本及生产能力进行详细的评估，包括对供应商成本结构的分析。尽管大多数的经理认为他们在谈判桌上已经足够强硬，但是几乎没有人真正在谈判中保持应有的、一丝不苟的态度。结果，在过去这些年里，商务谈判通常显得过于轻松惬意。为了克服这种思想上的松懈，采购经理们在进行谈判前应做好准备，充分了解、比较供应商成本，并对供应商的成本结构做深入分析。在这些方面做好精心准备是非常重要的。对于大多数商品而言，70%的成本是由产品特质决定的，30%才是由供应商的竞争力决定的。

例如，公司发现在购买一种主要原料时，其供应商的要价是最高的。在对供应商的成本结构进行分析后，公司发现事实上供应商是在其自身相对较高的成本基础上给产品定价的，对于该供应商而言这一定价确实已是不能再低了。于是，公司对其他供应商的成本结构进行了研究——这实在是一项复杂的"侦察"工作，研究中除了涉及一些普通的要素外，还将诸如农场位置、精炼设施、电力和劳动力成本及企业规模等因素考虑在内。研究结果显示，有一些企业的成本结构使他们能够以较低的价格出售产品，从而占据有利的市场地位。

公司同样对它的一家"一站式"供应商进行了研究，这家供应商不仅供应纸盒，而且还生产纸盒用的纸材，并承揽纸盒印刷业务。经过对其他纸业及印刷业厂家成本的研究，公司发现，其实它能够以低得多的价格买到纸材，并进行印刷。当公司在谈判中指出这一点时，供应商不得不降低了产品价格，否则它就将失去该公司的生意。事实证明，解剖纵向供应链以研究分散的成本实在是一种有价值的谈判手段。

这些工作的结果使公司原料成本节省了12%。节省下来的这些钱被平分至产品规格的改进及谈判技巧的完善工作上。此外，为了控制流失的采购成本，公司需要一个整体采购战略，这一战略将包括优化的产品规格及强化的供应商谈判。

分析：
（1）本案例使用了哪些降低采购成本的方法？
（2）本案例对你有什么启示？

案例分析2：某公司采购业务内部控制制度

某公司的采购业务内部控制制度可归纳如下：

（1）首先由仓库根据库存和生产需要提出材料采购业务申请，填写一份《请购单》。《请购单》交供销科批复。

（2）供销科根据之前制订的采购计划，对《请购单》进行审批。如符合计划，便组织采购；否则，请示公司总经理批准。

（3）决定采购的材料。由供销科填写一式两联的《订购单》，其中一联供销科留存，另一联由采购员交供销单位。采购员凭《订购单》与供货单位签订供货合同。

（4）供货合同的正本留供销科并与《订购单》核对，供货合同的副本分别转交仓库和财务科，以备查。

（5）采购来的材料运抵仓库，由仓库保管员验收入库。验收时，将运抵的材料与采购合同副本、供货单位发来的《发运单》相互核对。然后填写一式三联的《验收单》，一联仓库留存，作为登记材料明细账的依据；一联转送供销科；一联转送财务科。

（6）供销科收到《验收单》后，将验收单与采购合同的副本、供货单位发来的发票，其他银行结算凭证相核对，相符或不符，以确定此采购业务的完成情况。

（7）财务科接到《验收单》后，由主管材料核算的会计，将《验收单》与采购合同副本、供货单位发来的发票、其他银行结算凭证相核对，以确定是否支付货款。

（8）应支付货款的，由会计开出付款凭证，交出纳员办理付款手续。

（9）出纳员付款后，在进货发票上盖"付讫"章，再转交会计记账。

（10）财务科的材料明细账定期与仓库的材料明细账核对。

分析： 该公司的采购业务的内部控制制度是否存在缺陷？如有，请提出改进意见。

课程重点

（1）采购成本的构成。
（2）控制和降低采购成本的主要途径。

任务 6.3 采购合同签订

 学习目标

能力目标	• 能够根据采购双方需求起草采购合同 • 能初步订立采购合同 • 会正确履行采购合同
知识目标	• 了解采购合同的作用 • 熟悉购合同的内容与格式 • 掌握采购合同的订立和履行过程

 案例引入

德国某建筑商 A 于去年 8 月与美国某生产商 B 联系,要求生产商 B 向其报 5 万吨钢缆的价格,并明确告诉 B,此次报价是为了德国某项工程的投标,投标将于当年 10 月 1 日开始进行,10 月 10 日便可得知投标结果。同年 9 月 10 日,美国生产商 B 向 A 发出要约,要约中条件完整,但没有规定承诺期限,也没有注明要约是不可撤销的。同年 9 月中旬,国际市场钢丝的价格上涨,在此情况下,B 于 10 月 2 日向 A 发出撤销其 9 月 10 日要约的传真。同年 10 月 10 日,当 A 得知自己中标的消息后,立即向 B 发出传真,对 9 月 10 日要约表示承诺。但 B 争辩其已于 10 月 2 日撤销了要约,因此合同不成立。双方发生了纠纷,A 将 B 告上了法庭。

讨论:你认为法庭会如何处理?为什么?

 案例导学

【拓展知识】

采购合同是一种经济合同,是供需双方为执行供销任务,明确双方权利和义务而签订的具有法律效力的书面协议。采购合同清楚地记载了双方的权利与义务,按照《中华人民共和国合同法》(下文简称《合同法》)的规定,签订采购合同采用要约、承诺方式,要约和承诺应当符合有关的规定。

相关知识

6.3.1 采购合同概述

1. 合同的定义

根据《合同法》规定,合同是平等主体的自然人、法人、组织之间设立、变更、终止民事权利、义务关系的协议。合同具有以下几个特征:

(1) 订立合同的双方当事人法律地位相等。

(2)合同是当事人之间意思表示一致的结果。
(3)订立合同是一种法律行为,合同的内容必须是合法的。
(4)合同具有法律效力。双方必须履行合同所规定的各自义务。

2. 采购合同的定义

合同的种类很多,但人们在生活中最常见的就是经济合同,它是法人之间为实现一定的经济目的,明确双方权利义务关系的协议。

采购合同是一种经济合同,是供需双方为执行供销任务,明确双方权利和义务而签订的具有法律效力的书面协议。采购合同俗称买卖合同,是商品交换最普遍的形式,也是典型的有偿合同。

3. 采购合同所属的合同类型

采购合同所属的类型见表6-3。

表6-3 采购合同所属的类型

类 型	具 体 要 求
有偿合同	采购合同的实质是以等价有偿方式转移标的物财产所有权,即出卖人转移标的物所有权给买方,买方向卖方支付货款
双务合同	在采购合同中,买方和卖方都享有一定的权利,承担一定的义务。而且,其权利和义务存在对应关系,即买方的权利就是卖方的义务,买方的义务就是卖方的权利
诺成合同	采购合同自双方当事人意思表达一致,就可以生效,不需要交付标的物,因而是诺成合同
不要式合同	通常情况下,采购合同的成立、有效并不需要具备一定形式,但法律另有规定的除外

4. 采购合同的主要特征

(1)采购合同是转移标的物所有权和经营权的合同。采购合同的基本内容是出卖人向买受人转移合同标的物的所有权和经营权,买受人向出卖人支付相应的货款,因此,它必然导致标的物的所有权或经营权转移。

(2)采购合同的标的物是工业品生产资料。采购合同是以工业品生产资料为标的物的,包括原料、材料、机器设备和工具等。

(3)采购合同的主体比较广泛。从国家对流通市场的管理和采购实践来看,除生产企业外,流通企业也是采购合同的重要主体,其他社会组织和具有法律资格的自然人也是采购合同的主体。

(4)采购合同与流通过程密切联系。流通是社会再生产的重要环节之一,对国民经济和社会发展有着重大影响,重要的工业品生产资料的采购关系始终是国家调控的重要方面。采购合同是采购关系的一种法律形式,以采购这一客观经济关系作为设立的基础,直接反映采购的具体内容,与流通过程密切联系。

5．采购合同的法律适用

采购合同适用于 1999 年 10 月 1 日开始实施的《合同法》。

6.3.2 采购合同的作用

采购合同可以清楚地记载双方的权利与义务，避免空口无凭。归纳起来，采购合同的作用如下：

（1）采购合同可确定采购双方应履行的事项。

（2）采购合同可作为解决采购纠纷的依据。

（3）采购合同可作为法律上的书面证据。

6.3.3 采购合同的内容

一份完整的采购合同通常由首部、正文和尾部构成，具体见表 6-4。

表 6-4 采购合同的构成

结构名称		具体内容
首部		合同名称和编号
		签订日期和签订地点
		买卖双方的名称
		合同序言
正文	基本条款	商品名称
		质量与规格
		单位与数量
		价格（单价/总价/价格基础/货币）
		包装（原产地）
		交货期限
		付款方式
		保险
		检验方法
	特别条款	保证条款
		安装及特殊检验条款
		大宗物资条款
		货价、运费及汇率变动协议
		其他特别协议
尾部		合同的份数
		使用语言及效力
		附件
		合同生效日期
		双方签字盖章

采购合同正文的基本内容如下所述。

1. 商品的品种、规格和数量

商品的品种应具体，避免使用综合品名；商品的规格应规定颜色、式样、尺码和牌号等；商品的数量多少应按国家统一的计量单位标出。必要时，可附上商品品种、规格、数量明细表。

2. 商品的质量和包装

合同中应规定商品所应符合的质量标准，注明是国家或部颁标准；无国家和部颁标准的，应由双方协商凭样订（交）货；对于副、次品应规定出一定的比例，并注明其标准；对实行保换、保修、保退办法的商品，应写明具体条款；对商品包装材料、包装式样、规格、体积、重量、标志及包装物的处理等，均应有详细规定。

3. 商品的价格和结算方式

合同中对商品的价格的规定要具体，规定作价的办法和变价处理等，以及规定对副品、次品的扣价办法；规定结算方式和结算程序。

4. 交货期限、地点和发送方式

交（提）货期限（日期）要按照有关规定，并考虑双方的实际情况、商品特点和交通运输条件等；同时，应明确商品的发送方式（送货、代运、自提）。

5. 商品验收办法

合同中要具体规定在数量上验收和在质量上验收商品的办法、期限和地点。

6. 违约责任

签约一方不履行合同，违约方应负违约责任，赔偿对方遭受的损失。在签订合同时，应明确规定，供应者有以下 3 种情况时应付违约金或赔偿金。

（1）未按合同规定的商品数量、品种、规格供货。
（2）未按合同中规定的商品质量标准交货。
（3）逾期发送商品，应付违约金或赔偿金。

7. 合同的变更和解除条件

在什么情况下可变更或解除，什么情况下不可变更或解除合同，通过什么手续来变更或解除合同等情况，都应在合同中规定。

除此之外，采购合同应视实际情况，增加若干具体的补充规定，使签订的合同更切实际，更具有效率。

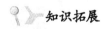

原材料采购合同示例

甲方：
乙方：
经甲、乙双方友好协商，本着平等互利的原则，根据《合同法》及相关法律法规的规定，现就乙方向甲方供应生产物资事宜，达成一致意见，为明确双方权利和义务，特订立本原材料采购合同。

一、订购产品名称：
二、订购产品数量：
三、质量标准
（1）甲方授权乙方供应符合国家质量标准和甲方生产要求的货物。乙方的货物必须符合规定的标准和随货文件要求。
（2）_____。
四、产品规格及价格
（1）_____。
（2）_____。
五、付款方式：双方选择以下第_____种方式支付货款。
（1）翻单结算。即第二批货物到甲方厂区指定地点后，甲方向乙方支付第一批货款。以后依次类推，下次送货结算上次货款。
（2）留质保金结算。即乙方前一期货物送达且验收合格后，留下_____元作为质量保证金，其余款项货到后当月内付清。合同期限届满，货物没有发生质量问题，质量保证金全部退还乙方。
（3）货物运到甲方后，经检验合格，卸货后一日内付款。
六、产品包装要求及规格：（包装费用已包含在货物价格内）_____。
七、交货地点：_____。运费由乙方负担。运输过程中货物毁损、灭失等各种风险均由乙方承担责任。
八、供货时间
（1）乙方在收到甲方首批传真订单（或电话、短信通知）____个工作日内将货物送至合同指定地点。重复订单，____个工作日内将货物送至合同指定地点。
（2）_____。
九、双方的权利和义务
（1）如果供应的货物行情有较大幅度的变化，经双方协商可根据市场价格对供货产品的价格做出必要的调整。协商不成，仍按原条款执行。
（2）如乙方提供的货物包装或产品规格不符合要求，甲方有权拒收货物。如甲方拒收，乙方必须按照本合同的约定另行提供符合要求的货物，且由此造成的各种损失均由乙方承担责任。
（3）乙方必须向甲方提供生产企业资质证明、营业执照及相关的手续。其提供的产品，必须符合相关的国家、行业或企业标准，并随货附带生产许可证、产品合格证、化验报告等手续。
（4）甲方应在乙方所送的货物到达后及时进行质量检测，如发现质量问题，乙方须立即现场处理善后事宜。因此给甲方造成损失的，乙方应承担甲方为此支付的所有费用（包括但不限于赔偿的费用、必要的律师费、罚款等）。
（5）因乙方产品内在质量问题，引发甲方生产或质量事故，造成甲方损失的，乙方应赔偿甲方为此支付的所有费用（包括但不限于赔偿的费用、必要的律师费、罚款等），此责任不因甲方已进行质量监测而免除。
（6）如乙方未按照本合同第八条规定的时间送货、送货迟延或货物的数量与合同约定不符，应赔偿甲方违约金_____元。
（7）双方都应保守对方的商业机密。
十、补充协议：_____。
十一、特别声明条款：_____。
十二、此原材料采购合同有效期：20____年____月____日起至20____年____月____日止。

十三、本合同一式两份，甲乙双方各持一份，具有同等法律效力，双方签字盖章后生效。双方发生争议时，协商解决，协商不成任何一方均有权向甲方所在地人民法院提起诉讼。

十四、合同签订地：

甲方（盖章）：　　　　　　　　　　乙方（盖章）：
法人代表：　　　　　　　　　　　　法人代表：
委托代理人：　　　　　　　　　　　委托代理人：
电话：　　　　　　　　　　　　　　电话：
传真：　　　　　　　　　　　　　　传真：
开户行：　　　　　　　　　　　　　开户行：
账号：　　　　　　　　　　　　　　账号：
签字日期：20＿＿年＿＿月＿＿日　　签字日期：20＿＿年＿＿月＿＿日

设备采购合同示例

购货单位：×××（以下简称甲方）
供货单位：×××（以下简称乙方）
签约地点：××××

为增加甲乙双方的责任感，确保实现各自经济目的，依据《合同法》规定及招投标文件之内容，甲乙双方经友好协商，就甲方向乙方购买＿＿＿＿＿＿＿＿达成如下协议：

一、合同标的（名称、规格、型号、单价等）

二、合同金额
合同总金额：＿＿＿＿＿＿＿＿＿＿，大写：人民币＿＿＿＿＿＿＿＿＿＿万元整。

三、付款时间及方式

（1）合同分三批付款：在合同生效后＿＿＿＿＿＿＿天内，甲方向乙方支付合同总额＿＿＿＿＿＿＿%货款；设备安装调试完毕，并初步验收一周内，甲方向乙方支付合同总额＿＿＿＿＿＿＿%货款；设备正常运行＿＿＿＿＿＿＿天，经双方正式验收合格后一周内，甲方向乙方支付合同总额＿＿＿＿＿＿＿%的货款；质保期满后付清余款。（根据招标文件的有关规定加以变更及修改）

（2）在每期合同款项支付前＿＿＿＿＿＿＿天，乙方向甲方开具同等金额的增值税发票（根据实际情况加以约定）。

四、交货时间、地点、方式

（1）交货时间：合同生效后＿＿＿＿＿＿＿日内交货。
（2）交货地点：＿＿＿＿＿＿＿＿＿＿＿＿＿＿。
收货人名称：＿＿＿＿＿＿＿＿＿＿＿＿（应为签约单位名称）。
地址：＿＿＿＿＿＿＿＿＿＿＿＿＿＿＿。
（3）交货方式：乙方负责货物运输。
（4）货运方式：汽运。
（5）乙方将合同设备运至甲方指定地点并安装调试、投入使用，并经过甲方验收合格后，视为设备交货日期。甲方在合同约定的交货地点提货，运输费及运输保险费均由乙方承担。合同设备的毁损、灭失风险自乙方完成交货后转移至甲方。
（6）乙方应在合同设备发运后一个工作日内将发运情况（发运时间、件数等）通知甲方，甲方应在合同设备到达合同列明的地点后及时将乙方所托运合同设备提取完毕。
（7）甲方提取合同设备时，应检查合同设备外箱包装情况。合同设备外箱包装无损，方可提货。如合同设备外箱包装受损或发现合同设备包装箱件数不符,应在_____个工作日内通知乙方,以便乙方办理合同设备遇险索赔手续。

(8)甲方对乙方交付的合同设备,均应妥善接收并保管。对误发或多发的货物,甲方应负责妥善保管,并及时通知乙方,由此发生的费用由乙方承担。

(9)如甲方要求变更交货地点,应在合同规定的交货日期十五天前通知乙方。由于变更发货地址增加的运保费由甲方承担。

五、验收时间、地点、标准、方式

(1)验收时间:乙方应于合同生效后_____天内完成设备安装调试,安装调试完毕后,甲方应在_____天内安排初步验收。设备于合同生效后_____天内通过双方的合格验收并由甲方出具验收合格书。

(2)验收地点:

(3)验收标准:

六、现场服务(建议根据实际情况加以约定)

(1)供方现场人员应遵守需方厂规、制度,如有违规,乙方负责。

(2)供方现场人员食宿自理。

(3)需方如需邀请供方开展非质量问题处理的技术服务,供方应予协助。

七、人员培训

乙方负责对甲方操作、维修人员和有关的工艺技术人员进行操作培训、维修培训、设备保养培训,使之完全掌握全部使用技术,以便使甲方人员正常地使用、维修保养设备。(根据设备的技术要求,视具体情况加以约定或在技术协议详细约定;如无必要,可不约定)

八、保修方式

(1)自设备经过双方验收合格之日起按生产厂家规定的条款进行免费保修服务,免费保修服务期限为_____年。保修期内,乙方必须在接到甲方保修通知后_____天内派人至甲方现场维修。

(2)保修期内,如由于火灾、水灾、地震、磁电串入等不可抗拒原因及甲方人为破坏因素造成的损坏,乙方负责免费维修,设备材料成本费用由甲方承担。

(3)保修期后,乙方必须在接到甲方维修通知后_____天内派人至甲方现场维修。设备的维修、更换,乙方酌情收取成本费和服务费,收费标准另行约定。

九、违约责任

(1)甲方无故中途退货,应支付乙方合同总额的 5%违约金。(如对方提出类似条款时可作此约定,否则,建议删除此款)

(2)甲方逾期付款,每逾期一天,应支付乙方合同总额2‰的违约金,违约金累计总额不超过合同总额的5%。(如对方提出类似条款时可作此约定,否则,建议删除此款)

(3)乙方逾期交货,每逾期一天,应支付合同总额1%的违约金,违约金累计总额不超过合同总额的30%。逾期交货超过_____天,视为不能交货,乙方应双倍返还甲方已付款项,甲方有权解除合同并要求乙方支付合同金额30%的违约金。

(4)保修期内,乙方未能在合同约定的期限内履行保修义务,每迟延一天,乙方向甲方支付合同金额1%的违约金并赔偿甲方其他经济损失,违约金累计总额不超过合同总额的30%,乙方超过30天仍未履行保修义务,甲方有权解除合同并要求赔偿经济损失;乙方未能在接到甲方通知30天内将设备维修至正常使用的状态,甲方有权要求乙方换货或解除合同,并要求乙方赔偿经济损失。保修期后,乙方未能在合同约定的期限内履行维修义务,每迟延一天,乙方向甲方支付合同金额1%的违约金并赔偿甲方其他经济损失,违约金累计总额不超过合同总额的30%。

(5)设备未按照合同之约定通过甲方验收合格,每迟延一天向甲方支付合同总额 1%的违约金;超过

_____天仍未验收合格，甲方有权解除合同，乙方应立即返还已收款项并赔偿甲方由此遭受的其他经济损失。

十、不可抗力

如发生不可抗力事件，受不可抗力事件影响的一方应取得公证机关的不能履行或不能全部履行合同的证明，并在事件发生后 15 个工作日内，及时通知另一方。双方同意，可据此免除全部或部分责任。

十一、合同变更

未尽事宜，双方协商解决；合同的变更及修改须经双方同意，以书面形式变更。

十二、争议解决方式

双方如发生争议，应协商解决；如协商不成，任何一方应向甲方所在地人民法院提出诉讼。

十三、合同生效及终止

合同自双方签字并盖章后生效，双方权利义务履行完毕后，合同终止。

十四、合同一式四份，双方各执两份，具有同等法律效力。

甲方（盖章）：　　　　　　　　　乙方（盖章）：
法人代表：　　　　　　　　　　　法人代表：
委托代理人：　　　　　　　　　　委托代理人：
电话：　　　　　　　　　　　　　电话：
传真：　　　　　　　　　　　　　传真：
开户行：　　　　　　　　　　　　开户行：
账号：　　　　　　　　　　　　　账号：
签字日期：20____年____月____日　签字日期：20____年____月____日

6.3.4 采购合同的订立

1. 采购合同资格审查

采购人员在订立合同之前，必须审查供应商的合同资格、资信及履约能力，按《合同法》的要求，逐条订立合同的必备条款。

1）订立合同的资格审查

审查供应商的合同资格，为了避免与不具备签订合同资格的个人或组织签订合同，以免日后发生不必要的经济纠纷，必须审查供应商是否属于经国家审批成立的法人组织。

（1）法人资格审查。没有取得法人资格的社会组织，已被吊销营业执照取消法人资格的企业或组织，无权签订购销合同。

特别提示：要特别警惕那些根本没有办理工商登记手续或未经批准的所谓公司，它们或私刻公章，冒充法人，或假借他人名义订立合同，旨在骗取采购方的资金。判断一个组织是否具有法人资格的标志，一个简单的办法就是看其是否持有工商行政管理局颁发的营业执照。此外也要注意识别那些没有设备、技术、资金和组织机构的"四无"企业，他们往往在申请营业执照时弄虚作假，以假验资、假机构骗取营业执照，虽签订供货合同并收取货款或订金，但根本不具备供货能力。

（2）法人能力审查。法人能力审查主要是审查供应商的经营活动是否超出营业执照批准的范围。超越业务范围的合同属于无效合同。法人能力审查还包括对签约的具体经办人的审查，购销合同必须由法人的法定代表人或法定代表人授权承办人签订。承办人在代表法人代表签订合同时应出示身份证、法人代表的委托书和营业执照或副本。

2）供应商的资信和履约能力审查

资信，即资金和信用。审查供方当事人的资信情况，了解供应商对供货合同的履约能力，对于确定购销合同中的权利、义务条款具有非常重要的作用。

（1）资信审查。对于资信的审查，一方面要求供应商要有固定生产经营场所、生产设备和与生产经营规模相适应的资金，这是法人对外签订供货合同起码的物质基础；另一方面，要注意审查其历史上的资信情况，在历史上是否信守承诺，是否有过对需求者及工商财税等部门的不诚信行为。

（2）履约能力审查。履约能力是指除资信以外的技术和生产能力、原材料及能源供应、工艺流程、加工能力、产品质量和经营管理水平等方面的综合情况。总之，就是要了解对方有没有履行合同所必需的人力、物力和财力保证。

2．采购合同订立必须遵循的原则

（1）合同必须合法。也就是必须遵照国家的法律法规、方针和政策签订合同，其内容和手续应符合有关合同管理的具体条例和实施细则的规定。

（2）必须坚持平等互利、充分协商的原则签订合同。

（3）当事人应当以自己的名义签订经济合同。委托别人代签，必须要有委托证明。

（4）采购合同应当采用书面形式。

3．采购合同的订立

1）制作合同

一般供货方都有采购方认可的购销合同形式，供购双方只要按合同的格式填写就可以了。通常的格式有产品名称、商标牌号、规格型号、生产厂家、计量单位、数量、单价、总金额、交货时间及数量。

2）审批合同

采购合同的审批由专人负责，一般由采购主管负责。量大和比较重要的物资采购合同，要报企业主要负责人审阅。

主要的审查内容有：供应商是否为原确定的采购环境的供应商；供应商是否经过调查、考查和认证；采购合同中的品种、数量、质量要求是否与订单相符；价格应在允许的范围之内；交货期要保证生产经营的需要；违约责任的描述要严密，有利于本企业；等等。从整体上看，合同能确保订单执行人员依照订单计划在采购环境中操作。

3）签订并执行合同

一般草签合同都是在供应商处完成，因为在草签合同之前都有一个对供应商调查、考查和协商谈判的过程，无论是对新供应商还是老供应商都是如此。在协商谈判达成共识之后，法人代表的授权承办人就可以草签合同。在草签合同之前，要出示身份证、授权委托书和营业执照副本（一般营业执照是不准外出携带的）。合同草签之后，负责人应亲自带回企业，经审批盖上法人章之后，寄回或送回，供应商盖上法人章后，合同即告生效，合同随即转入执行阶段。

4．采购合同的签订方式

按照《合同法》的规定，签订采购合同采用要约、承诺方式。

（1）要约。是指希望和他人订立物品采购合同的意思表示，应当符合下列规定：

① 要约内容必须明确、真实、具体、肯定，不能含糊其辞、模棱两可。

② 要约人要对要约承担责任，并且要受要约的约束。如果对方在要约一方规定的期限内做出承诺，要约人就有接受承诺并与对方订立采购合同的义务。

③ 要约人可以在得到对方接受要约表示前撤回自己的要约，但撤回要约的通知必须不迟于要约到达。对已撤回的要约或超过承诺期限的要约，要约人不再承担法律责任。

（2）承诺。是指受要约人同意要约的意思表示，应当符合下列规定：

① 承诺应当以通知的方式做出（但根据交易习惯或者要约表明可以通过行为作为承诺的除外）。

② 承诺的内容应当与要约的内容一致。如受要约人对要约的内容做出实质性变更（对有关采购合同的标的、数量、价款、履行期限、地点、方式、违约责任和解决争议的方法等条款做出的变更），则为新要约。

在订立采购合同的过程中，受要约人可以向要约人承诺，也可以向要约人作出新要约。当受要约人向要约人做出新要约时，原要约人就成为被要约人，面临是否对新要约人做出承诺的选择。

6.3.5 采购合同的履行

1．采购合同履行的一般原则

采购合同生效后，当事人对质量、价款、履行期限和地点等内容没有约定或约定不明确的，可以协议补充；不能补充协议的，按照合同有关条款或者交易习惯确定。

（1）质量要求不明确的，按照国家标准、行业标准；没有国家、行业标准的，按照通常标准或者符合合同目的的特定标准履行。

（2）价款或者报酬不明确的，按照订立合同时的市场价格履行；依法应当执行政府定价或者政府指导价的，按规定履行。

（3）履行地点不明确的，在履行义务一方所在地履行。

（4）履行期限不明确的，债务人可以随时履行，债权人也可以随时要求履行，但应当给对方必要的时间。

（5）履行方式不明确的，按照有利于实现合同目的的方式履行。

（6）履行费用负担不明确的，由履行义务一方负担。

2．标的物所有权的转移

（1）标的物所有权自标的物交付时转移。

（2）当事人可以在买卖合同中约定买受人未履行支付价款或者其他义务时，标的物所有权属于出卖人。

（3）出卖人应当按照约定或者交易习惯履行向买受人交付标的物或者交付提取标的物的单证，并转移标的物所有权的义务。

（4）出卖人应当按照约定或者交易习惯向买受人交付提取单证以外的有关单证和资料。

（5）出卖具有知识产权的计算机软件等标的物时，除法律另有规定或者当事人另有约定外，该标的物的知识产权不属于买受人。

（6）出卖人应当按照约定的期限交付标的物。约定交付期间的出卖人可以在约定期限内的任何时间交付。

（7）标的物在订立合同之前，已为买受人占有的，合同生效的时间为交付时间。

（8）出卖人应当按照约定的地点交付标的物。

（9）当事人没有约定交付地点或者约定不明确的，可以补充协议；不能达成补充协议的，可按照合同有关条款或者交易习惯确定。上述办法均不能确定的，适合下列规定：其一，标的物需要运输的，出卖人应当将标的物交给第一承运人以运交给买受人；其二，标的物不需要运输的，出卖人和买受人订立合同时，知道标的物在某一地点的，出卖人应该在该地点交付标的物；其三，不知道标的物在某一地点的，应当在出卖人订立合同时的营业地交付标的物。

3．标的物质量、数量、包装条款的履行

1）标的物质量条款的履行

标的物质量条款的履行，首先以当事人在合同中的约定为准；如果没有明确约定，但卖方提供了质量说明的，该说明可以作为质量要求。另外，卖方的产品介绍、产品说明书等，均构成对标的物的明示担保。如果实际的标的物与这些说明不符，即构成违约。

因标的物质量不符合质量要求，致使不能实现合同目的的，买受人可以拒绝接受标的物或者解除合同。买受人拒绝接受标的物或者解除合同的标的物坏损、灭失的风险由出卖人承担。

对于不合格标的物的处理有以下3种办法：

（1）降低价格销售。

（2）返修处理，达到合格标准后再行发货。

（3）退货处理，供应商补充发货。

2）标的物数量条款的履行

供应商提供的标的物的数量超过合同规定时，可采取两种办法：一种办法是增加付款，接收多余部分；另一种办法是退回多余部分，这时要及时通知供应商。

3）标的物包装条款的履行

当事人应当在合同中对包装要求做出明确规定，没有约定或约定不明确的，可以协议补充，达不成协议的，按交易习惯来定。仍不能确定的，卖方有义务采取通用的包装方式。没有通用包装方式的，卖方有义务提供足以保护标的物的包装方式。如因卖方提供的包装不符合要求而导致标的物受损的，卖方应承担责任。

4．标的物的检验

买受人收到标的物时，应当在约定的检验期间内检验。没有约定检验期间的，应当及时检验。当事人约定检验期间的，应当在检验期间内将标的物的数量或者品质不符合约定的情形通知出卖人。买受人怠于通知的，视为标的物的数量或品质符合规定。当事人没有约定检验期间的，买受人在发现或者应当发现标的物的数量或者品质不符合约定的合理期间内通知出卖人。出卖人知道或者应当知道提供的标的物不符合约定的，买受人不受上述通知的限制。

5. 承担标的物的风险

标的物毁损、灭失的风险，在标的物交付之前，由出卖人承担，交付之后由买受人承担，但法律另有规定或者当事人另有约定的除外。

（1）因买受人的原因致使标的物不能按照约定的期限交付的，买受人应当自违反约定之日起承担标的物坏损、灭失的风险。

（2）出卖人出卖交由承运人运输的在途标的物，除当事人另有约定的以外，毁损、灭失的风险自合同成立起由买受人承担。

（3）当事人没有约定交付地点或者约定地点不明确，标的物需要运输的，出卖人将标的物交给第一承运人之后，标的物坏损、灭失的风险由买受人承担。

（4）出卖人按照约定或者依照《合同法》有关规定将标的物置于交付地点，买受人违反约定没有收取的，标的物坏损、灭失的风险自违反约定之日起由买受人承担。

（5）出卖人按照约定，未交付有关标的物单证和资料的，不影响标的物毁损、灭失风险的转移。

（6）因标的物品质不符合要求，致使不能实现合同目的的，买受人可以拒绝接受标的物或解除合同。买受人拒绝接受标的物或者解除合同的，标的物坏损、灭失的风险由出卖人承担。

（7）标的物坏损、灭失的风险由买受人承担的，不影响出卖人因履行债务不符合规定，买受人要求其承担违约责任的权利。

 职业能力训练

技能训练：采购合同的制定

某单位因工作需要拟在 2017 年 6 月采购一批办公设备，采购物资清单见表 6-5。经公开招标，现选取某计算机公司为供应商。请根据所给资料，草拟一份采购合同，经单位领导审定后，再与供应商签订正式合同。

表 6-5　某单位拟采购的物资清单

序号	名称	品牌型号	数量	单价	合计
1	U 盘	朗科 512MB	8 只		
2	U 盘	朗科 256MB	5 只		
3	移动硬盘	希捷 40GB	7 只		
4	DVD	先科	6 台		
5	照相机	凤凰 DC505	15 台		
6	录音笔	译讯通 32M/9 小时	25 台		
7	电视机	长虹 55 英寸	2 台		
8	激光打印机	联想	4 台		
9	录音机	雷登 PC-9076 可读 CD	3 台		
10	讲台	钢制讲台	1 台		

续表

序号	名称	品牌型号	数量	单价	合计
11	投影机	NEC V670 + 2 200 流明 1 024 × 7 682.9kg LCD	1 台		
合计					

【实训要求】

（1）根据学生性格和专长进行编组，3~5人为一组，并确定组长一个，副组长一人，以小组为单位进行实训。

（2）组织学生收集信息，确定采购合同的相关内容。

（3）熟悉相关的法律法规，并根据所学采购合同相关知识，结合实际情况，制定采购合同。

（4）制作采购合同汇报材料。

（5）教师点评学生采购合同制作情况。

课程重点

（1）采购合同的内容。

（2）采购合同的订立和履行。

任务6.4　采购合同争议处理

学习目标

能力目标	• 会进行采购合同的一般管理 • 能结合理论分析采购合同案例
知识目标	• 了解采购合同争议处理的一般方法 • 掌握采购合同的更变、终止

案例引入

A宾馆向B公司订购木质宾馆家具700套，合同规定买方发现单货不符时索赔期限为货物到目的港的30天内，付款期为90天内。

由于A宾馆尚未建好，家具无法安装。两个月后，待宾馆完工，家具就位，发现某些家具起壳，就向B公司提出索赔要求。

讨论：你认为A宾馆能够向B公司索赔吗？为什么？

案例导学

处理合同纠纷，首先应正确区分违反采购合同的责任，其次注意索赔和理赔问题。

相关知识

6.4.1 采购合同的变更和终止

采购合同经当事人双方协商一致，可以对合同进行变更。但采购合同变更和终止时，要注意以下 3 点：

（1）当一方要求变更或终止合同时，在新协议未达成前，原合同仍然有效。

（2）要求变更或终止合同的一方应采取书面形式及时通知对方，对方接到通知 15 日内予以答复（另有规定除外），逾期不答复者视为默认。

（3）合同有笔误要修正的，需经双方协商同意后才生效。

6.4.2 采购合同的解除

有下列情形之一的，当事人可以解除合同：

（1）因不可抗力原因致使不能实现合同的。

（2）在履行期限届满之前，当事人一方明确表示或者以自己的行为表明不履行主要债务。

（3）当事人一方延迟履行主要债务、经催告后在合理期限内尚未履行。

（4）当事人一方延迟履行债务或其他违约行为致使不能实现合同的。

合同解除后，尚未履行的终止履行；已经履行的，根据履行情况和合同性质，当事人可以要求恢复原状，采取其他补救措施，并有权要求赔偿损失。合同权利、义务的终止，不影响合同中结算和清理条款的效力。

6.4.3 争议处理

在采购过程中，买卖双方可能会因彼此间的责任和权利等问题发生纠纷，并由此发生索赔、理赔，有的甚至可能引发仲裁和诉讼等。

1. 违约责任条款

为了防止发生争议，并在争议发生后能获得妥善的解决，买卖双方通常都会在签订合同时，包含"违约责任条款"内容，对违约后的索赔事项事先在合同中做出明确规定。

2. 违反采购合同的责任区分

采购业务中处理好争议索赔是一项重要工作。索赔一般有 3 种情况，即购销双方之间的贸易索赔、向承运人的运输索赔和向保险人的保险索赔。因此，一定要分清谁应该承担违反合同的责任，从而确定应该由谁进行赔偿。

1）违反采购合同的责任

（1）供方责任，包括以下两种：

① 商品的品种、规格、数量、质量和包装等不符合合同规定，或未按合同规定日期交付，应偿付违约金、赔偿金。

② 商品错发到货地点或接货单位，除按合同规定负责运到规定地点或接货单位外，还要承担因此而多付的运杂费。如果造成逾期交货，应偿付逾期交货违约金。

（2）需方责任，包括以下 3 种：

① 中途退货应偿付违约金、赔偿金。

② 未按合同规定日期付款或提货，偿付违约金。
③ 错填或临时变更到货地点，承担因此多支出的费用。

2）违反运输合同的责任

当商品需要从供方所在地运送到需方指定的地点时，如未能按采购合同的要求到货，要分清是货物承运方的责任还是托运方的责任。

（1）承运方的责任，包括以下 5 种：

① 不按运输合同规定的时间和要求发运的，偿付托运方违约金。
② 商品错运到货地点或接货人，应无偿运至合同规定的到货地点或接货人。如果货物运到时已逾期，偿付逾期交货的违约金。
③ 运输过程中商品灭失、短少、变质、污染、损坏，按实际损失赔偿。
④ 联运的商品发生灭失、短少、变质、污染、损坏，应由承运方承担赔偿责任的，先由终点阶段的承运方按照规定赔偿，再由终点阶段的承运方向负有责任的其他承运方追偿。

在符合法律和合同规定条件下运输，由下列原因造成商品丢失、短少、变质、污染、损坏的，承运方不承担违约责任：如不可抗力的地震、洪水、风暴等自然灾害；商品本身的自然性质；商品的合理损耗；托运方或收货方本身的错误。

（2）托运方的责任，包括以下两种：

① 未按运输合同规定的时间和要求提供货物和运输条件，偿付给承运方违约金。
② 由于在商品中夹带、匿报危险商品、错报笨重货物重量而招致商品摔损、爆炸、腐蚀等事故，承担赔偿责任。

3）保险方的责任

已投财产保险时，保险方对保险事故造成的损失和费用在保险金额的范围内承担赔偿责任。其中，海洋货物运输的保险条款包括 3 种基本险别，即平安险、水渍险和一切险，还有附加险。附加险分为一般附加险和特殊附加险两类。被保险方为了避免或减少保险责任范围内损失而进行的施救、保护、整理、诉讼等所支出的合理费用，依据保险合同的规定偿付。

3. 索赔和理赔应注意问题

索赔和理赔是一项维护当事人权益和信誉的重要工作，也是涉及面广、业务技术性强的细致工作。提出索赔和处理索赔时，必须注意下列 3 点问题。

1）索赔期限

索赔期限是指争取索赔的当事人向违约方提出索赔要求的违约期限。关于索赔期限，应根据不同商品的具体情况做出不同的规定。一般来说，农产品、食品等的索赔期限短些，普通商品的索赔期限长些，机器设备的索赔期限更长。如果逾期提出索赔，对方可以不予理赔。

2）索赔的依据

提出索赔时，必须出具因对方违约而造成需方损失的依据。当争议条款为商品的质量条款或数量条款时，该证明要与合同中检验条款相一致，同时要出示检验的出证机构。

3）索赔及赔偿方法

关于处理索赔的办法和索赔的金额，除了个别情况外，通常在合同中只作笼统规定，而不作具体规定。因为违约的情况较为复杂，当事人在订立合同时往往难以预计。有关当事人应根据合同规定和违约事实，本着平等互利和实事求是的精神，合理确定损害赔偿金额或其他处理办法，如退货、换货、补货、整修、延期付款、延期交货等。

当商品因质量出现与合同规定不符造成采购方蒙受经济损失时，如果违约金能够补偿损失，则不再另行支付赔偿金；如违约金不足以抵补损失，还应根据所蒙受的经济损失额，支付赔偿金以弥补其差额部分。

6.4.4 采购合同中争议的解决方式

任何一种违约方式都可能引起合同纠纷。对于合同纠纷的处理，一般来说有以下 4 种途径可以解决。

1. 和解

和解是由双方各自根据合同约定中的"违约责任条款"，并结合双方各自的实际情况，自行协商解决。它不需要通过任何司法程序来解决问题，是最常见的解决合同纠纷方式。但这种方式由于缺乏法律约束力，有时可能会出现一方出尔反尔的情况，从而延误了纠纷的有效解决。

2. 调解

调解是由争议各方选择信任的第三方居中，就合同争议进行调解处理。调解通常是以双方互谅互让、各让一步为原则进行。相对于和解，这种解决合同纠纷的可能性大一些。但是与和解解决纠纷相类似，该办法同样也缺乏法律约束力，有时也使得合同纠纷问题的解决不尽人意。

特别提示：和解和调解都是在当事人自愿的前提下进行的。合同的任何一方，包括第三方，都不能强迫当事人的意志。当事人如不愿和解或者调解，或者调解不成功，则可以申请仲裁。

3. 仲裁

仲裁是指签订经济合同的当事人双方发生提交给双方同意的第三者依照专门的裁决规则进行裁决，对双方都有约束力。

经济仲裁是指仲裁机构依照法定程序对当事人在经济活动中所产生的经济争议居中调解、进行裁决的活动。合同发生纠纷时，当事人应当及时给予协商解决，如果双方协商不成，应根据合同中订立的仲裁条款或纠纷发生后达成的仲裁协议向仲裁委员会申请调解和仲裁；也可以直接向人民法院起诉。

当采购方与供应商发生纠纷需要仲裁时，可按照一般的仲裁程序到相应的受理机构提出仲裁申请。仲裁机构受理后，经调查取证，先行调解；如调解不成，进行庭审，开庭裁决。

1）仲裁机构

根据我国有关法律规定，凡是我国法人之间的经济合同纠纷案件，统一由国家工商行政管理局设立的经济合同仲裁委员会仲裁管辖；凡是有涉外因素的经济纠纷或海事纠纷事件，即争议的一方或双方是外国法人或自然人的案件，以及中国企业、公司或其他经济组织间有关外贸合同和交易中所发生的争议案件，由民间性（非政府）的社会团体——中国国际贸易促进委员会附设的对外经济贸易仲裁委员会和海事委员会仲裁管辖。

2）仲裁程序

（1）提出仲裁申请。

（2）立案受理。

（3）调查取证。

（4）先行调解。

（5）开庭裁决。

根据我国有关法律规定，仲裁裁决书自做出之日起发生法律效力，当事人应当履行仲裁裁决。仲裁调解书与仲裁裁决书具有同等的法律效力，调解书经双方当事人签收，即应自觉予以履行。在通常情况下，当事人协商一致将纠纷提交仲裁，都会自觉履行仲裁裁决。但实际上由于种种原因，当事人没有自动履行仲裁裁决的情况并不少见，在这种情况下，另一方当事人即可请求法院强制执行仲裁裁决。

4．诉讼

经济合同的诉讼是指经济合同发生纠纷时，当事人以自己的名义，根据法律有关规定，请求人民法院通过审制的方式给予法律上的保护，从而解决合同纠纷的一种方式。

职业能力训练

案例分析 1：两单位的供应合同纠纷

某市的人民商场与广东美丽袜厂于某年 3 月 25 日签订了一份丝袜供应合同。合同规定：美丽袜厂向人民商场供应丝袜 4 万双，总价款为人民币 8 万元，当年 4 月 20 日交货，货到付款，合同有效期至同年 4 月 30 日止。双方若有违合同规定，应支付违约金。

5 月 15 日，美丽袜厂送来 4 万双丝袜。人民商场以交货已过合同有效期为由拒收该批货物。经过美丽袜厂再三协商，人民商场同意接收 4 万双丝袜。次日，人民商场销售人员将丝袜售出 1 万双，其余入库存放。6 月底美丽袜厂来电话催问货款，人民商场原签约人称，丝袜已卖出 1 万双，其余尚存在仓库中。同年 11 月 20 日，美丽袜厂派人来收取货款，人民商场认为：此批货物属暂为保管，除已代售的 1 万双丝袜货款如数支付外，其余丝袜应由美丽袜厂自行取回。但美丽袜厂要求给付全部货款。

分析：

（1）人民商场起初拒收货物是否有法律根据？

（2）美丽袜厂在履约过程中应承担什么违约责任？

（3）美丽袜厂要求人民商场给付全部货款是否有理？

（4）人民商场在履行合同中是否应承担违约责任？

案例分析 2：白糖合同纠纷

红旗副食品商店委托刘某前往外地采购白糖等副食品。刘某利用商店给他的介绍信和空白合同书（已盖章）与某贸易公司签订了购买蜂蜜的合同，刘某在合同上签字。7 天后，该贸易公司经理将蜂蜜运到刘某所在商店，并依合同要求取货款和运费。红旗副食品商店认为该合同购买的不是白糖，且无商店经理签字，是无效合同，故拒付货款和运费。该贸易公司即申请经济仲裁。

分析：你认为红旗副食品商店的这笔货款该不该付？为什么？

案例分析3：采购合同纠纷的处理

某市胜利机械厂在报上刊登广告称："本厂有Z型模具设备一套，因闲置，现转让，欲购者从速联系。"东风五金厂厂长因公出国，副厂长看到广告后即去胜利机械厂考察，认为该设备性能先进，而且价格合理，经与胜利机械厂厂长协商后，用随身携带并已加公章的空白合同填写了合同，合同内容为：胜利机械厂供给东风五金厂 Z 型模具设备一套，总价款为 55 万元人民币。质量标准为符合设备书中标明的性能；运输方式为送货；送货期限为合同生效后 10 日内；付款期限为货到付款 70%，验收合格后余款付清，违约责任依法办理；需方在加盖公章后 5 日内付定金 3 万元，合同在收到定金之日起生效。东风五金厂副厂长将填写完毕的合同交给胜利机械厂厂长，胜利机械厂长加盖了公章，双方各持一份。

分析：

（1）哪一种行为是要约行为？

（2）哪一种行为实施后合同生效？

（3）假设东风五金厂给付定金后，厂长出国回来，看到此合同后，认为价格太高，即给胜利机械厂厂长打电话，要求降价 3 万元，胜利机械厂厂长当即表示同意，此时，原合同有效吗？

（4）假设东风五金厂给付定金后，厂长出国回来，认为此合同所购设备与本厂原有设备不配套，即给胜利机械厂发去电报，电文是："设备不配套，恕不能接受，望同意解除合同。"胜利机械厂厂长接到电话后，15 日内未予答复，这是默认吗？

（5）假设胜利机械厂送货有困难，委托某汽车运输公司代送，送货途中由于车辆发生事故，延期到达东风五金厂 1 个月，东风五金厂提出延迟交货应承担相应的违约责任，是否于法有据？

（6）假设东风五金厂在收到设备进行安装使用 10 个月后，发现设备内在质量上有缺陷，东风五金厂是否有权向胜利机械厂提出质量异议？

（7）假设东风五金厂在验收中，发现没有该设备的合格证、质量保证书，必要的技术资料，则东风五金厂在托收承付期内有权拒付这部分设备货款吗？

（8）假设胜利机械厂在履行合同中严重违约，应承担违约责任，但由于在合同中只约定"违约金依法办理"未约定具体幅度，其应否承担违约金？

课程重点

（1）采购合同纠纷处理。

（2）索赔和理赔应注意问题。

（3）采购合同中争议的解决方式。

复习题

（1）影响采购价格的因素有哪些？
（2）采购成本分析有何意义？
（3）简要说明采购成本的构成。
（4）简要叙述采购成本控制的方法和途径。
（5）采购合同的主要特征有哪些？
（6）采购合同的条款有哪些？
（7）如何进行采购合同的资格审查？
（8）如何进行采购合同的争议处理？

【项目小结】

项目 7

采购过程管理

任务 7.1 采购过程控制

 学习目标

能力目标	• 能够通过所学知识，分析采购过程是否合理 • 能根据采购流程进行 ERP 采购业务操作
知识目标	• 掌握采购业务基本流程 • 熟悉采购过程中相关单据

案例引入

惠普公司在采购方面一贯是放权给下属单位,下属 50 多个制造单位在采购上完全自主,因为它们最清楚自己需要什么,这种安排具有较强的灵活性,对于变化着的市场需求有较快的反应速度。但是对总公司来说,这样可能损失采购时的数量折扣优惠。现在运用信息技术,惠普公司重建其采购流程,总公司与各制造单位使用一个共同的采购软件系统,各部门依然是订自己的货,但必须使用标准采购系统。总部据此掌握全公司的需求状况,并派出采购部与供应商谈判,签订合同。在执行合同时,各单位根据数据库,分别向供应商发出订单。这一流程重建的结果是惊人的,公司的发货及时率提高 150%,交货期缩短 50%,潜在顾客丢失率降低 75%,并且由于折扣,使所购产品的成本大为降低。

讨论:结合本案例讨论,作为一名企业的采购员,你认为怎样的采购流程(过程)是合理的采购流程?

 案例导学

采购流程管理是采购管理工作中的重要部分之一。企业在采购计划完成后,需要对所采购的物料进行跟单,督促供应商及时交货。当所采购的物料到达时,采购人员及相关人员需要进行验收作业及对物料进行存货控制。采购过程的合理控制可以大大降低企业的经营成本。

 **相关知识**

7.1.1 采购流程

采购流程有时也称为采购作业流程,因采购的来源、采购物资的类型、采购业务的类型、采购的方式和采购对象的不同而有所差异,但采购作业的基本流程对每个企业来说却大同小异。当然,随着环境的变化,企业应对其采购流程进行相应的重组与优化。

图 7.1 所示为详细的采购流程图,包含各相关职能部门在采购过程中所应承担的职责,而图 7.2 所示为采购的一般流程。

1. 提出采购需求

任何采购需求都来自于企业中某个部门,它们最清楚本部门的独特需求——需要什么、需要多少、何时需要等,采购部门就会收到来自这些部门的请购单(Purchase Request,PR,也称为采购通知单)。请购单的形式有多种形式,但一般都包括待购物料或服务的说明、数量和所需要时间、估算的单位成本、请购单发出日期、请购人和批准人签名。表 7-1 为请购单示例。

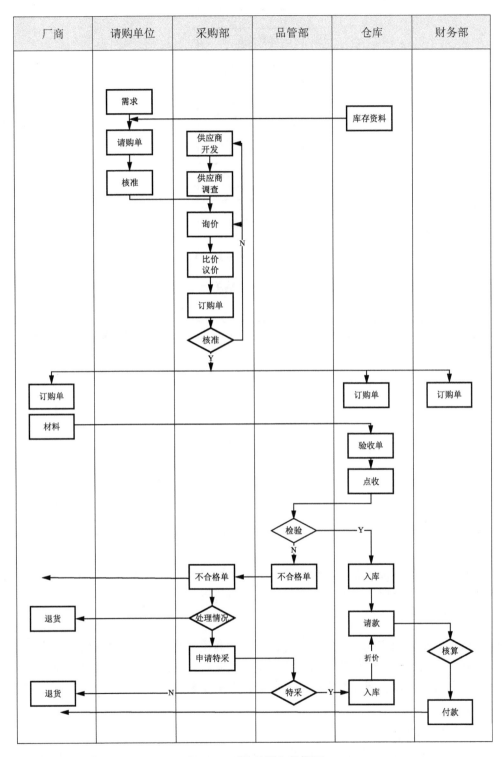

图 7.1 采购的详细流程图

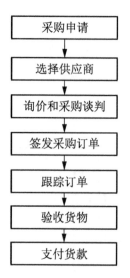

图 7.2 采购的一般流程

表 7-1 请购单

编号：　　　　　　　　　　　　　　　　　　　　　　　　　　　　　　　　　　　年　月　日

物料编号	物料名称	规　格	单　位	请购数量	需要日期	备　注

批准人：　　　　　　　　　　　　　审核人：　　　　　　　　　　　　申请人：

对技术复杂或非标准的商品进行采购时，除请购单外，一般还需要额外的信息或详细说明。此外，采购部门还应协助需求部门尽早预测物料需求，以避免出现太多的紧急订单。

2. 选择供应商

选择供应商是采购职能中的重要一环，它涉及高质量物料或服务的确定和评价。企业应选择信誉好、产品质量及交货期等综合能力强的供应商。具体内容可参见项目 4 相关内容。

如果采购项目还没有现成的供应商，通常买方至少要获取 3 份报价进行评价，挑选出最佳的供应商。

3. 询价及采购谈判

这是采购过程中的关键步骤。采购谈判是在采购时与供应商进行的商务谈判，其本质是一个反复讨价还价的过程，并就质量、数量、交货期、支付条件及违约责任等进行洽谈，在互利共赢的基础上签订采购合同。具体内容可参见项目 5 相关内容。表 7-2 为产品询价单示例。

表 7-2　产品询价单

```
                        产品询价单
                                                编号：
_____单位_____先生：

  1. 本公司因业务需要，拟向贵公司洽购下列物品，请速予报价，将做进一步联系。
  2. 来函或来电请洽本公司采购部_____先生电话：_____，并请惠示贵公司联络人员及
电话。
  3. 附件。（含物品名称、数量、规格及品检说明）

                                                  _____公司采购部
                                                         年  月  日
```

4．签发采购订单

对报价进行分析并选择供应商后，就需要签订合同，发出采购订单（Purchase Order，PO）。采购订单是具有法律效力的文件。除了物料名称、规格、数量、价格、质量要求、交货日期、交货方式、交货地址、订单号码和订单有效期外，通常在订购单背面会附有附加条款，如验收方式、罚款、履约保证金、品质保证、仲裁或诉讼等，这些也构成订购条件的一部分。表 7-3 为采购订单示例、表 7-4 为采购合同示例。采购合同具体内容可参见项目 6 中任务 6.3 采购合同签订。

表 7-3　采购订单

```
                     PURCHASE   ORDER
                           采购订单
厂商名 VENDOR：                    电话 TEL：
地址 ADDRESS：                     传真 FAX：
日期 DATE：                        订单号码 P/O No.：
交付 ATTN：                        页数 PAGE：

品名 ITEM No.   规格型号 DESCRIPTION   数量 QTY   单价 UNIT   合计 AMOUNT



合计 TOTAL：


交货日期 DELIVERY：
付款方式 PAYMENT：
包装方式 PACKING：
备注 REMARKS：
                              核准：           制单：

   供应商签回栏    供应商签署：     请签署后将副单寄回或传真至本公司。
```

表 7-4 采购订单合同

采购订单合同											
签订日期：								订单合同编号：			
企业名称：			地址：					电话：			
供应商名称：			地址：					电话：			
序号	编码	名称	型号	数量	单位	单价	金额	交货日期	备注		
1											
2											
3											
4											
合计							总金额（小写）：				
总金额（大写）：										
交货地点：										
付款办法：										
包装要求：										
验收方式：										
其他说明：										
买方签字盖章： 订单人员：						供应商签字盖章： 业务主办：				
制定		日期		审核		日期		批准			

供应商在接收采购订单并确认采购订单的各项条件后，需要向采购方发出所谓的"接受函"，即订购确认单（Order Confirmation，OC）。当然，供应商也可以在订购确认单上加注变更事项。采购方在接到供应商的接受函后，才能确信供应商将在要求的日期发货。表 7-5 为订购确认单示例。

表 7-5 订购确认单

Order Confirmation Form　订单确认表			
This Form is for Customer's Confirmation only 此表仅供客户对订单的确认			
			Date 日期：
Order# 内部订单号		Customer Order No. 客户订单号	
Customer Name 客户名称		Sales Contract # 销售合同号#	
Order Date 订货日期		Product Identification 产品标识要求	
Payment Terms 付款条件		Confirmed Delivery Date 确认发货日期	

续表

Item 序号	Customer Reference 客户零件号	Part Number 零件号	Other Reference# 其他参考号	Order Quantity 订量	Unit Price 单价	Subtotal 合计
1						
2						
3						
4						
5						
6						
7						
8						
9						
10						
11						
12						
			Total 总计			

Order Quantity needs to meet Minimum Order Quantity Requirements 订量必须满足最小起订量的要求

This order is subjected to the terms and conditions specified in the Sales Contract. 本订单受双方签订的销售合同的制约。

Customer's Confirmation 客户确认　　□ 接受 YES　　□不接受 NO
Customer Signature 客户签字　　　　　Date 日期

5．订单跟踪

采购订单或合同发给供应商之后，采购部门应对订单进行跟踪，以便确保供应商能够履行其发出货物的承诺。若发现问题，如质量或发运方面的问题，采购方应尽早了解，并及时采取行动。

6．验收货物

物料送达后，由仓库保管部门与物料检验部门对物料进行收料与验收。表 7-6、表 7-7 为采购收料单（Goods Receive Note，GPN）和验收单示例。具体内容可参见项目 7 任务 7.2 采购货物检验。

表 7-6 采购收料单

采购收料单							
收料日		工程编号		本单编号	请购部门	订购单编号	
年 月 日							
会计科目	品名规格	项次	材料编号	单位	数量	单价	金额
备注					点收	检验	经办部门	
							主管	经办

表 7-7 验收单

验收单 编号：									
订购单编号：									日期：
编号	名称	订购数量	规格符合		单位	实收数量	单价	总价	
			是	否					
分批交货 □是□否	会计科目				供应厂商		合计		
检查	抽样	%不良	验收结果		检查主管		检查员		
	全数	个不良							
总经理		成本会计				仓库		采购	
主管		核算		主管		收料	主管		制单

7. 支付货款

在收到供应商送来的采购发票后，一般由采购部门拟订付款申请单，并且附合同、物料检验单据、物料入库单据和发票，交财务部审核后付款给供应商。

7.1.2 采购实施注意项目

1. 采购流程的顺序和时效控制

应当注意采购流程的流畅性与一致性，并考虑作业所需时限，以确保采购活动的增值性，提高内部客户满意度。例如，避免同一主管对同一采购作业做多次的签核，避免一个采购业务会签部门过多等。

2．注意关键点的设置

为使采购作业得到更好的控制，要注意关键点的设置，使采购作业得到应有的追踪控制。

3．注意采购流程中权责或任务的划分

要对采购流程中的各项作业手续和查核责任做出明确的规定。例如，明确采购、验收和付款等岗位的权责，并将其定义为不相容岗位（具体内容参见项目6任务6.2采购成本控制）；根据采购金额的大小设置不同的审批权限；等等。

4．注意采购价值与程序的相互适应

如果采购项目大、金额大或容易发生舞弊事件，则应严加监督与控制；反之，则可略微放宽松，以便提高工作效率。

5．不断优化采购流程

随着企业环境的变化和管理水平的提高，如企业规模扩大、手工作业方式改为计算机作业方式等，对企业采购流程都会产生直接或间接的影响。因此，企业采购流程在运行一段时间后，应根据变化情况加以重新审视和优化，以适应企业实际需求。

7.1.3 采购订单的跟踪

采购订单跟踪是采购人员的重要职责。通过采购订单跟踪达到促进合同正常执行、满足企业的物料需求及保持合理的库存水平。采购订单的跟踪可以从以下3个方面着手。

1．合同执行前跟踪

其目的是及时了解供应商是否接收订单、是否及时签订合同的情况。

2．合同执行中跟踪

（1）跟踪供应商准备物料过程。
（2）密切配合生产需求形势。
（3）谨慎处理库存数量。
（4）控制好物料验收环节。

3．合同执行后跟踪

主要是督促付款人员按照流程规定加快操作，以免影响本企业信誉。

 职业能力训练

案例分析：美国福特公司采购流程

美国福特汽车公司原有的采购流程，可以说是相当传统的。采购部将订单一式三份分送给会计部、厂商和验收单位。厂商将货品送到验收单位，同时将发票送给会计部；验收单位将验收结果填写验收单送到会计部；会计部将所持的验收单、订单和发票等3种文件相互查验，如都相符，就如数付款给厂商。其过程如图7.3所示。

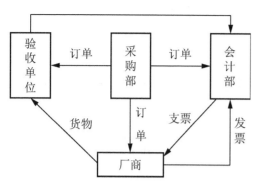

图 7.3 改造前的采购流程

经重新审视,并应用电脑网络,福特有了全新的采购作业流程。采购部将订单输给电脑资料库,如果是固定往来厂商,则以 EOS(Electronic Ordering System,电脑订货系统)自动向厂商下达订单。如果不是固定厂商,则以订单传真和信函通知厂商。厂商交货给验收单位后,验收单位从电脑资料库取出订单资料,再验收所交的物品。如验收相符,就将验收合格资料输入电脑,经一段时间,电脑自动签发支票给厂商;如验收不符,也将验收结果输入电脑。如此,采购部和会计部都可以从电脑资料中,随时查询和了解采购状况。该过程如图 7.4 所示。

因为采用了电脑网络,废除了发票,而且核发支票等改为由验收单位负责,所以会计部人员几乎在整个采购作业中不需要投入大量人力,仅定期做订单、验收等与财务有关的稽核工作。会计部在改善前职员超过 500 人,改善后仅需要 125 人,这个效应也延伸到其他部门,有的部门人数甚至缩减为原来的 1/20。福特公司的验收人员可以利用电脑来取代会计人员,取得对过去厂商的品质评定,以便于做出是否签发支票给厂商的判断。同时,借助电脑可以将信息同时传递给各相关人员,以同步处理的方式来缩短处理时效。如果仅充分授权而没有稽核,将可能出现弃权或滥权问题,但是若派人来抽样稽查,又将被视为不信任,反而带来更大的负面效果。采用电脑信息技术,及时根据统计资料进行分析,任何相关业务人员都可从由电脑提取信息差异、例外分析等资料,从而即时采取对策进行处理。经由这种方式,被充分授权者也不敢再滥用职权。

福特公司的经验表明,要大幅度缩减流程时效,必须采取一人多能、充分授权的方法,并采用电脑信息技术来做全方位改革。

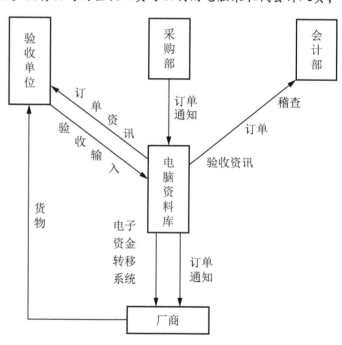

图 7.4 改造后的采购流程

分析: 美国福特企业采购流程案例带给你什么启示?

技能训练:ERP 典型采购过程操作模拟

【实训背景】

(1)本月 1 日采购部业务员李某向 A 公司询问键盘的价格,每只 95 元,觉得价格合适,随后向公司上级主管提出请购要求，请购数量为 300 只，业务员据此填制请购单。

（2）本月 2 日采购部主管王某同意向 A 公司订购键盘 300 只，单价为 95 元，要求到货日期为本月 3 日。

（3）本月 3 日采购部业务员李某收到所订购的键盘 300 只，填制到货单。

（4）本月 3 日仓库保管员丁某将所收到的货物验收入原材料仓库，填制采购入库单。

（5）当天采购部业务员李某收到该笔货物的专用发票一张。

（6）采购部业务员李某将采购发票交给财务部会计张某，以确认此业务所涉及的应付账款，财务部成本会计赵某确认采购成本。

【实训要求】

根据图 7.5 所示的用友 ERP 采购业务流程，完成一次 ERP 典型采购过程操作。

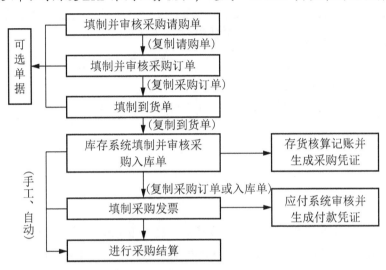

图 7.5 典型 ERP 采购流程图

【实训组织】

（1）根据学生性格和专长进行编组，6 人为一组，分别模拟不同的角色。

① 采购部业务员李某。

② 采购部主管王某。

③ 保管员丁某。

④ 财务部主管张某。

⑤ 财务部成本会计赵某。

⑥ 系统管理员方某。

（2）由系统管理员创建账套，并根据各自角色，在用友 ERP 系统中进行授权。

（3）小组成员共同完成相关基础档案设置。

（4）根据采购业务流程，以小组为单位（各个角色进行相关操作）完成一次采购步骤完整的采购业务处理。

（5）教师检查与点评学生任务完成情况，并给出综合成绩评定。

（6）总结经验教训，撰写实训小结。

课程重点

（1）采购业务流程及采购业务相关单据。
（2）采购实施过程中的注意项目。

任务 7.2 采购货物检验

 学习目标

能力目标	● 能运用货物检验的基本方法对采购货物进行检验 ● 会正确处理不合格品
知识目标	● 了解货物检验的作用 ● 熟悉货物检验的流程 ● 掌握采购货物质量的检验方法和不合格品的处理方法

 案例引入

案例一：

沸沸扬扬的齐齐哈尔假药案早已经尘埃落定，这起看似偶然的事故背后，却包含众多因为管理和体制弊端所引致的必然因素。一个获得国家 GMP（Good Manufacture Practice，优良制造标准）认证的药厂，生产出表面上安全合格的药品，堂而皇之地通过合法的流通渠道，走向急待救助的患者，最终成为杀人的毒药。一道道的安全关卡逐个失守，生产者的管理混乱、自律缺失令人痛心，其间的监管缺位更令人愕然。

齐二药假案的直接原因就是该厂出产的亮菌素注射液，在生产过程中用有毒的工业原料二甘醇取代了丙二醇作为药用辅料。按照相关规定，销售制药原料必须具备药品生产许可证、药品注册证和企业营业执照。而齐二药的原料进货都是由该厂采购员钮某一个人包办，严重缺乏监督。钮某明知物料采购应该派人对供货方实地考察，并要求供货方提供样品进行检验等相关规定，仍然严重不负责任，在未确切核实供应商王某的供货资质的情况下，仅依据其在专业网站上发布的"药用丙二醇"的供货价格（明显低于市场平均价格），便向王某购入了 1t 由二甘醇冒充的丙二醇。事后证明这批假丙二醇的"三证"完全是伪造的。

某年 9 月底，王某的 1t"二甘醇"经过数天辗转到达齐二药。疏漏再一次发生在检验环节，最终为大祸的酿成开放了绿灯。据专家介绍，在检验中只有红外光谱是用来确认丙二醇的。而当班化验员表示，她们虽然有红外图谱仪，但却没有红外图谱集，没法进行比对。就算是她们有了图谱，她们也不会比对，因为她们的学历仅有初中水平，"没有这个能力和水平看懂"。于是，检验报告单上标注了"符合规定"的 5 桶二甘醇以丙二醇的名义轻松地进入了齐二药品的库房。于是，所谓的"检验"没有结果的对照便十分荒诞，完全流于形式。

从采购到进厂后的检验，齐二药有制度规章而无人监督执行，当地的药监部门对齐二药的监管工作也形同虚设。

案例二：

产前检测、批量一致性检测、装船前检测，每一次检测都包含六七十项测试内容。作为美国最大的零售商之一，沃尔玛公司委托第三方专业检测机构对其所采购产品的质量检测是出了名的"苛刻"。

正是因为有如此严格的要求，国内不少企业在这种详细检测考验中败北，被阻挡在了海外市场的门外。然而，同样来自中国的海尔空调却征服了沃尔玛这个最苛刻的"裁判"。如今，在美国沃尔玛超市内，消费者只能看到主推的两个空调品牌，除了本土的通用电器外，另外一个就是来自中国的海尔。据了解，在美国排名前10位的零售商的销售记录中，海尔均有上佳的表现。

海尔进入全球化品牌战略阶段，在规模做大的同时，更加重视质量的一致性，通过可靠性测试体系和全员、全流程、全节点的六西格玛管理，不断提高产品质量竞争力。赢得美国最大的零售商沃尔玛的青睐，充分印证了海尔空调过硬的产品质量。

讨论：

（1）你认为齐二药采购检验环节哪里出了问题？你认为应该如何避免此类事件的再次发生？

（2）从以上的这两个案例中，你受到哪些启发？

 案例导学

一个企业要在竞争中生存下去，对采购货物进行质量管理是非常必要的。质量是企业在采购中必须重视的关键因素。如果企业忽视采购货物的质量管理，由此将会给企业乃至社会和顾客带来极为重大的危害。而要做到真正有效的质量管理，企业必须制定采购检验与质量管理制度，熟悉采购检验与质量管理流程，进而寻找和制定行之有效的采购检验与质量管理方案。

相关知识

7.2.1 货物检验的作用

1. 保证作用

通过对货物质量状况的正确鉴别，以及对不合格品进行处置，防止它们被接收、进入下一过程，从而实现全过程层层把关，这是产品质量检验最基本的职能和作用。

2. 监督作用

通过物料验收获取的各类质量信息，以记录或其他形式的报告给相关的责任部门及人员，以便他们在对这些信息分析的基础上采取措施，达到对全过程的监督和控制。

3．预防作用

某些验收活动具有一定的预防"不合格事件"出现的作用，如制造业批量生产中的首件检验、巡检及纠正措施有关的验收活动。需要注意的是，物料验收的预防作用是比较弱的，必须与其他活动结合才能真正起到预防不合格的作用。

7.2.2 货物检验的流程

采购方在接收采购货物之时或之前，首先要进行货物的检验，一般有以下几个步骤：

（1）检验程序及质量标准的约定。一般都在采购合同中有明确规定。

（2）确定检验时间、地点。货物检验的时间和地点通常与货物的性质有关。大型的机械、设备等往往到供应商企业的操作现场检验；小型的原料、配件等可以在货物送抵仓库时检验。

（3）确定检验部门及人员。货物的检验一般交由采购方的质量管理部门完成，或由专门的质量机构完成。对一些大型设备或大额长期采购，也可派检验人员常驻供应商企业检验。

（4）进行检验。检验的目的是检查供应商供货是否符合要求。检验方法一般分为全数检验、抽样检验和免检 3 种。

（5）处理检验问题。检验的结果是将货物分为合格货物与不合格货物两大类。对不合格品经过评审后，可做多种不同处理。

（6）处理接货问题。对于货物接收过程中发生的货物数量、交货日期与订单要求不符及包装质量不合格等问题，订单人员应与仓库人员一同进行协调处理。

（7）填制采购物品验收报表。采购物品检验完毕后，检验部门人员要填写采购物品验收报告或将检验信息输入计算机信息系统。表 7-8 为某单位的货物检验报告示例。

表 7-8　货物检验报告示例

货物检验报告					
No.:					
供应商：				检验日期：　年　月　日	
产品名称		型号规格		来货数量	
来货日期		抽样数量			
验　证　记　录					
序号	验证项目	标准要求		实测结果	结论
验证结论：					
				检验人： 　　　复核：	
不合格批处理意见：　□可用　□挑选　□换货　□退货				审批：	

7.2.3 货物质量的检验方法

按检验的数量特征划分，采购质量有全数检验、抽样检验和免检 3 种检验方式，见表 7-9。

表 7-9 货物质量的检验方法

检验方式	概　　念	适用范围	缺　　点
全数检验	指对待检货物进行 100%的检验，又称 100%检验或全面检验	（1）对后续工序影响较大的货物。 （2）精度要求较高的产品或零部件。 （3）品质不太稳定的工序加工出的产品或零部件。 （4）当批的不良率比规定高出很多时	（1）需要投入很大的检验力量，而受检个体太多，削弱了检验质量保证程度。 （2）检验工作量大，成本高，周期长，占用的检验人员和设备多，难以适应现代化大生产的要求。 （3）由于受到各种因素的影响，难以避免差错。 （4）对批量大，但出现不合格品也不会引起严重后果的产品，经济上得不偿失。 （5）不能适用于检验费用昂贵的或破坏性的检验项目
抽样检验	按照数理统计原理预先设计的抽样方案，从待检总体中抽取一个随机样本，对样本中每一个体逐一进行检验，获得质量特性值的样本统计值，然后与相应标准比较，从而对总体做出接收或拒收的判断	（1）用于破坏性检查。 （2）产量大而无法进行全数检查。 （3）连续性生产的产品。 （4）当检查费用高时。 （5）用于收货检查（核实供应商完成的检查）时	（1）在被判为合格的总体中会混杂一些不合格品，或存在相反情况。 （2）易出现将合格批判定为不合格批而拒收或将不合格批判定为合格批而接收的错判，造成很大的经济损失
免检	即对产品不做任何检查，也有对部分项目实施免检的做法	常用于通用标准件（如标准螺丝等）及以往产品品质有良好记录的供应商，但供应商内部仍然需要对产品进行检查	

注：（1）全数检验具有高可靠性的特点。但如无必要，质量检验一般不采用全数检验的方式。
（2）对于实施免检的产品，经过一段时期（比如半年）后，有必要采用抽样检查核实免检产品的品质。一旦有缺陷发生，就回到正常的检验方法中去。同样，在使用中一旦发现免检品有任何品质问题，应即刻导入正常的检验方法。

7.2.4 对不合格品的处理

对不合格品（包括产品、零部件、原材料等一切所采购的物品）应通过指定机构负责评审，经过评审后，可做以下处理。

1. 原样使用

在以下情况下，不合格品可以原样使用：不合格程度轻微；不需要采取返修补救措施仍能满足预期使用要求，而直接接收使用。这种情况必须有严格的申请和审批制度，并得到用户的同意。

2. 返工

通过返工可以使不合格品完全符合规定要求，返工后必须经过检验人员的复验确认。

3. 降级

降级是指根据实际质量水平降低不合格品的产品质量等级或作为处理品降价出售。

4. 返修

对不合格品采取补救措施后仍不能完全符合质量要求，但基本能满足使用要求，判为让步回用品，修复程序应得到需求方的同意，修复后也必须经过复验确认。

5. 报废

如对不合格品不能采取以上处理时，只能报废，报废时还应按规定填写废品报告。

知识拓展

特采，是指采购货物经采购检验专员检验，其质量低于允许接收的标准，虽然采购检验专员提出"退货"的要求，但由于生产急用或其他原因，生产部做出"特别采用"的决定。

除非迫不得已，生产部应尽可能不启用"特采"。即使"特采"，也应按严格的程序办理，并根据实际情况，对供应商做出扣款处理。

职业能力训练

案例分析："利达公司致命玩偶案"

2007年8月2日，美国最大玩具商美泰公司向美国消费者安全委员会提出召回佛山利达生产的96.7万件塑胶玩具，理由是"回收的这批玩具表漆含铅量超标，对儿童的脑部发展会造成很大影响，美国环保组织塞拉俱乐部认为危及儿童安全"。进而，致命玩偶成为一时谈论的热点。事发前，佛山利达的产量已居佛山玩具制造业第二。一夜之间，这家拥有十多年良好生产纪录的合资企业成为众矢之的。在美国舆论的不断声讨下，玩具厂商及其上下游供应、检验链上的疏忽被一一曝光和放大。最终，佛山利达被出入境检验检疫部门要求整改，中国国家质量监督管理总局宣布暂停其产品的出口。利达被迫停产，2 500名工人几乎无事可做，利达公司合伙人张某无法承受重大压力，最终一死了之。张某死后3日，美泰第二次宣布，召回的中国产玩具数量增加到1 820万件。

1. 朋友——中国式供应关系

造成这次事件最大的问题在于玩具所使用的有毒油漆的采购上。此次向利达公司提供不达标油漆的企业，是与利达公司仅有一墙之隔的东兴公司，该公司老板恰恰是张某多年的好友梁某。梁某是东兴新能源公司法人代表，"东兴"的前身为东兴某印刷包装实业有限公司，2001年投产，经营范围为塑料制品制造、包装装潢印刷品印刷、销售塑料、油墨丝印材料。2002年，增加了油墨、涂料和丝印材料产销。2004年12月28日，增加了新能源节能产品生产、加工、安装和销售，并更名为南海区东兴新能源有限公司。自从"东兴"增加了油墨、涂料和丝印材料产销之后，就成为"利达"的油漆主要供应商。梁某也成为张某最好的朋友之一。

2. 验收——一次疏忽还是习惯性遗忘

利达属于来样加工型企业，即为美泰公司生产并且供应玩具。为了保证玩具质量，美泰公司给利达提出两种选择油漆供应商的办法：一是由美泰指定，二是由美泰提供质量标准后，由利达自行决定。利达选择了后者，于是，东兴成了他的油漆供应商。

合作数年来，一直没有问题，但 8 月 2 日，美泰公司的下属费雪公司紧急宣布，回收"利达"生产的 96.7 万件塑胶学龄前儿童玩具，原因是含铅量超标，如果被儿童吞下，可能发生铅中毒。

而利达向佛山市出入境检验检疫局汇报称，这次含铅超标色粉的使用，是东兴为了尽快给利达公司供货，就省略了检测的环节。

2007 年 4 月初，东兴生产油漆的黄色色粉短缺，为尽快采购，东兴在网上查找到东莞众鑫色粉厂。该厂向东兴提供了无铅色粉证书、认证资料、相关执照等，东兴便于 4 月 10 日进货。按规定，采购的色粉要到检测机构认定，但佛山没有相关的检测机构，只有到广州检验，并需要 5~10 个工作日才能做出检测结果。东兴为了尽快给利达公司供货，就省略了检测的环节。但没料到的正是这批色粉含铅量超标，众鑫当初提供的无铅色粉证书、认证资料等都是假的。

然而，从事后的调查中得知，为方便合作，利达和东兴两家企业选择相邻建厂。合作 4 年多，两家工厂就如同一家，使用的油漆都是通过两家企业的内部通道运入利达公司，根本不用走工厂大门，都没出现过问题。让人们不能理解的是，一般都是提前几天就进货的，真的缺货这么严重吗？买到也不化验吗？利达用了 3 个月的含铅量超标的色粉，为什么一直不检验呢？东兴从网上找到"众鑫"，又是人家送货，所以东兴连这个企业是怎样的都不知道，第一次拿货为什么就那么信任别人呢？

最大的问题可能还在于内部控制制度，特别是内部控制意识的缺失。没有从对市场过度关注反应过来的中国企业，还没有意识到采购内部控制的缺失可能带来的是一场无以弥补的死亡和毁灭。

3. 启示——采购内部控制十分重要

一直以来，为了迎合监管部门的检查成为我国企业质量控制的最大需求，以为过了监管这个坎，就万事大吉。却不知，一次质量控制的缺失可能就是致命的毒药。同时，利达事件也反映出我国公司在整个生产流程和工艺控制上缺乏标准化。如果有了严格的质量控制体系，这种情况发生的可能性非常小。实际上，国际企业的供应商管理早有成熟的可借鉴模式。美国苹果公司对代工企业富士康的劳工问题调查，以及沃尔玛公司派出检察人员，甚至暗访人员对其供应商的进场监督，都可能对国内企业对上游供应商管理有所启示。

在全国充斥着无数的"毒品"时候，如三聚氰胺等，对于原材料的采购内部控制的建设成为我国企业立身保命的基本要求。

分析：

（1）利达公司致命玩偶案说明了什么？

（2）根据上述案例分析，你得到了什么启示？

课程重点

（1）货物检验的流程。

（2）对检验结果的处理。

任务7.3　采购质量管理

 学习目标

能力目标	● 会实施基础的质量管理 ● 能运用所学知识进行采购质量管理活动
知识目标	● 了解采购质量管理的内容 ● 熟悉采购质量管理的原则 ● 深刻理解提高采购质量的途径

 案例引入

魏文王问名医扁鹊说:"你们家兄弟三人,都精于医术,到底哪一位医术最好呢?"扁鹊答说:"长兄最好,中兄次之,我最差。"文王吃惊地问:"你的名气最大,为何反而是长兄医术最高呢?"扁鹊惭愧地说:"我扁鹊治病,是治病于病情严重之时。一般人都看到我在经脉上穿针管来放血、在皮肤上敷药等大手术,所以认为我的医术高明,名气因此响遍全国。我中兄治病,是治病于病情初起之时。一般人以为他只能治轻微的小病,所以他的名气只及于本乡里。而我长兄治病,是治病于病情发作之前。由于一般人不知道他事先能铲除病因,所以觉得他水平一般,但在医学专家看来他水平最高。"

质量管理如同医生看病,治标不能忘固本。许多企业悬挂着"质量是企业的生命"的标语,而现实中存在"头疼医头、脚疼医脚"的质量管理误区。造成"重结果轻过程"现象是因为:结果控制者因为改正了管理错误,得到员工和领导的认可;而默默无闻的程序控制者不容易引起员工和领导的重视。最终导致管理者对表面文章乐此不疲,而对预防式的事前控制和事中控制敬而远之。

单纯事后控制存在严重的危害。第一,因为缺乏程序控制,生产下游环节无法及时向上游环节反馈整改意见,造成大量资源浪费;第二,因为上游环节间缺乏详细的标准,造成公司各部门间互相扯皮,影响公司凝聚力,大大降低了生产效率;第三,员工的质量意识会下降,警惕性下降造成质量事故频发;第四,严重的质量事故会影响公司的信誉,甚至造成失去订单或者带来巨额索赔,给公司造成严重的经济损失。

讨论:质量管理中的事前控制和事中控制很重要,应该如何提高事前控制和事中控制的执行力呢?

 案例导学

要提高事前控制和事中控制的执行力可以从几个方面着手:
(1)从上到下建立全面质量管理的意识。

（2）在每个环节都制定详细的质量管理标准。
（3）用业绩考核改变公司"重结果轻过程"的不利局面。
（4）坚持客户和员工是最好的质量改善者的思想，及时对客户反馈的意见进行调查和整改，同时调动员工的积极性和主动性是改善质量的最好措施。

 相关知识

7.3.1 采购质量管理概述

1．质量的含义

狭义的质量是指特定使用目的所要求的商品各种特性的总和，即商品的自然属性的总和。

广义的质量是指商品能适用一定用途要求，满足社会一定需要的各种属性的总和，即商品的符合性和社会适用性相结合。

2．商品质量的构成

商品质量是一个综合性的概念，它涉及商品本身及商品流通过程中诸因素的影响。从现代市场观念来看，商品质量是由内在质量、外观质量、社会质量和经济质量4个方面构成的。

（1）商品的内在质量。是指商品在生产过程中形成的商品本身固有的特性，包括商品实用性能、可靠性、寿命、安全与卫生性等。它构成商品的实际物质效用，是最基本的质量要素。

（2）商品的外观质量。主要是指商品的外表形态，包括外观构造、质地、色彩、气味、手感、表面疵点和包装等，它已成为人们选择商品的重要依据。

（3）商品的社会质量。是指商品满足全社会利益需要的程度，如是否违反社会道德、对环境造成污染、浪费有限资源和能源等。一种商品不管其技术如何进步，只要有碍于社会利益，就难以生存和发展。

（4）商品的经济质量。是指人们按其真实的需要，希望以尽可能低的价格，获得尽可能优良性能的商品，并且在消费或使用中付出尽可能低的使用和维护成本，即物美价廉的统一程度。

商品的内在质量是由商品本身的自然属性决定的；外观质量、社会质量和经济质量则是由商品的社会效应来决定的，它涉及诸多社会因素的影响。

3．采购质量管理

采购质量管理是指对采购质量的计划、组织、协调和控制，通过对供应商质量评估和认证，从而建立采购管理质量保证体系，保证企业的物资供应活动。它的实质是通过企业一系列的管理工作来保证和提高产品成本质量，从而使用户满意放心。

4．采购质量管理的意义

（1）有利于保障企业最终产品的质量。
（2）有利于保证企业生产有节奏、持续地进行。
（3）有利于保证企业产品生产和使用环节的安全。
（4）有利于帮助企业降低采购成本、获得利润。

7.3.2 采购质量管理的内容

1. 采购部门的质量管理

（1）物料采购的质量管理。
（2）物料采购的组织工作。
（3）物料采购供应的协调工作。
（4）物料采购供应的控制工作。

2. 供应商认证与评估

略讲。

3. 产品检验

（1）严把进货质量关，确保最终产品质量。
（2）发现问题，分清责任。
（3）进行质量验证，对供应商实施事后质量监督。
（4）摸清进货质量状况，有利于保管保养。

7.3.3 采购质量管理的原则——"5R"原则

1. 适当的质量（Right Quality）

采购的产品既要保证质量，又要恰当地处理质量与成本、供应、服务等要求之间的关系。

2. 适当的供应商（Right Supplier）

采购质量管理的重要职能是选择适当的供应商，并通过双方的互动来不断提高产品质量，进而形成"双赢"的局面。

3. 适当的数量（Right Quantity）

采购人员要监督供应商是否按照订单数量准时交货。

4. 适当的时间（Right Time）

采购人员要监督供应商是否按照订单约定的时间准时交货。

5. 适当的地点（Right Place）

在实施 JIT 采购的情况下，企业在选择供应商时通常选择在一定距离内的供应商进行合作，以充分享受"产业集聚效应"，使得沟通更迅速，物流成本得以降低。

想一想

采购质量管理的"5R"原则与采购管理的"5R"原则相同吗？

7.3.4 采购质量管理的方法

1. 调查表法

调查表法是数据整理和原因分析的一种工具。为了了解货物质量状况，需要收集许多数据，并将可能出现的原因及其分类预先列成调查表，检查时在相应的分类中进行统计及做简单原因分析，为以后决策提供依据。

常见调查表有缺陷位置调查表、不合格品项目调查表、商品布局调查表、矩阵调查表等。表 7-10 为某企业的不合格品调查表示例。

表 7-10 某企业不合格品调查表

日期	供应商	供应量	不合格品量	不合格品率	不合格品项目								
					1	2	3	4	5	6	7	8	其他
			合计										

2. 分类法

分类法也叫分层法。这是一种把记录的原始质量数量按照一定标准加以分类整理，以便于分析采购质量及其影响因素的方法。分类是为了将性质不同的数据和复杂的影响因素分析清楚，找出问题所在，以便对症下药，解决问题。表 7-11 为某企业供应商不合格品分类表示例。

表 7-11 某企业供应商不合格品分类表

供应商名称	不合格品数量			
	A	B	C	合计
甲	3	1	2	6
乙	5	10	20	35
丙	6	8	10	24
丁	8	4	8	20
合计	22	23	40	85

质量数据一般可以按以下原则进行分类：

（1）检验时间。

（2）供应商。

（3）运输方式。

（4）进货时间。

（5）检验方法。

（6）型号。

（7）其他分类方法。

3. 因果图法

因果图法即因果分析图，又叫特性要因图、石川图或鱼翅图。它是一种通过带箭头的线，将质量问题与原因之间的关系表示出来，是分析影响产品质量的诸因素之间关系的一种工具。

因果图法着重分析输入条件的各种组合，每种组合条件就是"因"，它必然有一个输出的结果，这就是"果"。图 7.6 所示为某企业使用因果图分析质量原因的一个示例。

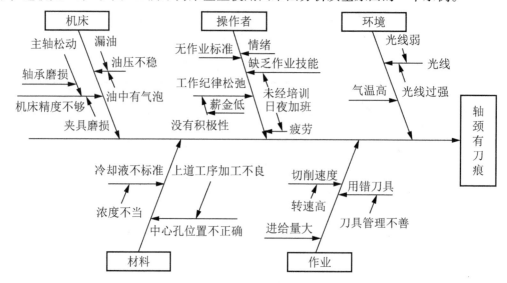

图 7.6　因果图示例

试用因果图分析近期考试成绩不理想的主要原因。

7.3.5　提高采购货物质量的途径

如果所采购的原材料存在质量问题，其结果必然会影响到企业所生产的产成品质量。因此，在采购中必须切实保证采购质量，积极寻求扎实可靠的提高采购质量的途径。

1．选择合适的供应商

（1）作为买方的采购商，在商品质量管理中的首要任务是了解供应商的质量政策，选择合适的供应商。

（2）作为卖方的供应商，必须提供合格商品，应坚持不懈地随时纠正对买方反馈的商品质量问题。此外，还应提供控制质量的书面计划及计划已被落实执行的必要证明，并允许买主对供应商进行必要的监督。

（3）对于一些复杂或重要的商品，作为采购一方最好应有多种供应源。

2．正确评估供应商资格

确定供应商之前，必须先进行调查，以判断和核实供应商是否能保证商品质量，并能在日后的双方合作上给予技术、管理和财务等方面的配合。调查方法一般为函询和访问两种方式。具体内容可参见项目 4 任务 4.1 供应商开发。

通过调查，可对供应商资格做出初步结论。当然这种调查有一定局限性，如无法可靠地预测供应商产品的质量性能。因此，在实际应用中，还应结合其他方法一起进行综合评定。此外，可对产品质量用评分法进行量化评定。

3. 制订并执行联合质量计划

现代商品质量不能仅靠进货检验来完成，更重要的是依靠供需双方相互信赖，建立良好的关系，实施质量保证体系，从而最终实现商品的使用价值。这也就是为什么越来越多企业的质量管理部门职能正在从 QC（Quality Control，质量控制）职能转化为 QA（Quality Assurance，质量保证）职能。

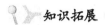 知识拓展

QA 和 QC 的区别

（1）QA 偏重于质量管理体系的建立和维护，客户和认证机构质量体系审核工作，质量培训工作等；QC 主要集中在质量检验和控制方面。

（2）QA 的工作涉及公司的全局，各个相关职能，覆盖面比较宽广，而 QC 主要集中在产品质量检查方面，只是质量工作的其中一个方面。

（3）QA 并不是立法机构，立法机构应该是研发机构或工艺工程部门。

（4）QA 主要是保证生产过程受控或保证产品合格，着重于维护，而 QC 一般是实际质量控制，如检验、抽检和确认。现在很多公司质量部门只包括 QA 的职责，把 QC 的工作放入生产部门。

在具体操作中，供需双方应签订供需合同，制订详细的联合质量计划。联合质量计划内容主要包括经济、技术和管理 3 个方面，重点关注商品的使用价值，并确定最合理的购货总价格。供需双方对与质量有关的项目，如货物检验、生产误期、额外存货等，应形成一致的看法。

4. 做好服务工作，提高服务质量

（1）售前服务是企业在顾客未接触产品之前所开展的一系列刺激顾客购买欲望的服务工作，如提供咨询、组织技术培训等。提供售前服务是必要的，因为许多用户都缺乏判断现代产品的工艺优点及质量性能所必需的设备，也无法理解用技术术语写成的规格和标准。

（2）售后服务就是在商品出售以后所提供的各种服务活动。包括代为消费者安装、调试产品；进行有关使用等方面的技术指导；保证维修零配件的供应；负责维修服务；对产品实行"三包"；处理消费者来信来访，解答消费者的咨询；等等。

5. 选择最佳质量成本

质量成本的概念产生于 20 世纪 60 年代的一些欧美国家。质量成本是指公司为达到、维持或改进产品质量进行的管理活动所支付的费用及当质量不能满足要求（包括组织自身的要求、法律法规要求和顾客要求）时所损失的费用。

降低采购成本可起到提高利润的重要作用。但是，如果只注重采购价格，忽视采购的返修、保养和行政管理成本，反而会在整体上降低采购质量。

想一想

C 公司打算向 A、B 两家公司购买某种原材料。已知 A 公司的报价为每个 1.50 元，B 公司的报价为每个 2.00 元，是否就可以决定购买 A 公司的这种原材料呢？表 7-12 为对 A、B 两公司进行进一步深入了解后得到的一些有关质量成本分析数据。

表 7-12　C 公司综合质量成本分析表

单位：元

项　目	A 公司	B 公司
单价	1.50	2.00
返修	0.30	0.05
保修	0.25	0.00
行政	0.50	0.15

职业能力训练

技能训练一：改善采购质量的措施

某机床厂最近在对零部件的检测中连续发现了一些问题：压铸件的砂眼问题、主轴曲径偏小、功能测试中马达支架与驱动臂的连接问题……为此管理层决定召开跨部门会议，商议解决对策。

【实训要求】

以小组为单位进行分析和讨论，为该厂商提供改善采购质量的措施。

【实训组织】

（1）将全班分成若干小组，每组 6~8 位同学。

（2）回顾前期课程所学知识，采用头脑风暴式讨论，并将讨论结果汇总，由小组代表进行汇报交流。

（3）每组汇报交流完毕后，其他小组同学可以提问。

（4）老师做最后点评。

技能训练二：质量管理方针学习

【实训要求】

以小组为单位学习、讨论和分析国内或国际知名企业质量管理方针，完成相应分析报告，并制作成多媒体课件进行演讲。

【实训组织】

（1）将全班分成若干小组，每组 6~8 位同学。

（2）各小组成员分工合作，完成知名企业质量管理方针采集工作。

（3）组织小组成员共同学习、讨论和领会该企业质量管理方针，完成分析报告和多媒体课件制作。

（4）以小组为单位进行交流演讲。

（5）在一个小组进行演讲时，其他小组进行观看，并在演讲完毕后可以提问。

（6）老师点评。

课程重点

（1）采购质量管理的方法。

（2）提高采购货物质量的途径。

复习题

（1）简要叙述采购业务流程。
（2）采购实施注意事项有哪些？
（3）货物检验的主要工作有哪些？
（4）采购质量检验有哪几种方法？各有什么利弊？
（5）简要叙述商品质量的含义。
（6）简要叙述采购质量管理的内容。
（7）简要叙述提高采购货物质量的途径。

【项目小结】

项目 8

采购库存控制与采购结算

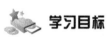

 学习目标

能力目标	● 能使用定量库存法和定期库存法进行库存管理 ● 会正确运用采购作业 ABC 分析法
知识目标	● 熟悉库存管理的功能 ● 掌握库存控制的基本方法

 **案例引入**

Q 公司的采购员小王经过前两次采购"创新举动"失败,并没有气馁,一方面积极研究采购相关理论知识,另一方面走进相关业务部门和车间进行深入细致的调查。下面是他经过调查和分析,得到的两组数据。

(1)Q 公司的水泥(均衡需用物品)下年度采购总量为 4 320t,该物品每吨每月储存费用为 6 元,一次订购费用为 30 元,保险库存数为 3 天。依据此组数据,计算水泥下年度的经济订购批量、最高库存量和最低库存量。

(2)Q 公司的刀具年采购总量为 3 600 件,一次订购费用为 60 元,单价为 40 元,年储存费率为 12%。依据此组数据,计算经济订购周期及年检查次数。

讨论:请协助采购员小王完成上述相关计算。

 案例导学

库存是润滑剂。它能整合供给和需求,维持各项活动顺畅进行;同时,它又连接和协调企业产、供、销各环节及生产和流通过程中各相关企业经济活动。

库存又是物品的闲置。它占用了资金,过多的库存会带来物品流转的停滞。

库存管理就是要选择合适的库存管理制度,确定合理的库存量标准并掌握库存量变化动态,适时对库存进行调整。

 相关知识

8.1.1 库存与库存管理概述

1. 库存的定义

库存是指处于储存状态的物品或商品。通俗地说,库存是指企业在生产经营过程中为现在和将来的耗用或者销售而储备的资源。广义的库存还包括制造加工状态和运输状态的物品。

2. 库存的分类

(1)依据生产过程来划分,库存可分为原材料库存、零部件及半成品库存和成品库存。

(2)依据经营过程来划分,库存可分为以下 4 种:

① 经常库存。又称周转库存,是指为满足正常的经营需求建立的库存。它随着每日的需求而不断减少,当降低到某一水平时(如订货点),就要进行补货操作。

② 安全库存。又称缓冲库存,是指为防止不确定因素(如大的突发性订货、交货期延误等)而准备的缓冲库存。

③ 季节性库存。是指为满足季节特征的需要建立的库存。

④ 准备库存。有些物品在投入生产使用前,需要经过一个整理加工的准备阶段,如木材干燥、钢材切割等。为此类目的建立的库存称为准备库存。

3．对库存认识的发展深化

人们对库存的认识是随着生产力的发展和科学技术的进步而不断深化的。

在计划经济时期，由于供不应求及受资金预算约束，库存普遍被认为是一种企业的财产，是企业实力的体现。人们一般认为物品多多益善，总好过于缺料而发愁。此外，在传统的企业运作模式下，企业中相互信赖的采购、生产和销售等环节各自为政、互相脱节，库存也常常被用于调节各职能部门间的矛盾。

随着人们对库存的认识提高，人们意识到库存是为保障生产、调节供需所必需的，但库存又要付出成本，它占用了企业的宝贵资金。特别是在经营不景气时期，产品滞销，库存积压，对企业来说就是一场灾难，因而企业对库存的认识进化到"随用随购"的境界。

到 20 世纪中后期，随着全球经济和信息技术的发展，人们对库存的认识有了质的飞跃。人们从综合系统角度研究库存管理问题，开发许多现代库存管理制度，采取多种最小化库存管理技术，以期实现"零库存"目标。

在这种新型的管理理念下，库存不再被孤立、分割地研究，而是从系统角度，通过 MRP、制造资源计划（Manufacture Resource Planning，MRPⅡ）等管理模式，不仅使企业内部的产、供、销等业务环节有效地"链"接起来，而且将这种管理理念延伸到企业的外部，通过企业资源计划（Enterprise Resource Planning，ERP）系统，以客户需求为中心，将上、下游竞争和合作整合起来，形成供应链管理（Supply Chain Management，SCM）及供应商管理库存（Vender Management Inventory，VMI）系统等，如图 8.1 所示。

准时制、同步化是一种新型的库存管理理念，其实质是使生产工序、各环节在生产供应数量上和时间上紧密衔接，实现"只在需要的时候，按需要的量，组织生产所需的产品"，从而消除不协调现象，减少甚至消除闲置库存。在本书的项目 10 现代物流采购技术中，将会具体介绍准时制采购。

"零库存"是一种新理念，是一个目标，目的是要努力使整个过程库存最小化，它是通过在生产与流通领域按照准时制组织商品供应来实现的。

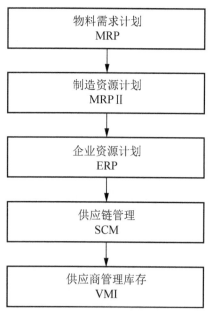

图 8.1　库存管理的认识阶段

8.1.2　库存量管理的内容

企业库存量管理主要包括两个方面的内容：首先，确定合理的库存量标准，合理的库存量，就是保证企业生产经营活动正常进行所需数量，同时又是最低的库存数量；其次，掌握库存量变化动态，并适时进行调整。

8.1.3　库存控制的方法

库存控制又称库存管理，是对企业生产、经营全过程的各种物资、产成品及其他资源进行管理和控制，使其储备保持在经济合理水平上的控制手段的总称。

库存控制的方法分为传统库存控制方法和现代库存控制方法。传统库存控制方法主要包括定期订货法、定量订货法和 ABC 分类管理法 3 种，现代库存控制方法主要包括供应商管理库存、联合库存管理和准时化采购等多种。

需要说明的是，定期订货法、定量订货法这两种库存控制方法与项目 2 任务 2.1 采购数量确定中所阐述的定量订购法和定期订购法相对应。

1. 定量库存控制

定量库存控制也称为订购点法，是以固定订购点和订购批量为基础的一种库存量控制方法。它运用动态盘点，当库存量等于或低于规定的订购点时就提出订购，且每次订购固定数量的物品。

订购批量一般采用 EOQ（经济订购批量）。订购点的正确确定则取决于对备运时间的准确计算和对保险库存（安全库存量）的合理查定。EOQ 实际上就是两次进货间隔的合理库存量，即经常库存量（经营库存定额）。根据经常库存量和安全库存量（保险库存量），即可确定最高库存量和最低库存量，如图 8.2 所示。从图中可以看出，当实际消耗减慢或加快时，两次进货的时间间隔相应地延长或缩短。

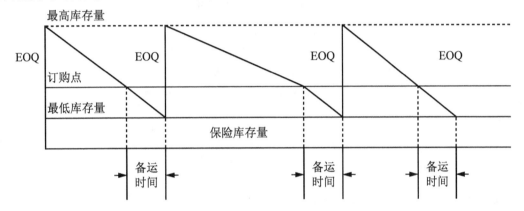

图 8.2　定量库存控制

定量库存控制法中涉及的计算公式有以下几个：

（1）定量库存控制法（固定数量法 EOQ）中最低成本的经济订购批量。

$$Q=\sqrt{\frac{2\times 单位订货成本\times 年需求量}{单位存储成本}}=\sqrt{\frac{2\times 单位订货成本\times 年需求量}{单位采购价格\times 年存储费率}}$$

（2）最低库存。

$$最低库存=保险库存量$$

（3）最高库存。

$$最高库存＝经常库存量＋保险库存量＝经济订购批量＋安全库存$$

2. 定期库存控制

定期库存控制法是以固定订购间隔期（检查周期）为基础的一种库存量控制方法。它采取定期盘点，按固定间隔周期检查库存量，并紧跟着提出订购。订购间隔期长短对订购批量和库存水平有决定性影响。一般是预先规定进货时间，由进货周期和备运时间长短确定订购间隔期，对不同的物品规定不同的进货周期。

定期库存控制如图 8.3 所示，当实际消耗速度减慢或加快时，会使盘点时的库存量相应地加大或减少。对同一种物品而言，定期库存控制法比定量库存法要有更大的保险库存量。保险库存量通常也用保险天数表示。

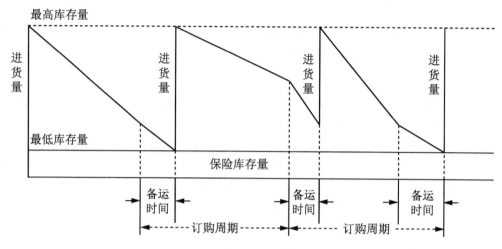

图 8.3 定期库存控制图示

定期库存控制法中涉及的计算公式有以下几个：

（1）定期库存控制法（固定期间法 FPR）中最低成本的经济订购间隔。

$$T_0 = \sqrt{\frac{2 \times 单位订货成本}{年采购总量 \times 单位采购单价 \times 年存储费率}}$$

（2）最低成本的年检查次数。

$$m_0 = \frac{1}{T_0} = \sqrt{\frac{年采购总量 \times 单位采购单价 \times 年存储费率}{2 \times 单位订货成本}}$$

 知识拓展

定量控制与定期控制的比较

1. 定量库存控制的优、缺点

优点：

（1）经常掌握库存量动态，及时提出订购，不易缺货。
（2）保险库存量较少。
（3）每次订购量固定，便于进货搬运和保管作业。
（4）盘点和订购手续简便。

缺点：

（1）订购时间不定，难编制严密的采购计划。
（2）未能突出重点物品的管理。
（3）不适应需要量变动大的物品。
（4）不能得到多种物品合并订购的好处。

2. 定期库存控制的优、缺点

与定量库存控制法相反。

> **练一练**
>
> 请根据所学知识完成引入任务中的计算工作。

3．ABC 分类管理法

具体见 8.1.4 采购作业的 ABC 分析相关内容。

4．供应商管理库存

供应商管理库存（VMI）是一种在供应链环境下的库存运作模式。它是以供应商为中心，以双方最低成本为目标，在一个共同的框架协议下把下游企业的库存决策权代理给上游供应商，由供应商行使库存决策的权利，并通过对该框架协议经常性地监督和修改以实现持续改进。具体来说，即供应商收集分销中心、仓库和 POS 数据，实现需求和供应相结合，下游企业只需要帮助供应商制定计划，从而下游企业实现零库存，供应商的库存也大幅度减少。

在 VMI 运作过程中，要求整个供应链上的供应商、零售商、制造商和客户通过网络，共享生产、销售、需求等信息，可以加强供应链上、下游企业之间的合作，在各自的信息系统之间自动交换和处理商业单证，这样就可以统一整个供应链上所交换的需求数据，并将处理后的信息最终全部集成到供应商处，以便供应商能更准确、及时地掌握消费者的需求及需求变化情况，以做出快速的库存和补货决策，从而大大弱化了"牛鞭"效应。

VMI 是一种很好的供应链库存管理策略，它能够突破传统的条块分割的管理模式，以系统的、集成的管理思想进行库存管理，使供应链系统能够获得同步化的运作。

5．联合库存管理

联合库存管理（Joint Managed Inventory，JMI）是一种在 VMI 的基础上发展起来的上游企业和下游企业权利责任平衡和风险共担的库存管理模式。JMI 体现了战略供应商联盟的新型企业合作关系，强调了供应链企业之间双方的互利合作关系。

JMI 把供应链系统管理进一步集成为上游和下游两个协调管理中心，库存连接的供需双方以供应链整体的观念出发，同时参与，共同制订库存计划，实现供应链的同步化运作，从而部分消除由于供应链环节之间的不确定性和需求信息扭曲现象导致的供应链的库存波动。JMI 在供应链中实施合理的风险、成本与效益平衡机制，建立合理的库存管理风险的预防和分担机制、合理的库存成本与运输成本分担机制和与风险成本相对应的利益分配机制，在进行有效激励的同时，避免供需双方的短视行为及供应链局部最优现象的出现。通过协调管理中心，供需双方共享需求信息，因而起到了提高供应链的运作稳定性作用。

6．准时化采购

具体见 10.1 准时化采购相关内容。

8.1.4　采购作业的 ABC 分析

1．ABC 控制方法的基本思想

一般来说，企业的商品品种繁多、数量巨大，有的商品品种数量不多但市值很大，有的商品品种数量多市值却不大。由于企业各方面的资源有限，不可能对所有库存商品都同样地重视，所以好钢要用在刀刃上，要将企业有限的资源用在需要重点管理的库存上，并且按商品重要程度的不同，进行不同的分类管理和控制。这就是 ABC 控制方法的基本思想，其实质是重点管理法。

2. ABC 分类的步骤

1）计算各类货物采购（消耗）金额

$$某类货物采购（消耗）金额 = 单价 \times 采购（消耗）数量$$

2）对库存货物进行排队

按照货物采购（消耗）金额大小，对库存货物进行从大到小的排队。

3）计算项目比例和资金比例

首先，计算出各种货物的采购（消耗）金额占总采购（消耗）金额的百分比；然后，计算各类货物品种累计与全部品种比例，以及各类货物采购（消耗）占用资金累计与全部货物采购（消耗）资金比例。

4）对库存货物分类

根据 ABC 分类标准，编制库存货物 ABC 分类表。ABC 分类标准见表 8-1。

表 8-1 ABC 分类标准

分 类	占总品种的百分比	占总货物价值的百分比
A	5% ~ 10%	70% ~ 75%
B	10% ~ 20%	10% ~ 20%
C	70% ~ 75%	5% ~ 10%

注：ABC 分类标准并没有绝对统一的规定，各企业、仓库可根据自身的具体情况来决定。以上数值为经验值，可作为参考。

5）确定管理和控制方法

对库存货物进行 ABC 分类之后，对不同级别的货物进行不同的管理和控制。A 类物品在品种数量上仅占 10% 左右，管理好 A 类物品，就能管理好 70% 左右的年消耗金额，它是关键的少数，要进行重点管理。对生产企业来说，应该千方百计地降低 A 类物品的消耗量；对商业企业来说，就要想方设法增加 A 类物品的销售额；对仓储管理来说，就要在保证安全库存的前提下，小批量多批次按需储存，尽可能地降低库存总量，减少仓储管理成本，减少资金占用成本，提高资金周转率。ABC 分类管理和控制表具体见表 8-2。

表 8-2 ABC 分类管理和控制表

项 目	A 类货物	B 类货物	C 类货物
控制程度	严格	一般	简单
库存量计算	按模型计算	一般计算	简单或不计算
进出记录	详细	一般	简单
检查次数	多	一般	少
安全库存量	低	较大	大

3. 采购作业的 ABC 分析

通过 ABC 分析控制，理顺了复杂的货物，搞清了各种物料的地位，明确了管理的重点。

因此，对采购作业进行 ABC 分析，要结合库存进行分析。

1）采购原则

（1）A 类。小批量、多批次的定期采购入库，最好能做到准时制管理，提高资金周转率，降低仓储管理费用，及时获得降价的收益。

（2）B 类。进行次重点管理的常规管理。可采用定量订货方法，中量采购和仓储。

（3）C 类。大量采购，减少采购次数的同时，获得价格上的优惠。

2）库存控制

（1）A 类。科学设置最低定额、安全库存和订货点报警，防止缺货的发生。同时，每天都要进行盘点和检查。货位处于物流出入口处。

（2）B 类。每周要进行盘点和检查。

（3）C 类。简化库存管理，多储备一些关键物料，少报警，避免发生缺货现象。

3）采购交货期

（1）A 类。对交货期限加强控制，并尽可能缩短订货提前期。

（2）B 类。按正常作业需要进行处理。

（3）C 类。较宽松管理，可允许较长宽裕期。

4）减低物料采购成本

优先考虑减低 A 类物料采购成本。

4．ABC 分类法应用案例

某企业全部库存商品（采购类）共计 2 270 种，按每一品种年度采购额从大到小顺序排成 7 档，统计每档的品种数和采购金额，然后分别计算这两个指标的累计数及其与全部品种和采购总额的百分比，填入表 8-3 的采购品种序列表内。

表 8-3 采购品种序列表

每种商品年采购额/万元	品种数/种	品种累计/种	占全部品种的百分比	采购额/万元	采购额累计/万元	采购额累计百分比
6 < X	70	70	3.08%	3 500	3 500	46.98%
5 < X ≤ 6	100	170	7.49%	800	4 300	57.72%
4 < X ≤ 5	80	250	11.01%	950	5 250	70.47%
3 < X ≤ 4	60	310	13.66%	800	6 050	81.21%
2 < X ≤ 3	260	570	25.11%	400	6 450	86.58%
1 < X ≤ 2	500	1 070	47.14%	500	6 950	93.29%
X ≤ 1	1 200	2 270	100.00%	500	7 450	100.00%

1）库存商品的 ABC 分类

用 ABC 分类法按表 8-1 的分类标准把品种序列表中的 7 档品种划分为 ABC 共 3 类。其中第 1 档至第 3 档的商品品种小计数目占总品种数目的 11.01%，采购额占总采购额的 70.47%，符合 A 类标准，故划分为 A 类商品；第 4 档到第 5 档的商品品种小计数目占总品种的 14.10%，采购额占总采购额的 16.11%，符合 B 类标准，故划分为 B 类商品；第 6 档到第 7 档的商品品种小计数目占总品种的 74.89%，采购额占总采购额的 13.42%，符合 C 类标准，故划分为 C 类商品。具体分类结果见表 8-4。

表 8-4　ABC 分类结果

分类	品种数/种	占全部品种的百分比	品种累计百分比	采购额/万元	占采购总额的百分比	采购额累计百分比
A	250	11.01%	11.01%	5 250	70.47%	70.47%
B	320	14.10%	25.11%	1 200	16.11%	86.58%
C	1 700	74.89%	100.00%	1 000	13.42%	100.00%

2）各类库存商品的管理策略

ABC 分类法是一种十分有效的管理工具。在使用 ABC 分类管理库存时，可考虑采用以下策略：

（1）针对 A 类商品的策略。

① 谨慎、正确地预测需求量。

② 少量采购，在不影响需求下减少库存量。

③ 寻求供应商配合，缩短前置时间，并力求出货量平衡化。

④ 采用定期订货的方式，对其存货必须做定期检查。

⑤ 严格执行盘点制度，每天或每周盘点一次，以提高库存精确度。

⑥ 对交货期限加强控制，在制品及发货时也需从严控制。

⑦ 商品放至易出入库的位置。

⑧ 实施货品包装外形标准化，增加出入库单位。

⑨ 商品的采购需经高层主管审核。

（2）针对 B 类商品的策略。

① 采用定量订货方式，但对前置时间较长或需求量有季节性变动趋势的货品宜采用定期订货方式。

② 每两三周盘点一次。

③ 中量采购。

④ 采购需经中级主管核准。

（3）针对 C 类商品的策略。

① 采用复合制或定量订货方式以求节省手续。

② 大量采购，以便在价格上获得优惠。

③ 简化库存管理手段。

④ 安全库存较大，以免发生库存短缺。

⑤ 可交现场保管使用。

⑥ 每月盘点一次。

⑦ 采购只需基层主管核准。

职业能力训练

技能训练:ABC 库存控制法应用

假设新华贸易公司仓库商品共有 26 种,其库存量及单价见表 8-5。

【参考答案】

表 8-5 库存量及单价

物品名称	品目数累计	品目累计百分数/(%)	物品单价/(百元/件)	平均库存/件	物品平均资金占用额/百元	平均资金占用额累计	平均资金占用累计百分数/(%)	分类结果
①	②	③	④	⑤	⑥=④×⑤	⑦	⑧	⑨
a			3.00	350				
b			1.50	580				
c			0.80	840				
d			1.40	560				
e			48.00	380				
f			10.00	520				
g			0.30	920				
h			1.00	200				
i			2.10	250				
j			0.30	550				
k			0.50	150				
l			0.20	150				
m			2.50	156				
n			25.00	258				
o			4.60	200				
p			5.00	592				
q			1.10	660				
r			0.10	2 620				
s			0.60	552				
t			0.40	530				
u			0.60	180				
v			1.40	215				
w			0.80	120				
x			0.10	200				
y			0.30	210				
z			0.90	80				

【实训要求】

试用 ABC 分类法对库存商的进行管理。

课程重点

（1）定量库存控制法。
（2）定期库存控制法。
（3）采购作业的 ABC 分析。

任务 8.2　供料管理

学习目标

能力目标	• 能根据物品特征科学地选用供料方式 • 会正确使用供料方法 • 能初步进行供料的日常管理工作
知识目标	• 了解供料管理的任务 • 熟悉供料的日常工作 • 掌握供料的方式和方法

案例引入

某公司供应部的工作职责

1. 采购计划的编制

负责根据生产、总务、设备及检验等各部室物品需求计划，编制与之相配套的采购计划，并组织具体的实施，保证经营过程中的物资供应。

2. 物资供应

（1）负责原辅材料、中药材、包装材料、备品、备件、办公用品、检验用品及燃料等的采购供应工作。

（2）认真做好市场调查和预测，掌握物资供应情况。

（3）及时采购物资采购计划中提出的各类物资，做到既要价格合理，又要保证质量。

（4）负责各类采购合同的签订与管理、落实工作，并制定相应的管理制度。

（5）严格执行企业制定的物资供应制度，按照采购原则进行采购作业，根据生产安排做好物资供应的进度控制，实现物流的优化管理。

3. 采购物资的入库与结算

（1）负责购进物资到货后的相关手续的办理工作。

（2）对不合格产品及时退货。

4. 供货单位的质量审核

（1）参加对供货单位进行质量管理体系的审核工作。

（2）加强物资供应档案的管理，做好物资信息情报的工作，建立起牢固可靠的物资供应网络，并不断开辟和优化物资供应渠道。

（3）负责制定物资采购工作各项管理制度。

（4）建立可靠的物资供应基地，会同质量管理部等有关部门做好供应商评估、优化选择、关系处理等工作，使之按时、按质、按量进行物资供应。

5. 负责的出入库业务

负责企业外委托加工的出入库业务。

6. 加强沟通

与企业内各部门加强沟通配合，处理好生产经营过程中发生的各物流管理需求协调平衡的事项和突发问题。

7. 其他

完成公司领导交办的其他工作任务。

讨论：

（1）请问供应部和采购部有什么区别？

（2）作为一名合格的供应部员工，需要完成哪些方面的工作？

 案例导学

采购和供应是相通的，但又不尽相同，采购和供应其实是一个连贯的动作，一个对外一个对内，采购只不过是从企业外部的环境获得资源，而供应就是将这些资源供给内部客户。采购的前提必须是内部供应的需要，也就是采购计划，而采购计划的满足就是采购工作按时、按质、按量、以最小成本完成。

一些公司把采购和供应归并到一个部门完成，这是考虑到动作的连贯性和一致性；一些公司则把采购、供应分开到两个部门完成，这是考虑到采购计划的准确性和及时性。

对于小公司来说，采购供应就是一个动作；而对于大中型公司来说，如何合理分配采购和供应职能就是一个比较值得研究的课题。做得好，可以降本；做得不好，买的东西再便宜也没有用。

 相关知识

8.2.1 供料管理概述

1. 供料管理的定义

供料管理是指企业供应管理部门对车间及其他部门供应物品的计划和组织工作。它对保证企业生产经营活动的正常进行、杜绝和减少物品的浪费，促进合理地、节约地使用物品、改进生产技术，加速资金周转、提高企业的经济效益等方面，都有十分重要的意义。

2. 供料管理的任务

（1）保证供应。是指按质、按量、按时并成套地供应企业为满足客户要求进行生产经营活动所需的各种物品。企业供应管理部门要做到保证供应，需要同企业内部的生产计划、技术、工艺、质量、财务及车间等部门协调配合，及时互通信息。

（2）加速物品周转。是指使购进的物品尽快地投入生产加工和使用，减少在仓库内的停留时间，向"零库存"目标迈进。加速物品周转，从另一个角度来讲，就是加速资金周转，也就提高了企业的经济效益。

（3）降低物品消耗。是指提高原材料的综合利用率。企业供应管理部门可通过诸如组织集中下料、合理套裁，减少边角料等手段来提高原材料的综合利用率，从而来降低物品的消耗。

（4）提高劳动生产率和设备利用率。主要是指减少生产工人因为领料而使生产和设备停滞的时间。

8.2.2 供料计划

供料计划是企业供应管理部门具体组织供料的依据，它规定了在一定时间内向车间及其他用料部门供应物品的具体名称、规格、型号、数量和供料进度等内容。物品因各自的用处不同，其供料计划的编制也有所不同。表8-6列举了常见的物品供料计划编制情况。

表8-6 常见物品供料计划编制说明

供料计划分类	编制部门	审核部门	供料进度	备注
生产用物品供料计划	供应管理部门	供应管理部门	按生产进度分期分批供料	根据MRP输出的采购计划按时、按量组织供料
维修用物品供料计划	车间和归口主管部门	供应管理部门	按维修计划	
基建用物品供料计划	一般由委托单位编制	基建管理部门	按基建进度	
科研用物品供料计划	负责新产品试制的设计人员	供应管理部门	新产品试制计划	因品种多、数量少、变动大、要求高、时间急等特点，编制供料计划和组织供料有一定难度
工具供料计划	供应管理部门	供应管理部门	实际情况、统计分析、安全库存	依据工艺部门提供的各工种使用工具的标准、各工种的人数、工具使用频度和使用年限
劳动保护用品供料计划	供应管理部门	供应管理部门	实际情况、统计分析、安全库存	依据安全技术部门提供的劳动用品标准、各工种的人数

8.2.3 供料方式与方法

1. 供料方式

1）领料

领料是指车间及其他用料部门派人到仓库领取各种物品。其特点是：仓库保管员永远处于被动状态，领料人等待时间长；对领料车间而言简单方便，需多少，领多少，但领料时间占用了生产时间，因而会影响劳动生产效率和设备利用率。

2）送料

送料是指仓库保管员根据供料计划和供料进度，将事先配齐的各种物品，送到车间和其他用料部门。其特点是：节省领料人等待时间，提高领料部门劳动生产效率和设备利用率；仓管员通过送料，可了解车间物品使用情况及用料规律，从而提高了供应的计划性，更好地为生产服务。

想一想

（1）在当今社会，送料与领料，哪一个更具有推广价值？
（2）是否所有的物料都适合仓库发料？为什么？

2. 供料方法

1）定额供料

定额供料又称定额发料或定额领料，是指由企业供应管理部门根据物品消耗工艺定额向车间及其他用料部门供料的方法。

凡是有消耗定额的物品，均应采用定额供料方法。在现实制造企业中，大多数的产品生产用料均采用此方法。

2）限额供料

限额供料又称限额发料或限额领料，是指根据任务量或工作量的多少，加工或工作时间的长短和物品的历史消耗统计资料，规定供料数量的额限。

对暂时还没有设定定额限额的物品，均可采用限额供料方法。限额供料可细分为数量限额和金额限额两种。

（1）数量限额。指供应管理部门对所供物品的数量加以控制。例如，劳动保护用品的发放，每人每月限领 2 双手套，每人每年限领 1 套工作服。

（2）金额限额。指供应管理部门对所供物品的金额加以控制。例如，办公文具的发放，限每人每月 10 元办公用品。

3）非限额供料

非限额供料是指非计划内的供料，车间和其他用料部门出现临时性、突发性需用物品，要求供应部门供料时，领料单经有关主管领导审批同意，并由供应管理部门审核同意，再到仓库领料。仓库保管员按审批同意的数量给予供料。

3. 供料的日常管理工作

1）备料

备料是供料的基础。如果没有事先准备好适当数量的物品，供料工作就根本无法开展。备料包括采购和配料两项工作。

（1）采购。采购人员根据采购计划采购所需物品，并经验收入库。要确保用料部门正式需用之前，备齐所需物品。

（2）配料。仓库保管人员根据供料计划和供料进度，将车间和其他用料部门所需物品在领用前配备好，并在使用前送到位。

2）组织集中下料

组织集中下料具有 3 个优点：第一，运用科学方法对物品进行合理套裁，提高物品的利用率；第二，可提高设备利用率和劳动生产率；第三，可促使专料专用。

3）规定代用料的审批手续

在企业生产经营过程中，难免会出现物品短缺，而生产又急等着要的情况。为保证生产经营活动的顺利进行，可以用其他物品来替代，但必须有一定的审批手续。

4）规定补料手续

由于废品的产生（加工过程中的过失产生或原材料质量问题），补供（发）料的情况也是会发生的。但是，补供（发）料必须经过一定的审批手续，方能进行。

5）定额供料和限额供料情况分析

为使定额供料和限额供料逐步达到科学合理，必须做好定额供料和限额供料的执行情况分析工作，从而为企业进行科学管理提供可靠依据。

 职业能力训练

案例分析：三洋制冷新型供应模式带来的启示

企业经营最主要的目的是要盈利。对于价格、成本、利润三者的关系，传统的公式是"价格＝成本＋利润"。在卖方市场下，通过这种公式企业能够得到希望的利润，这就是众所周知的、传统的生产理念；但是在买方市场下，由于价格不断降低，而成本没有得到相应降低，就会使利润下降，企业经营困难。要想改变这种困境，就需要采取新的公式"利润＝价格－成本"，当价格下降时，要努力降低成本，以保证合理利润的获得。就成本而言，外部因素对于各竞争对手来说都差不多，例如采购同种类的钢材，其价格不会有太大的差异，因此要想进一步降低成本，就需要眼睛向内，从内部挖掘潜力，通过消除各种浪费来降低成本。

三洋制冷所处的溴化锂制冷行业已经进入了行业成熟期，技术、质量和服务等方面的差异已不太明显，低成本、短交货期成为竞争的焦点，也成为公司生产经营中需要重点解决的问题。为了缩短交货期，三洋制冷针对生产制造过程中的瓶颈工序，通过增加和改造设备，调整生产作业布局，改进工装夹具和降低工时等措施，提高了生产效率，初期取得了一定成效，但随着效率的进一步提高，生产周期却没能进一步缩短。问题出在哪里呢？对于加快生产过程速度的改进不能仅着眼于那些增值活动的速度，例如使用效率更高的设备，从而提高生产效率，而更应该重视那些非增值活动的改进。通过减少和消除非增值活动，使生产要素获得更加合理的配置，可以使对增值活动所做的投入发挥出更大的作用，获得事半功倍的效果。

三洋公司重新审视了整个生产作业流程，从中发现了许多不合理状况，其中在对工时进行分析过程中发现，和直接生产工时的减少相比，车间的领料、原材料搬运等辅助工时却在增加，抵消了为降低生产工时所做的各种努力。为什么会出现这种情况呢？

库房的3名人员每天都在两个工厂之间忙于发料，虽然推行了集中领料制度，但仍然经常出现车间领料人员在库房需要等待很长时间的状况，出现了等待的浪费，增加了车间辅助工时，使成本增加；班长等高技能员工从事领料这样的初级工作，不能把有限的时间投入到能创造更多价值的工作之中，价值不对称；有些急需物资入厂后，由于没有职责的要求，库房人员也没有及时通知使用部门，信息沟通不畅，影响生产进度，使生产周期难以缩短，后期依靠加班满足交货期又导致成本上升；物资供应的迟滞和延误等问题，库房人员不大关心；出入库是否会造成多余的搬运，库房人员一般也不加以考虑；在一分厂使用的物资，只求得库房管理方便，存放在二分厂，两个工厂间的搬运浪费，被视为理所当然；外协厂把物资送错地方，大不了由车间再运回，和库房没有什么关系……这些对其他部门造成影响的现象而又长期得不到解决的原因是：领料方式造成的麻烦是其他部门的事，库房感觉不到对整体工作带来的损害，因此也就缺乏改进的积极性。虽然多次进行批评和考核，但是好一阵后坏一阵，久而久之就麻木不仁，不能从根本上解决问题。

针对领料方式所形成的各种弊端，三洋公司采取了逆向思维的方法：如果把领料改成送料如何？通过变更物资运行的动力源，来解决存在的问题。具体做法是：由车间提前3天提出领料申请，由库房（逐渐发展成为物资配送中心）进行配料后，按照车间要求的时间送到指定的工序。由于责任从领料者（车间）转移到送料者（配送中心），库房人员就必须化被动为主动，从原来简单的收发向配送管理转变，积极努力地克服原来领料方式所存在的问题。

通过与供应人员合作，加强采购进度管理，减少和避免缺件情况的发生，以减少重复运送所额外增加的负担；当急需物资入厂后，立即送往使用工序，减少对生产造成的不良影响。

压缩周转库存，尽可能使外协外购物资直接送往使用工序，以减少物资出入库所带来的搬运、保管等工作量，逐步推行准时制生产。

入库的物资尽可能靠近使用场所，按使用量和使用频次等，调整物资的存放位置，以减少搬运量和搬运距离。

改进领料单元格式，推行计算机化的内部一票式领料单，节省了供需双方处理票据的工作量，提高了管理效率。

经统计，增加2名配送人员，可顶替车间7名技术工人的领料工作，使他们投入到生产中去创造价值，不仅减少了各种浪费，降低了成本，而且物资配送的准确性和及时性均有非常大的提高，从而保证了进度，缩短了生产周期。这种物资供应方式彻底改变了以往传统的领料方式，不仅消除了领料中的"等待浪费"，简化了工作流程，缩短了物资供应时间，而且在很大程度上提高了工作效率。

分析：
（1）三洋制冷是如何改变供应模式的？
（2）三洋制冷将领料改成送料有哪些好处？

课程重点

（1）供料的方式与方法。
（2）供料计划的编制。

任务8.3 采购结算

学习目标

能力目标	● 能运用ERP系统独立完成采购结算工作
知识目标	● 掌握采购结算的定义与原理 ● 掌握采购付款操作流程 ● 了解采购付款的主要结算方式

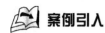 **案例引入**

某公司采购结算专员的岗位职责

某公司采购结算专员岗位职责说明如图 8.4 所示。

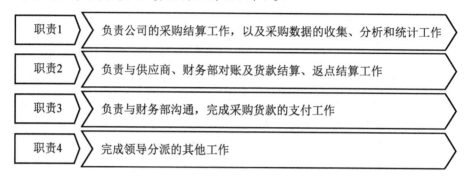

图 8.4　某公司采购结算专员岗位职责说明示意图

讨论：请根据图 8.4 中的岗位职责说明，讨论分析作为一名合格的采购结算专员，需要完成哪些方面的工作？需要具备哪些能力？

 **案例导学**

作为一名合格的采购结算专员，需要掌握采购付款操作流程，熟悉各种付款结算方式，能独立完成采购付款和结算工作，并同时具备良好的沟通和问题处理能力。

 相关知识

8.3.1　采购结算概述

1．采购结算的定义

采购结算也称采购报账，是指采购核算人员根据采购发票核算采购入库成本，即以采购发票的结算价格回填采购入库单价格。采购结算业务的基本原理如图 8.5 所示。

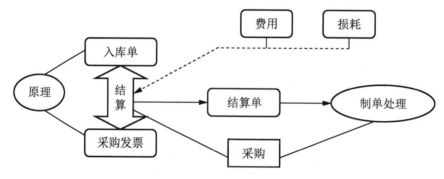

图 8.5　采购结算业务基本原理

2．采购结算单

采购结算的结果是采购结算单，它是记录采购结算结果的单据，是记载采购入库单记录与采购发票记录对应关系的结算对照表。

8.3.2 采购付款操作流程

1．查询物料入库信息

（1）对于国内供应商。一般是在物料检验通过并且完成入库操作之后进行，所以订单人员要查询物料入库信息，仅对已经入库的物料办理付款手续。

（2）对于国外供应商。一般是"一手交钱，一手交货"，即物料一到岸或指定的交易地点后，付款操作必须完成付款手续至开具付款票据（汇票等），在验收之后再对供应商进行付款。对于长期采购的供应商，可以通过谈判达成一定的付款周期，如供应商到货一周内付款。

2．准备付款申请单据

对国内供应商付款，需拟订付款申请单，并且附合同、物料检验单据、物料入库单据、发票。而国外供应商付款手续则比较复杂，学生课后可进行相关资料的查询。

注意：这5份单据中的合同编号、物料名称、数量、单价、总价、供应商必须保持一致。

3．付款审批

由管理办公室或者财务部专职人员进行，审核内容包括以下3个方面：

（1）单据的匹配性。即以上5份单据在6个方面（合同编号、物料名称、数量、单价、总价、供应商）的一致性及正确性。

（2）单据的规范性。首先是发票，其次是付款申请单，要求格式标准、统一、描述清楚。

（3）单据的真实性。发票、检验、入库单等单据的真假鉴别等。

4．资金平衡

如果采购方拥有足够的资金，那么本环节可以省略。但是在大多数情况下，采购方需要合理利用资金，特别是在资金紧缺的情况下，要综合考虑物料的重要性、供应商的付款周期等因素，以确定首先向谁付款。对于不能及时付款的物料，要充分与供应商进行沟通，征得供应商的谅解和同意。

5．向供应商付款

企业财务出纳人员在接到付款申请单及通知后，即可向供应商付款，并提醒供应商注意收款。

6．供应商收款

企业之间的交易付款活动一般通过银行进行，供应商是否收到货款，有时因为付款账号疏漏，可能导致供应商收不到货款。对于大资金的付款活动，企业有必要在付款活动之后向供应商做出收款提醒。

8.3.3 采购付款的主要结算方式

所谓结算方式，是指用一定的形式和条件来实现各单位（或个人）之间货币收付的程序和方法。结算按支付方式的不同分为现金结算、票据转让和转账结算。现金结算是收付款双方直接以现金进行的收付;票据转让是以票据的给付表明债权债务关系,转账结算是通过银行将款项从付款单位账户划转到收款单位账户的货币收付行为。

知识拓展

运用合理结算方式进行税收筹划

企业在采购商品时一般会采取两类结算方式:一类是赊购,另一类是现金采购。不论采取哪种结算方式,作为采购方,要尽量延迟付款,为企业赢得一笔无息贷款。具体来说,应从以下几个方面去着手:

(1)未付出货款,先取得对方开具的发票。
(2)使销售方接受托收承付与委托收款的结算方式,尽量让对方先垫付税款。
(3)采取赊销和分期付款方式,使销售方垫付税款,而自身获得足够的资金调度时间。
(4)尽可能少用现金支付。

以上结算方式的筹划,不能涵盖采购结算方式筹划的全部。但是,延迟付款是采购结算方式税收筹划的核心,同时,企业不能损害自身的商誉,丧失销售方对自己的信任。

1. 汇票

由出票人签发的,委托付款人在见票时或指定日期无条件支付一定金额给收款人或持票人的票据,汇票是一种支付命令。

汇票的当事人一般有出票人、付款人和收款人,汇票人对收款人资格不加限制。

2. 支票

一般为同城使用,禁止签发空头支票,不得签发与出票人预留本名的签名样式不同的支票。

3. 本票

出票人签发并承诺自己在见票时无条件支付确定的金额给收款人或持票人的票据。本票的当事人即出票人与收款人,出票人始终是债务人,本票是一种无条件支付的承诺。

4. 委托银行收款

收款人向银行提供收款依据,委托银行向付款人收取款项的结算方式。

5. 汇兑

汇款人委托银行将款项给异地收款人的结算方式。它便于汇款人向异地主动付款,适用于单位、个体经济户和个人的各种款项结算。

6. 异地托收承付

收款人根据购销合同发货后,委托银行向异地付款人收取款项,并由付款人向银行承认付款的结算方式。

7. 信用卡

由银行及一些旅馆、饭店和其他专门机构发给私人使用的短期消费信贷凭证。

想一想

在国际采购中,经常会面临以下问题:
(1)何时使用外币支付?
(2)如何利用支付货币降低支付风险?
对于诸如此类的问题,就涉及货币种类与采购的关系,需要选择好的货币。

知识拓展

货币种类与采购的关系

企业的财务人员与采购人员必须知道何时使用外国货币,何时需要使用本国货币采购,还要知道避免货币成本增加,即尽可能降低货币成本。好的采购人员应该了解某些可以降低短期风险、避险方法,即利用分析工具去协助避险策略的拟订。最大的利益来自于选择使本国货币相对坚挺的货币付款,如此,采购方在付款时才不会有太大的差价。

要选择好的货币首先要回答两个问题:第一,你购买了什么产品?其价格是属于成本主导还是属于市场主导?当价格为成本主导时,供应商依据成本来设定价格。当价格为市场领导时,供应商依据世界市场,尤其是以美金来定售价,而且供应商不会以太高的价格来出售。第二,产品在哪里生产?某些国家的货币是盯住美元的,此时对于美国的采购方而言就不需要避险。

职业能力训练

技能训练:ERP 普通采购结算操作模拟

本月 15 日收到兴华公司的 90 个 40GB 硬盘,入原料仓库。同时,收到一张专用发票,单价为 500 元/个,运费发票一张,金额为 500 元。现进行采购结算,确认入库成本。

【实训要求】

根据图 8.6 所示的用友 ERP 采购业务流程,完成一次 ERP 采购结算操作模拟。在用友 ERP 管理系统中,采购结算操作处理分为自动结算、手工结算两种方式,运费发票可以单独进行,费用折扣结算采用分摊的方式。

课程重点

(1)采购结算的定义与原理。
(2)采购付款的操作流程。

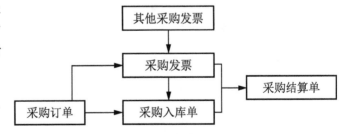

图 8.6 普通采购结算流程图

复习题

（1）库存有哪些种类？

（2）简述人们对逐步认识库存的过程。

（3）什么是库存控制？库存控制有哪些方法？

（4）比较定量库存控制和定期库存控制的优、缺点。

（5）简述 ABC 分类控制法的基本原理和方法。

（6）某加工企业对某种原材料的年需求量为 8 000t，每次订货费用为 2 000 元，每吨原材料的单价为 100 元，存储费用为 8%。求经济订货批量、年订货次数、订货时间间隔及总库存成本。

（7）某商店年销售某种商品 40 000 箱，每箱商品年储存费用为 5 元，每次进货费用为 200 元，求平均储存量。

（8）请描述采购付款操作流程的 6 个环节。

（9）一般采购业务的结算流程是怎样的？

【项目小结】

项目 9
采购风险管理与绩效管理

任务 9.1 采购风险管理

学习目标

能力目标	• 能识别风险并采取适当措施加以控制风险
知识目标	• 了解采购与供应风险的种类 • 熟悉采购风险的管理程序 • 掌握采购风险的控制与处理措施

 **案例引入**

3只老鼠一同去偷油，老鼠们找到一个油瓶，通过协商达成一致意见，轮流上去喝油。于是，3只老鼠一只踩着一只的肩膀开始叠罗汉，当最后一只老鼠刚刚爬到另外两只的肩膀上，不知什么原因，油瓶倒了，并且惊动了人，3只老鼠不得不仓皇逃跑。

回到鼠窝，大家开会讨论行动失败的原因。

最上面的老鼠说，我没有喝到油，而且推倒了油瓶，是因为我下面第二只老鼠抖动了一下；第二只老鼠说，我的确抖了一下，但那是因为我下面的第3只老鼠抽搐了一下；第三只老鼠说，对，对，我之所以抽搐是因为好像听见门外有猫的叫声。

"哦，原来如此呀！"……

讨论：

（1）从风险管理角度出发，你认为这3只老鼠没有偷到油的原因是什么？

（2）风险代表损失吗？举例说明你身边具有风险的事件及其规避方法。

 **案例导学**

提起风险，人们往往会立即想到"股市风险""资金风险"等。在日常生活中人们会经常地遇到各种风险，风险实际上是一种普遍现象。作为经营主体的企业在进行经营活动时，风险更是无处不在。智慧地认知风险，理性地判断风险，继而采取及时而有效的风险防范措施，那么风险可能带来机会，有时风险越大，回报越高、机会越大。

归根结底，采购风险也是可以通过一定手段和有效措施加以防范和规避的。

 相关知识

9.1.1 风险概述

1. 风险的定义

"风险"一词最早来自远古时期以打鱼捕捞为生的渔民们，他们每次出海前都要祈祷，祈求神灵保佑出海时能够风平浪静、平安而又满载而归。现代意义上的"风险"一词，是指"遇到破坏或损失的机会或危险"，其基本的核心含义是"未来结果的不确定性或损失"。

2. 企业风险

企业风险是特指企业在其生产经营活动的各个环节可能遭受到的损失与威胁。不管是在采购、生产、销售等不同的经营过程，还是在计划、组织、决策等不同的职能领域，都有可能遇到风险。

3. 企业风险的管理

企业风险的管理指企业在充分认识所面临的风险的基础上，采用适当的手段和方法对其予以防范、控制和处理，以最小成本确保企业经营目标实现的管理过程。

9.1.2 采购与供应风险的种类

1．采购风险

物资采购是企业经营的一个核心环节，是企业降低成本、获取利润的重要来源。企业的物资采购包括采购计划制订、采购审批、供应商选择、价格咨询、采购招标、合同签订与执行、货物验收、核算、付款等诸多环节，由于受各种因素的影响，采购的各个环节中都存在各种不同的风险。如果对这些风险认识不足、控制力度不够，企业采购过程也就最容易滋生暗箱操作、舍贱求贵、以权谋私、弄虚作假、以次充好、收受回扣等现象，容易出现积压浪费。提高对企业物资采购风险的认识，加强对风险的控制与管理，可以为提高企业产品质量和经济效益提供有力保证。

2．采购风险的种类

1）企业采购外部原因导致的风险

（1）政策风险。是指由于国家、地方的新的经济、环保等政策的实施，给企业采购造成的风险。

（2）市场风险。一是由于市场发生突变时，给企业采购造成的风险，如价格的突然上涨使企业采购成本的突然增加；二是企业采购认为价格合理的情况下，可进行批量采购，但如若该种物资跌价，则会带来采购风险。

（3）自然意外风险。是指由于自然灾害等造成供应条件的变化给企业采购造成的风险，如供应厂商的受灾、运输道路的中断等。

（4）质量风险。一方面，由于供应商提供的物资质量不符合要求，导致加工产品未达到质量标准，给用户造成经济、技术、人身安全、企业声誉等方面的损害；另一方面，因采购的原材料质量问题，直接影响到企业产品的整体质量、制造加工与交货期，降低企业信誉和产品竞争力。

（5）交货风险。是指在经济贸易活动中，由于交货所带来的风险。迟交货问题已经成为当今商业贸易，特别是国际贸易中最常发生的问题之一。由于供应商不能按时交货，将会导致工厂停工待料，不仅给企业带来经济损失，而且会降低客户满意度及企业信誉。

（6）履约风险。一是供货方根本没有履约能力，签订空头合同，使企业所需的物资无法保证；二是供应商无故终止合同，违反合同规定等造成的损失；三是采用预付款形式采购的，因供应方的主观和客观原因，既不能供货又不能还款造成的损失。

（7）技术进步风险。一是企业制造的产品由于社会技术进步引起贬值；二是采购物资由于新项目开发周期缩短，更新周期越来越短。例如，计算机新机型不断出现，但刚刚购进了大批计算机设备，因信息技术发展，所采购的设备会被淘汰或使用效率低下。

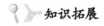知识拓展

交货期长短对采购成本的影响

据资料统计，交货期对采购成本造成的影响是每一周的交货期将使采购成本增加1.5%。也就是说，单价10的产品，交货期若为1周，则实际对该产品的采购成本应为10.15元。这额外的成本来源于供应商交货期对采购方的安全库存等因素所带来的附加成本。通常，供应商交货期长，购买方的安全库存量也越大，由此产生的库存成本、管理成本、风险成本、资金成本也就越高。

【参考答案】

某公司每年因生产任务,需要订购 X 零件 10 万件。甲、乙、丙 3 家供应商同时报价(具体信息见表 9-1)。经公司技术与质量部门检测,3 家公司的产品技术与质量水平旗鼓相当。请为曙光公司选择最合适的供应商。

表 9-1 供应商报价及交货期信息

供 应 商	报价/元	交货期/周
甲	14.00	1
乙	13.50	6
丙	13.20	10

2)企业采购内部原因导致的风险

(1)计划风险。是指采购计划管理不到位或不科学,与目标发生较大偏离,导致盲目采购造成的风险。

(2)合同风险。一是合同条款模糊不清,盲目签约;二是合同行为不正当。卖方采取一些不正当手段,如对采购人员行贿,套取企业采购标底;三是合同日常管理混乱。

(3)验收风险。在数量上缺斤少两;在质量上鱼目混珠,以次充好;在品种规格上货不对路,不符合规定要求;等等。

(4)库存风险。一是采购量不能及时供应生产之需要,生产中断造成缺货损失而引发的风险;二是物资过多,造成大量资金积压,失去了资金的机会利润,形成存储损耗风险;三是物资采购时对市场行情估计不准,盲目进货,造成跌价减值风险。

(5)内部人员责任心风险。是指采购过程中,由于工作人员责任心不强未能把好关,造成的各种损失风险。

9.1.3 采购风险的管理程序

1. 风险的识别与评估

(1)风险识别。对企业可能遭受的采购供应风险进行预测分析,找出风险之所在和引起风险的主要因素,并对其后果做出定性估计的过程。

(2)风险评估。对已分析识别出来的风险进行定量测绘,确定某一风险发生的后果及其概率的程度。

2. 风险的预防与控制

制定应对风险的方案和措施,及时而有效地预防和控制不利事态的发展过程。

3. 风险的损失处理

对已经发生的风险损失进行充分、有效的处理,以便在最短的时间内,以最小的代价化险为夷。

9.1.4 采购风险的控制与处理措施

1. 建立健全的风险控制系统

1）预警系统

通过对风险值较大的要素设定警戒值，进行重点监测，及时发现征兆，准确地预报风险。例如，对主要原材料库存就可设定警戒库存量，当低于这个库存时必须实施应急措施。

2）应急系统

应急系统是指一旦风险发生后企业可以启用的应急措施。应急系统一般采用备选方案的形式预先准备，当风险发生后，企业可依据实际情况选择与之对应的应急措施进行实施，以便及时补救，变被动为主动，使风险损失降为最小。

2. 建立稳定的供应渠道，减少采购风险

企业要减少采购风险，最关键的是与供应商建立并保持良好的合作关系。与供应商联盟可以降低供应成本，建立稳定的原材料供应渠道。

建立良好的合作关系，首先，要对供应商进行初步考察，在选择供应商时，应对供应商的品牌、信誉、规模、销售业绩、研发等进行详细调查，可以派人到对方公司进行现场了解，以做出整体评估。必要时，需要成立一个由采购、质管、技术部门人员组成的供应商评估小组，对供应商的质量水平、交货能力、价格水平、技术能力、服务等进行评选。其次，要对所需的产品质量、产量、用户情况、价格、付款期、售后服务等进行逐一测试或交流。形成联盟以后，双方还可以共同抵御市场风险，最终实现双赢。具体内容见项目4供应商管理相关内容。

3. 购买保险，以防备自然灾害和运输中的损失

自然灾害保险是转移自然灾害风险的手段，它是一种对受灾的保险客户实行经济补偿，使其恢复原状的金融手段和措施。

货物运输险是针对流通中的商品而提供的一种货物险保障，目的是使运输中的货物在水路、铁路、公路和联合运输过程中，因遭受保险责任范围内的自然灾害或意外事故所造成的损失能够得到经济补偿，并加强货物运输的安全防损工作，以利于商品的生产和商品的流通。

4. 建立和完善企业内的管理制度

不断完善企业采购业务的处理程序，同时加强企业的统一管理、职能分离的制度，实行采购业务中的不相容岗位的互相牵制和制约。具体内容见项目6任务6.2采购成本控制。

此外，加强对员工尤其是采购业务人员的培训和警示教育，不断增强法律观念，重视职业道德建设，做到依法办事，培养企业团队精神，增强企业内部的风险防范能力，从根本上杜绝人为风险。

5. 加强对采购过程的管理和监督审查

1）加强物料需求计划和物资采购计划的管理

主要审查以下几方面内容：调查预测是否存在偏离实际的情况？物资采购计划的编制依据是否科学？采购数量、采购时间、运输计划、使用计划、质量计划是否有保证措施？

2）做好采购合同的管理

（1）合同签订的审查。审查主要内容包括签订经济合同当事人主体资格、经济合同主要

条款合法与否、合同主要条款完备程度、文字表述准确程度等。例如，在合同付款条件方面，作为需求方，应争取先交货后付款；一定要预付款的，要降低预付款比例；对大型的项目，要留有10%的尾款，作为质量保证金。具体内容参见项目6任务6.3采购合同签订。

通过审查，可以及时发现和纠正在合同订立过程中出现的不合理、不合法现象；可以提请当事人对缺少的必备条款予以补充；可以对显失公平的内容予以修改，从而减少和避免经济合同纠纷的发生。

（2）合同执行的审查。审查主要内容包括合同审批权限、合同的交货期执行和付款情况、物资验收工作执行情况、对不合格品控制情况及对合同异议的处理。在合同履行过程中，各种异议客观存在，必须及时按照规定程序对其进行处理，以便尽可能地降低风险。

一般来说，企业领导应对合同的可行性负责，合同管理员则应对合同的合法性负责。具体参见项目6任务6.3采购合同签订和任务6.4采购合同争议处理。

6. 风险分散

风险分散是处理风险的一种目标导向方法，企业通过设置分散的方法来减少供应风险产生的不利影响而不是减少不利事件发生的可能性。

1) 存货管理

存货管理即企业对自己本身所拥有的存货进行必要和有效的管理，其关键是维持一个适当水平的安全存货。对存货进行管理能够有效减缓供应风险的不利影响。

2) 供应商代管存货

企业分散供应风险还可以通过要求供应商代管存货的方式来实现。将存货交由供应商代管就是要求供应商承担保管存货的责任。选择由供应商代管存货有可能是由于企业没有自己的仓库或者仓库空间不够，又或者是将货物由供应商代管所需成本较低。当然，供应商花在代管存货上的成本将以更高价格的形式转嫁到采购企业身上。

3) 多家供应商

使用多家可供选择的供应商可以分散供应风险。虽然选用多家供应商，会造成订单难以形成规模而无法获得批量折扣，以致加大采购成本的不利形势，但从另一个角度来说，避免了因使用单一供应商可能会出现的过度控制、潜在的投机主义及技术革新的缺乏等不利情况。同时，多家供应商可以创造一个更具有竞争力的供应环境，以及减少由供应中断和价格逐步上涨所带来的风险。

4) 实施供应链管理来分散供应风险

通过实施供应链管理，采用供应商管理库存和联合库存的方法，将存货的风险分散到供应链上的其他节点企业。实施供应链管理来分散供应风险，并不是简单地将风险转移到供应商身上，而是使供应链上各节点企业共担风险。这就好比是一条小舢板很难抵御大风大浪，而供应链形成的航空母舰则能经受暴风雨的考验。

7. 风险转移——套期保值

在市场经济中，商品生产经营者在生产经营过程中会不可避免地遇到各种各样的风险，如信用风险、经营风险、价格风险等。其中，经常面临的风险就是价格波动风险，而商品价格波动的风险如果得不到有效的转移就会影响企业正常的生产和经营，企业利益也得不到保障。为了避免价格波动的风险，最常用的手段就是在期货市场进行套期保值。

套期保值就是套用期货合约为现货市场上的商品交易来进行保值。正确运用期货市场的套期保值交易，就可以将供应物品的价格与汇率风险转移给期货市场上的投资者，从而最大限度地规避这类风险。

套期保值之所以能够回避价格风险，其基本原理在于在期货交易过程中，期货价格与现货价格尽管变动幅度不会完全一致，但变动的趋势基本一致。现货价格与期货价格不仅变动的趋势相同，而且随着期货合约到期日的临近，两者会趋于一致或相等。套期保值实现了用较小的基差风险替代较大的现货价格波动风险。

知识拓展

表9-2介绍了国际采购中货物交付、采购风险、采购相关费用知识。

表9-2 国际采购中货物交付、采购风险、采购相关费用知识

	货物交付	风险转移	费用	报关	运输
工厂交货	卖方所在地或其他地点	接收货物后	卖方不负责将货物装上买方运输工具	买方负责进出口	任何
货交承运人	卖方在指定地点将货物交给买方指定的承运人	承运人接收货物后	卖方所在地交付的，卖方负责将货物装上买方承运人的运输工具	卖方负责出口，买方负责进口	任何
船边交货	装运港码头指定地点	接收货物后	买方负责接收货物后的一切费用	卖方负责出口，买方负责进口	水运
船上交货	装运港船上	货物越过装运港船舷时	买方负责接收货物后的一切费用	卖方负责出口，买方负责进口	水运
成本加运费	装运港船上	货物越过装运港船舷时	卖方负责运费；买方负责搬运和卸货费用，除非合同约定	卖方负责出口，买方负责进口	水运
成本、运费、保险费	装运港船上	货物越过装运港船舷时	卖方负责运费、最低保险费；买方负责搬运和卸货费用，除非合同约定	卖方负责出口，买方负责进口	水运
运费付至	卖方向第一承运人交货	第一承运人接收货物后	卖方负责运费；买方负责搬运和卸货费用，除非合同约定	卖方负责出口，买方负责进口	任何
运费、保险费付至	卖方向第一承运人交货	第一承运人接收货物后	卖方负责运费、最低保险费；买方负责搬运和卸货费用，除非合同约定	卖方负责出口，买方负责进口	任何
边境交货	卖方负责在边境将运输工具上的货物交给买方	接收货物后	买方负责接收货物后的一切费用	卖方负责出口，买方负责进口	陆地运输
目的港船上交货	目的港船上交货	目的港卸货前	买方负责接收货物后的一切费用	卖方负责出口，买方负责进口	水运
目的港码头交货	目的港码头	货物越过目的港船舷	买方负责接收货物后的一切费用	卖方负责出口，买方负责进口	水运
未完税交货	买方指定地点交货，不负责从运输工具上卸货	接收货物后	买方负责接收货物后的一切费用	卖方负责出口，买方负责进口	任何
完税交货	买方指定地点交货，并负责从运输工具上卸货	接收货物后	买方负责接收货物后的一切费用	卖方负责出口和进口	任何

职业能力训练

案例分析：麦德龙采购新政降低采购风险

麦德龙是国际大型贸易和零售集团，其在 2005 年苦心经营的物流新政出台，导致部分采购人员不满采购新政的"高压政策"愤而出走。实质上，麦德龙试图建立起一个更加有效的监控体制，向采购腐败开刀，从而对旧利益体系产生了强烈的冲击。

2005 年 7 月末，麦德龙中国区突然颁布采购新政，打破了以前全部商品都由上海总部说了算的传统，实行总部采购部门与区域采购部门联合采购。华北、华中、华东和东北四大区域的区域采购部，取代以前总部担负起的收集资料、与当地供应商洽谈业务等工作；同时也提出专为采购人员制定的"量化业绩、优胜劣汰"的业绩考核体系。正是这个考核体系，使非食品采购部门的员工辞职率一度超过 30%，几天之内，辞职的采购人员已经超过 10 人。"一方面是权力下放，一方面是考核更加严格，而且新考核指标的下限要求达到的利润指标是过去的好几倍，一些人就觉得没办法干下去。"一位麦德龙内部人士这样说道。事实上，麦德龙早就已在着手策划此事，将以前由总部统一管理的商品目录数据库分类之后交付给四大区域中心各自管理。

该举措打破了麦德龙全球通行的中央集权采购体系。无论是德国麦德龙，还是法国的家乐福，在其本国都以中央采购为主。而家乐福在 1995 年进入中国之后，一直以"比对手更快"为最高目标，将中国市场分为 5 个大区，各个大区各自为政，实行分区采购。据介绍，麦德龙之所以将采购权下放，是因为看到与其同年进入中国的家乐福在中国的发展顺风顺水，有模仿之意。

2003 年年初，麦德龙中国区在上海建立自己的全国配送中心，"麦德龙原本希望配送中心介入到供应商管理，即把不同供应商的货物汇集到一起再配送各个门店。麦德龙以为，自己送货，物流费用会减少很多。"一位业内人士说。实际上，麦德龙试图将其德国的全套做法都搬到中国来：以中央采购为主，再辅以配送中心的集中配送，从而达到降低成本的目的。

物流效益的体现是以规模经济为前提的。在德国，麦德龙物流体系不仅包含现购自运制商场，而且包括超级市场和百货商店。在德国，麦德龙门店总数已超过 1 700 家，并且从配送中心到门店的平均距离少于 250km。而在中国，麦德龙同一区域内平均送货距离接近 500km，且 18 家店散布于全国各地，相对于它们在德国本土以至于欧洲开店的密度终究差之千里。实际上，麦德龙的物流成本不降反升，此次采购新政的目的之一就是降低成本，另外一个非常重要的原因是麦德龙原来的采购管理体系漏洞百出，给采购腐败造成了可乘之机。

据麦德龙的一位供应商反映，在没有配送中心的时候，供应商们在跟麦德龙的采购经理谈好价格后，自己会负责把货送到各个卖场。现在采购经理来跟他们谈好商品价格后，同时也给供应商提供进入物流配送中心的选择。于是，这个全国配送中心的建设，给麦德龙采购经理们创造了一个获利空间。据一位知情者透露，麦德龙的配送中心沿用了它在德国的一套成本核算方法，在这套方法之下，供应商的商品在进入麦德龙的配送中心之后，无论是运到上海还是运到哈尔滨的卖场，价格都一样。由于是由采购经理和供应商来决定商品是否进物流中心，所以采购经理们为了能够跟供应商获得更多的"返点"，便跟供应商达成交易，如进哈尔滨卖场的货品全部进入了物流中心，上海卖场则由供应商直接送，长此以往，麦德龙物流中心里大量聚集着供应商运至哈尔滨、沈阳等远距离的商品。

根据麦德龙中国区的内部流程,采购部门决定了进物流中心的商品价格之后,会在系统中标注一个"进入"的记号,物流部门就会在下一环节当中扣除一定比例的物流费用。但如果采购部更改记录,将"进入"改成"不进"后,物流费用会自动归零。如果采购部再将"不进"改成"进入"之后,物流部门的系统上就不会有任何显示,在这种情况下,商品其实已经进了物流中心,但物流部却浑然不知。一些采购经理与物流部门相关人员"串通",不计成本地为供货商降低商品物流费用。麦德龙曾因物流部员工工作失职而导致物流部亏损人民币100余万元,据麦德龙内部人士反映,采购新政下,很大一部分商品将实行区域采购和配送,采购中心的权力大大被削弱。同时,采购权力下放到地区,也造成了新的风险,所以才配合以严格的业绩考核体系,"采购腐败的问题还是不能完全杜绝。采购权力向区域下放后,如果管理不善,将会比集中采购更加严重。"分析人士说。

分析:
(1)麦德龙原有采购体制存在的主要问题是什么?
(2)麦德龙的采购新政采取了哪些措施来降低采购风险?
(3)采购新政对于麦德龙的经营有何意义?

课程重点

(1)企业供应风险的管理程序。
(2)企业供应风险的控制与处理措施。

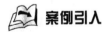

任务9.2 采购绩效管理

学习目标

能力目标	• 具备对采购绩效进行初步管理的能力 • 能运用采购绩效评估指标对采购部门及人员进行考核
知识目标	• 了解采购绩效评估的目的和方式 • 明确采购绩效评估的基本要求和标准 • 掌握采购绩效评估的方法

案例引入

"我明明知道采购员们收取好处费,可是我既没证据查,也没法管。因为这一切是在私下进行的,而且普遍存在。"很多国内企业管理者对人为造成的、采购中的腐败行为深感痛恨却又束手无策,因为这些行为都是隐蔽的。采购中的腐败不仅侵蚀着企业的利益,而且对整个企业文化会造成破坏性的影响。

讨论:
(1)采购中出现腐败的根源是什么?
(2)如何通过采购绩效考核杜绝或减缓采购腐败现象?

案例导学

采购过程控制是为了保证采购计划实施，降低企业采购成本。而要控制采购过程，必须对采购过程进行绩效考核，制定采购绩效的量化指标，量化采购工作，以便于采购管理。

 相关知识

9.2.1 采购绩效评估概述

1．采购绩效评估的定义

采购绩效评估是指建立一套科学的评估指标体系，用来全面反映和检查采购部门工作业绩、工作效率和效益。

2．采购绩效评估的目的

通过采购绩效评估，可以清楚采购部门及个人的工作表现，从而找到现状与预设目标的差距，也可奖勤罚懒，提升工作效率，促进目标的早日实现。

1）确保采购目标的实现

各企业的采购目标互有不同。例如，政府采购的采购单位偏重"防弊"，采购作业以"如期""如质""如量"为目标，而企业的采购单位则注重"兴利"。采购工作除了维持正常的产销活动外，非常注重产销成本的降低。因此，各企业可以针对采购单位所追求的主要目标加以评估，并督促它的实现。

2）提供改进绩效之依据

绩效评估制度可以提供客观的标准，来衡量采购目标是否达成，也可以确定采购部门目前的工作表现如何。正确的绩效评估，有助于指出采购作业的缺失所在，而据以拟订改善措施，可起到"检讨过去、策励将来"之效。

3）作为个人或部门奖惩参考

良好的绩效评估方法，能将采购部门的绩效，独立于其他部门而凸显出来，并反映出采购人员的个人表现，作为各种人事考核的参考资料。依据客观的绩效评估，达成公正的奖惩，可以激励采购人员不断前进，发挥团队合作精神，使整个部门发挥合作效能。

4）协助人员甄选与训练

根据绩效评估结果，可针对现有采购人员的工作能力缺陷，拟订改进的计划，如安排参加专业性的教育训练等。若发现整个部门缺乏某种特殊人才，则可另行由公司内部甄选或向外界招募，如成本分析员或机械制图人员等。

5）促进部门关系

采购部门的绩效，受其他部门能否配合的影响非常大。故采购部门的职责是否明确，表单、流程是否简单、合理，付款条件及交货方式是否符合公司的管理制度，各部门目标是否一致等，均可透过绩效评估而予以判定，并可以改善部门间的合作关系，增进企业整体的运作效率。

6）提高人员士气

有效且公平的绩效评估制度，将使采购人员的努力成果能获得适当的回馈与认定。采购人员透过绩效评估，将与业务人员或财务人员同样，对公司的利润贡献有客观的衡量尺度，成为受到肯定的工作伙伴，对其士气之提升大有帮助。

9.2.2 采购绩效评估的方式

越来越多的企业管理者认识到，一个配备了有能力的雇员和恰当组织的采购部门在整个企业中发挥的巨大作用。采购人员工作绩效的评估方式，可以分为定期和不定期两种。

1. 定期评估

定期评估是配合公司年度人事考核制度进行的。一般来说，如果能以目标管理的方式，也就是从各种工作绩效指标中选择年度重要性比较高的项目中的几个定位绩效目标，年终按实际达到的程度加以考核，那么一定能够提升个人或部门的采购绩效。并且，这种方法因为摒除了"人"的抽象因素，以"事"的具体成就为考核重点，也就比较客观、公正。

2. 不定期评估

不定期绩效评估是以专案的方式进行的，如公司要求某项特定产品的采购成本降低10%。当设定期限一到，评估实际的成果是否高于或低于10%，并就此成果给予采购人员适当的奖励或处分。此种评估方法对采购人员的士气有巨大的提升作用，特别适用于新产品开发计划、资本支出预算、成本降低的专案。

9.2.3 采购绩效评估的基本要求

1. 采购主管必须具备对采购人员工作绩效进行评估的能力

采购主管对商品采购工作负有领导和监督的责任，故采购主管的业务素质和道德素质对整个采购工作的优劣起到非常重要的作用。有效合理地对采购人员工作绩效进行评估是一名采购主管所必备的能力。

2. 采购绩效评估必须遵循的基本原则

（1）持续性。评估必须持续进行，要定期地检讨目标达成的程度，当采购人员知道会被评估绩效，自然能够致力于绩效的提升。

（2）整体性。评估必须从企业整体目标，来进行绩效评估。

（3）开放性。采购作业的绩效，会受到各种外来因素所左右。评估时不但要衡量绩效，也要检讨各种外来因素所产生的影响。

（4）评估尺度。评估时，可以使用过去的绩效为尺度，也可将其作为评估的基础，更可以采用与其他企业的采购绩效比较的方式来进行评估。

9.2.4 采购绩效评估的标准

1. 历史绩效标准

选择公司以往的绩效作为评估目前绩效的基础，是相当正确、有效的做法。但只有在公司采购部门组织、职责或人员等都没有重大变动的情况下，才适合使用此项标准。

2. 预算或标准绩效标准

如果过去的绩效难以取得或采购业务变化甚大，则可以用预算绩效或标准绩效作为衡量基础。设定标准绩效有下列 3 项原则：

（1）固定的标准。评估的标准一旦建立，则不再做改动。

（2）理想的标准。指在完美的工作条件下，应有的绩效。

（3）可达成的标准。在现况下应该可以做到的水平，常依据当前的绩效加以考量设定。

3．行业平均绩效标准

若企业与其他同行业公司在采购组织、职责及人员等方面相似，则可与其进行绩效比较，以辨别彼此在采购工作成效上的优势；若个别公司的绩效资料不可得，则可用整个行业绩效的平均水准来比较。

4．目标绩效标准

预算或标准绩效代表在现况下，"应该"可以达成的工作绩效；而目标绩效则是在现况下，若不经过一番特别努力的话，无法完成的较高境界。目标绩效代表公司管理当局，对工作人员追求最佳绩效的"期望值"。

9.2.5 采购绩效评估的指标

采购人员在其工作职责上，应该达到"5S"等目标，因此，其绩效评估应以"5S"为中心，并以数量化的指标作为衡量绩效的尺度。

1．质量绩效

采购的质量绩效可由验收记录及生产记录来判断。验收记录指供应商交货时，为公司所接收（或拒收）的采购项目数量或百分比；生产记录是指交货后，在生产过程发现质量不合的项目数量或百分比。

$$进料验收指标 = 合格（或拒收）数量 \div 检验数量$$
$$在制品验收指标 = 可用（或拒收）数量 \div 使用数量$$

2．数量绩效

当采购人员为争取数量折扣，以达到降低价格的目的时，却可能导致存货过多，甚至发生呆料、废料的情况。

（1）储存费用指标。现有存货利息及保管费用与正常存货水准利息及保管费用之差额。

（2）呆料、废料处理损失指标。处理呆料、废料的收入与其取得成本的差额。

存货积压的利息及保管的费用越大，呆料、废料处理的损失越高，显示采购人员的数量绩效就越差。不过此项数量绩效，有时受到公司营业状况、物料管理绩效、生产技术变更或投机采购的影响，并不一定完全归咎于采购人员。

3．时间绩效

这项指标是用以衡量采购人员处理订单的效率，以及对于供应商交货时间的控制。延迟交货，固然可能形成缺货现象，但是提早交货，也可能导致买方不必要的存货成本或提前付款的利息费用。

（1）紧急采购费用指标。紧急运输方式（如空运）的费用与正常运输方式的差额。

（2）停工断料损失指标。停工期间作业人员的薪资损失。

除了上述指标所显示的直接费用或损失外，还有许多间接损失。例如，经常停工断料，造成顾客订单流失、员工离职,以及恢复正常作业的机器必须做的各项调整(包括温度、压力等);紧急采购会导致购入的价格偏高、质量欠佳,连带也会产生赶工时间必须支付额外的加班费用。这些费用与损失,通常都没有估算在本项指标内。

 案例阅读

  一汽大众采用 SAP 公司的 ERP 系统后,在采购上根据主生产计划和物料清单对库存量进行查对,由计算机快速计算出所缺物料的品种、数量和进货时间,将采购进货下达到各个厂。然后,由采购人员从系统中查看各供应商的历史信息,根据其价格、供货质量、服务等指标来选择供应商。这既能准确、高质量地实现物料采购,又大大缩短了采购周期。

  由于采购的准确和及时,库存量大大降低。公司在使用 ERP 系统之后,库存资金由原来的 1.2 亿元降低到 0.4 亿元左右。同时,系统对库存量的上限和下限有严格的控制,只要库存量达到了上限,系统就会给出报警信号,物料无法再进入仓库;而达到下限时,系统也会提醒采购人员立即补充库存,即起到了自动提示和监督的作用。

4. 价格绩效

  价格绩效是企业最重视及最常见的衡量标准。透过价格指标,可以衡量采购人员议价的能力以及供需双方势力的消长情形。采购价差的指标通常有以下几种:

(1)实际价格与标准成本的差额。

(2)实际价格与过去移动平均价格的差额。

(3)比较使用时的价格与采购时的价格之间的差额。

(4)将当期采购价格与基期采购价格之比率与当期物价指数与基期物价指数之比率相互比较。

 案例阅读

  俗话说:"'卖的'不如'买的'精"。不过只要实行物资采购比价管理,就可以取得明显的经济效益。江苏镇纺集团有限责任公司是一家拥有 2 亿元资产的国有棉纺企业,每年要花 1.3 亿多元采购品种原材料,仅 1998 年就亏损 298.68 万元,是江苏省的脱困重点户。为加快脱困进程,它们首先从采购环节入手。它们仅花 2 000 元在当地报纸上发布的招标采购消息,一下子引来了 80 多个供货厂商。经过竞价,这个企业今年的原材料质量普遍提高了,而价格却下降了 5%~15%,其中编织袋价格更是下降了 26%。江苏镇纺集团董事长说:"一年下来,我们的原材料成本由原来的占总成本的 70% 下降到 60%,一年降下成本 600 万元。"镇纺集团企业管理也逐步进入良性循环的发展轨道。

5. 采购效率绩效

  以上质量、数量、时间及价格绩效衡量的是采购人员的工作效果。采购效率可以用以下指标来衡量:

(1)采购金额。

(2)采购金额占销售收入的百分比。

(3)订购单的件数。

(4) 采购人员的人数。
(5) 采购部门的费用。
(6) 新开发供应商个数。
(7) 采购完成率。
(8) 错误采购次数。
(9) 订单处理的时间。

9.2.6 采购绩效评估的人员

1. 采购部门主管

由采购主管负责评估采购部员工，注意采购人员的个别表现，并兼收监督与训练的效果。

2. 会计部门和财务部门

采购金额占公司总支出的比例甚高，采购成本对公司的利润影响很大，会计和财务部门不但掌握公司的产销成本数据，对资金的取得与付出也做全盘控制，故对采购部门的工作绩效，这两个部门可以参与评估。

3. 工程部门或生产控制部门

若采购项目的质量与数量，对企业的最终产出影响很大时，有时可以由工程或生产控制人员评估采购部门的绩效。

4. 供应商

公司通过正式或非正式渠道，通过供应商对于采购部门或人员的意见，以间接了解采购作业的绩效和采购人员的素质。

5. 外界的专家或管理顾问

为避免公司各部门之间的本位主义或门户之见，可以特别聘请外界的采购专家或管理顾问，针对全盘的采购制度、组织、人员及工作绩效，作客观的分析与建议。

案例阅读

某企业的采购人员绩效考核实施方案

1. 目的

为贯彻企业绩效考核管理制度，全面评价采购人员的工作绩效，保证企业经营目标的实现，同时也为员工的薪资调整、教育培训和晋升等提供准确、客观的依据，特制定采购人员绩效考核实施方案。

2. 遵循原则

1）明确化、公开化原则

考评标准、考评程序和考评责任都应当有明确的规定，而且在考评中应当遵守这些规定。同时，考评标准、程序和对考评责任者的规定在企业内部应当对全体员工公开。

2）客观考评的原则

明确规定考评标准，针对客观考评资料进行评价，避免掺入主观性和感情色彩。做到"用事实说话"，考评一定要建立在客观事实的基础上。其次要做到把被考评者与既定标准作比较，而不是在人与人之间进行比较。

3）差别的原则

考核的等级之间应当有鲜明的差别界限，针对不同的考评评语在工资、晋升、使用等方面应体现明显差别，使考评带有刺激性，激励员工的上进心。

4）反馈原则

考评结果（评语）一定要反馈给被考评者本人。在反馈考评结果的同时，应当向被考评者就评语进行说明解释，肯定成绩和进步，说明不足之处，提供其今后努力方向的参考意见等。

3. 适用范围

适用于本企业采购部人员，以下人员除外：

（1）考核期开始后进入本企业的员工。
（2）因私、因病、因伤而连续缺勤30日以上者。
（3）因公伤而连续缺勤75日以上者。
（4）虽然在考核期任职，但考核实施日已经退职者。

4. 绩效考核小组成员

人力资源部负责组织绩效考核的全面工作，其主要成员包括人力资源部经理、采购部经理、采购部主管、人力资源部绩效考核专员、人力资源部一般工作人员。

5. 采购绩效考核实施

1）采购人员绩效考核指标

采购人员绩效考核以适时、适质、适量、适价、适地的方式进行，并用量化指标作为考核的尺度。主要利用采购时间、采购品质、采购数量、采购价格、采购效率5个方面的指标对采购人员进行绩效考核。其量化指标见表9-3。

表9-3 采购人员绩效考核指标

绩效考核方面	权重	考核指标/指标说明
时间绩效	15%	停工断料，影响工时
		紧急采购（如空运）的费用差额
质量绩效	15%	进料品质合格率
		物料使用的不良率或退货率
数量绩效	30%	呆料物料金额
		呆料物料损失金额
		库存金额
		库存周转率
价格绩效	30%	实际价格与标准成本的差额
		实际价格与过去平均价格的差额
		比较使用时价格和采购时价格的差额
		将当期采购价格与基期采购价格的比率同当期物价指数与基期物价指数的比率进行比较
效率绩效	10%	采购金额
		采购收益率
		采购部门费用
		新开发供应商数量
		采购完成率
		错误采购次数
		订单处理时间

2）绩效考核周期

采购部经理对于短期内工作产出较清晰的记录和印象及对工作的产出及时进行评价和反馈，有利于及时地改进工作，以月度为周期进行考核；对于周边绩效指标，以季度或年度进行考核。

3）绩效考核方法及说明

采购人员绩效考核采用量化指标与日常工作表现考核相结合来进行，量化指标占考核的70%，日常工作表现考核占30%。两次考核的总和即为采购人员的绩效。采购人员绩效考核计算方式为

$$采购人员绩效考核分数 = 量化指标综合考核得分 \times 70\% + 日常工作表现 \times 30\%$$

4）绩效考核实施

绩效考核小组工作人员根据员工的实际工作情况展开评估，员工本人将自己的考核期间的工作报告在考核期间交于人力资源部，人力资源部汇总并统计结果，在绩效反馈阶段将考核结果告知被考核者本人。

5）考核结果应用

考核结果分为5个层次，划分标准见表9-4，其结果为人力资源部奖金发放、薪资调整、员工培训、岗位调整、人事变动等提供客观的依据。

表9-4 绩效考核结果等级划分标准

杰 出	优 秀	中 等	需 提 高	差
A	B	C	D	E
>85分	85~75分	75~65分	65~50分	<50分

根据员工绩效考核的结果，可以发现员工与标准要求的差距，从而制订有针对性的员工发展计划和培训计划，提高培训的有效性，使员工的素质得到提高，最终为企业管理水平的提高打下坚实的基础。

6）绩效考核实施工具

对采购人员的绩效考核，主要的考核实施工具有采购人员绩效考核表和等级标准说明表，见表9-5和表9-6。

表9-5 采购人员绩效考核表

项 目		权 重	等级说明					自我评分	综合得分
			杰出	优秀	中等	需提高	差		
定量指标	时间绩效	15%							
	质量绩效	15%							
	数量绩效	30%							
	价格绩效	30%							
	效率绩效	10%							
			定量指标权重为70%						
定性指标	责任感	30%							
	合作度	30%							
	主动性	20%							
	纪律性	20%							
			定性指标权重为30%						
			综合得分						

考核补充：

考核人： 被考核人： 考核日期： 年 月 日

表 9-6　等级标准说明表

项目	考核指标	指标等级划分说明				
		杰出	优秀	中等	有待提高	急需提高
时间绩效	是否导致停工	从不	没有	无记录	3次以下	3次以上
质量绩效	进料品质合格率	100%	90%	85%	65%	60%以下
	物料使用不良率	0	5%以下	5%~10%	10%~15%	15%以上
数量绩效	呆料物料金额	___万元以下	___~___万元	___~___万元	___~___万元	___万元以上
	库存周转率	___%以上	___%~___%	___%~___%	___%~___%	___%以下
价格绩效	采购成本降低率	___%以上	___%~___%	___%~___%	___%~___%	___%以下
	采购价格降低额	___万元以上	___~___万元	___~___万元	___~___万元	___万元
效率绩效	采购完成率	___%以上	___%~___%	___%~___%	___%~___%	___%以下
	订单处理时间	___天以内	___~___天	___~___天	___~___天	___天以上
指标等级得分说明						
杰出		优秀	中等	有待提高		急需提高
10 分		8 分	5 分	2 分		0 分

职业能力训练

技能训练：奥托公司的采购部考核

奥托有限公司是一家为商业组织和公共部门提供自动贩卖设备的供应商，公司主要提供 3 种机型的设备：第一种供应冷热饮料；第二种提供各种食品，例如三明治、巧克力、饼干以及各类薯片小食品；第三种为综合机型，同时提供饮料和食品。

该公司成立以来发展迅速，现在为 400 家机构提供服务，拥有 900 台贩卖机，实现年营业收入 5 400 万美元，纯利润 1 200 万美元。目前，该公司有 40 名员工，其中采购部有 4 名员工。

该公司的成功主要源于其对客户需求的及时响应及注重服务质量，每个客户都有一名客户经理负责。客户反馈显示，他们能得到高度个性化的服务。该公司已经推行 IPP（Intel Premier Provider，英特尔卓越供应商）认证（投资人力认证，英国著名的企业员工培训发展认证）多年，在对员工的支持与关怀方面享有良好声誉。

其采购团队由柯瑞斯塔负责，她 6 个月前刚进入公司，主要负责固定资产采购，包括贩卖机和为贩卖机配货用的配送车辆。她的采购部有 3 名采购员，各司其职：艾薇负责采购贩卖机上的饮料产品；山姆负责采购三明治；哈森负责采购小食品。下个月公司将对采购部的员工进行年度绩效考核，柯瑞斯塔收集了 3 名员工的相关信息，见表 9-7。

表 9-7 采购部员工相关信息

项　　目	艾　薇	山　姆	哈　森
在公司服务年数	6 年	3 年	1 年
是否具备采购职业证书	是	否	完成部分课程
所管理的供应商数量	18	9	36
每周处理的订单数量	70	35	95
年度采购总额	850 万	1 550 万	1 150 万
上一年度审核合同数量	3	6	2
上一年度实现的采购成本节省额	12 万	35 万	40 万
受销售部门投诉的次数	0 次	7 次	2 次

【实训要求】

以小组为单位完成以下任务：

（1）柯瑞斯塔在进行采购部门员工年度考核前需要准备的工作有哪些？

（2）柯瑞斯塔在员工年度考核面谈时需要考虑的因素有哪些？

（3）根据表 9-7 的信息，指出柯瑞斯塔在下一年度可以为采购部门设定的两个目标。

（4）根据表 9-7 的信息，指出柯瑞斯塔在下一年度该项如何为部门的每个员工设定绩效考核目标。

【实训组织】

（1）将参加实训的学生分成若干小组，以小组为单位进行讨论。

（2）各小组将讨论结果写在纸上，然后进行交流。

（3）教师点评小组讨论结果。

课程重点

（1）采购绩效评估的方式。

（2）采购绩效评估的指标。

复习题

（1）简述采购与供应风险的种类，并举例说明。

（2）简述采购风险的控制与处理措施。

（3）简述采购绩效评估的基本要求。

（4）简述采购纯净评估指标。

【项目小结】

模块 3
现代物流采购

本部分包括：
项目 10　现代物流采购技术

项目 10

现代物流采购技术

任务 10.1 准时化采购

 学习目标

能力目标	● 能正确理解准时化采购的基本思想 ● 能初步运用准时化采购技术
知识目标	● 了解准时制采购的原理和特点 ● 熟悉准时制采购的实施条件 ● 掌握准时制采购的流程、步骤

📖 案例引入

采购物流是生产过程的前段,也是整个物流活动的起点。目前,很多企业仍在困惑的是用什么样的办法可以快速、高效地组织自己的采购物流?当今社会中很多企业也上了一些物流系统,但作用甚小。而在海尔,物流已经帮助了其实现了革命性"零库存、零距离、零营运资本"的运作目标,而JIT采购、JIT送料、JIT配送是海尔实现零库存的武器。物流也使得海尔能够一只手抓住用户的需求,一只手抓住可以满足用户需求的全球供应链,把这两种能力结合在一起,形成的就是海尔所期望达到的核心竞争力。

1. 海尔的3个JIT

(1)JIT采购。何时需要就何时采购,采购的是订单,不是库存,是需求拉动采购。这就会对采购提出较高的要求,要求原有的供应网络要比较完善,可以保证随时需要随时能采购得到。

(2)JIT生产。JIT生产也是生产订单,不生产库存。顾客下了订单以后,开始生产。答应5天或者6天交货,在这个期限内可以安排生产计划。完成生产计划需要怎样的原料供应,只要原料供应的进度能够保证,生产计划就会如期完成。

(3)JIT配送。三者有机地结合在一起,这种物流的流程跟传统的做法不一样,它完全是一体化的运作,而且海尔物流与一般企业的物流还有比较大的差别,海尔对物流高度重视,把它提升到战略高度,也很舍得投资,去过海尔现场观察的人都会对它的立体仓储挑指称赞。流程化、数字化、一体化是3个JIT流程的一个基本特色。

2. 海尔怎么做JIT采购?

(1)全球统一采购。海尔产品所需的材料有1.5万个品种,这1.5万个品种的原材料基本上要进行统一采购,而且是全球范围的采购,这样做不仅能达到规模经济,而且要寻找全球范围的最低价格。所以,它的JIT采购是全球范围里最低价格进行统一采购,采购价格的降低对物流成本的降低有非常直接的影响。

(2)招标竞价。海尔每年的采购金额差不多有100多亿元人民币,它通过竞标、竞价,要把采购价格下降5%。每年下降100亿的5%,就可以直接提高利润,或者说其价格在市场上就更有竞争力。

(3)网络优化供应商。网络优化供应商就是通过网络,通过IT平台在全球选择和评估供应商。网络优化供应商比单纯压价要重要得多,因为它的选择余地很大,真正国际化的企业在国际大背景下运作,就可以有很多资源供它选择。海尔的JIT采购实现了网络化、全球化和规模化,采取统一采购,而且是用招标竞标的方式来不断地寻求物流采购成本的降低。

3. 海尔怎么做JIT生产?

在ERP模块,它由市场需求来拉动生产计划,由生产计划来拉动原料采购,再要求供应商直送工位,一环紧扣一环。其基础是ERP的操作平台,有IT技术作为舞台,在这个舞台上演JIT生产这台戏。其前提就决定了生产速度会快,成本会低,效率会高;相反,如果靠传统模式去实现JIT生产难度就会很大。海尔完全是物流的一体化,包括采购、生产、销售、配送等的一体化,物流部门的组织结构已经调整过来,由物流部门来控制整个集团下面的物流。

4. 海尔怎么做JIT配送?

目前,海尔物流部门在中国内地有4个配送中心,在欧洲的德国有配送中心,在美国也有配送中心，通过这些总的中转驿站——配送中心来控制生产。不做 JIT 采购就做不了 JIT 生产，而要做 JIT 生产和 JIT 采购，还必须有 JIT 配送。是 JIT 配送而不是 JIT 运输，因为运输是长距离的，配送是短距离的，是当地的。怎样做到按照生产的需要在当地做配送，随时需要随时送到，而且数量、规格要符合需要，这就对物流提出了比较高的要求。货物配送时间要扣得准，JIT 生产、JIT 采购、JIT 配送就是要达到零库存。零库存不是库存等于零，而是在于库存的周转速度，周转速度越快，相对来说库存量就越少。JIT 配送是这一切的基础，采购、生产与配送必须同时具备 JIT 的条件，因此叫同步流程，流程再造的时候就要考虑到这 3 个方面。

3 个 JIT，实现同步流程。由于物流技术和计算机信息管理的支持，海尔物流通过 3 个 JIT，即 JIT 采购、JIT 配送和 JIT 分拨物流来实现同步流程。目前，通过海尔的 BBP 采购平台，所有的供应商均在网上接受订单，并通过网上查询计划与库存，及时补货；货物入库后，物流部门可根据次日的生产计划利用 ERP 信息系统进行配料，同时根据看板管理 4 小时送料到工位；生产部门按照 B2B、B2C 订单的需求完成订单以后，满足用户个性化需求的定制产品通过海尔全球配送网络送达用户手中。目前，海尔在中心城市实现 8 小时配送到位，区域内 24 小时配送到位，全国 4 天以内到位。

讨论：海尔推行的准时化采购是如何进行的？

准时化采购是一种很理想的采购模式，是从准时生产发展而来的，也和准时化生产一样，是为了消除库存和不必要的浪费而进行的持续性改进，形成的一种先进的采购模式。

10.1.1 准时化采购的产生和基本思想

准时化采购又叫 JIT 采购，它是由著名的准时化生产的管理思想演变而来的。最初 JIT 只是作为一种减少库存水平的方法，而今已发展成为一种内涵丰富，包括特定知识、原则、技术和方法的管理哲学。这种管理哲理的精髓，就在于它的"非常准时化""最大限度地消除浪费"的思想。现在越来越多的人把这种管理思想运用到各个领域，形成各个领域的准时化管理方法。因此，现在除了 JIT 生产之外，又逐渐出现了 JIT 采购、JIT 运输、JIT 储存及 JIT 预测等新的应用领域。实际上，现在 JIT 应用已经形成了一个庞大的应用体系。

准时化采购是从准时化生产发展而来的，也和准时化生产一样，是为了消除库存和不必要的浪费而进行的持续性改进，不但能够最好地满足用户的需要，而且可以最大地消除库存、最大限度地消除浪费。它的基本思想是：在恰当的时间、恰当的地点，以恰当的数量、恰当的质量提供恰当的物品。要进行准时化生产必须有准时的供应，因此，准时化采购是准时化生产管理模式的必然要求。它和传统的采购方法在质量控制、供需关系、供应商的数目、交货期的管理等方面有许多不同，其中供应商的选择（数量与关系）、质量控制是其核心内容。

准时化采购包括供应商的支持与合作以及制造过程、货物运输系统等一系列的内容。准时化采购不但可以减少库存，还可以加快库存周转、缩短提前期、提高购物的质量、获得满意交货等效果。

10.1.2 准时化采购的原理和特点

1. 准时化采购的原理

（1）与传统采购面向库存不同，准时化采购是一种直接面向需求的采购模式。送货是直接送到需求点上。

（2）用户需要什么，就送什么，品种规格符合客户需要。

（3）用户需要什么质量，就送什么质量，品种质量符合客户需要，拒绝次品和废品。

（4）用户需要多少，就送多少，不少送也不多送。

（5）用户什么时候需要，就什么时候送货，不晚送也不早送，非常准时。

（6）用户在什么地点需要，就送到什么地点。

这几条，既做到了极大地满足用户的需求，又使得用户的库存量极小，用户不需要设库存，只在货架上（或在生产线边）有一些临时的存放，一天销售完毕（一天工作完，生产线停止时），这些临时存放就消失，库存完全为零，真正实现了零库存。

依据准时化采购的原理，一个企业中的所有活动只有当需要进行的时候才接受服务，才是最合算的。即只有在需要的时候，把需要的品质和数量提供到所需要的地点，才是最节省、最有效率的。因此，准时化采购是一种最节省、最有效率的采购模式。

2. 准时化采购的特点

准时化采购和传统的采购方式有许多不同之处，具体见表10-1。

表10-1 准时化采购与传统采购的区别

比较项目	准时化采购	传统采购
对供应商的选择方式	较少的供应商，甚至只有一个，长期合同，降低成本，提高质量	多头采购，供应商数目较多，价格竞争，短期合作
对交货及时性的要求	要求按时交货	没有明确要求
对信息交流的要求	相关信息调度共享，保证信息的准确和实时性	视信息共享为"泄密"而加以控制和保密
采购驱动因素分析	订单拉动，同步化，即时化	生产推动，补充库存
采购批量策略	小批量采购，减少生产批量，缩短生产周期	强调"经济批量""数量折扣"，以降低采购成本

10.1.3 准时化采购的实施条件、流程及步骤

1. 准时化采购的实施条件

1）距离越近越好

供应商和用户企业的空间距离小，越近越好；太远了，操作不方便，发挥不了准时化采购的优越性，很难实现零库存。

2）制造商和供应商建立互利合作的战略伙伴关系

准时化采购策略的推行，有赖于制造商和供应商之间建立起长期的、互利合作的新型关系，相互信任，相互支持，共同获益。

3）注重基础设施的建设

良好的交通运输和通信条件是实施准时化采购策略的重要保证。企业间通用标准的基础设施建设，对准时化采购的推行也至关重要。所以，要想成功实施准时化采购策略，制造商和供应商都应注重基础设施的建设。当然，这些条件的改善不仅仅取决于制造商和供应商的努力，各级政府也要加大投入。

4）强调供应商的参与

准时化采购不只是企业物资采购部门的事，它也离不开供应商的积极参与。供应商的参与，不仅体现在准时、按质按量供应制造商所需的原材料和外购件上，而且体现在积极参与制造商的产品开发设计过程中。与此同时，制造商有义务帮助供应商改善产品质量，提高劳动生产效率，降低供货成本。

5）建立实施准时化采购策略的组织

企业领导必须从战略高度来认识准时化采购的意义，并建立相应的企业组织来保证该采购策略的成功实施。

6）制造商向供应商提供综合的、稳定的生产计划和作业数据

综合的、稳定的生产计划和作业数据可以方便供应商及早准备、精心安排其生产，确保准时、按质按量交货。

7）着重教育与培训

通过教育和培训，使制造商和供应商充分认识到实施准时化采购的意义，并使它它掌握准时化采购的技术和标准，以便对准时化采购进行不断的改进。

8）加强信息技术的应用

准时化采购是建立在有效信息交换的基础上的，信息技术的应用可以保证制造商和供应商之间的信息交换。因此，制造商和供应商都必须加强对信息技术，特别是 EDI 技术的应用投资，以更加有效地推行准时化采购策略。

2．准时化采购的流程

图 10.1 所示为准时化采购流程的示意图。

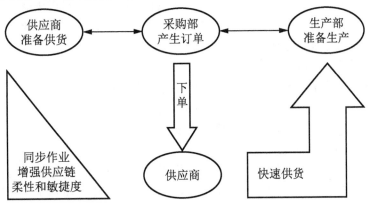

图 10.1　采购的流程图

3．准时化采购的步骤

1）创建准时化采购班组

准时化采购班组的作用，就是全面处理 JIT 有关事宜。要制定准时化采购的操作规程，协调企业内部各有关部门的运作，协调企业与供应商之间的运作。准时化采购班组除了采购科有关人员之外，还要由本企业及供应商企业的生产管理人员、技术人员、搬运人员等共同组成。一般应成立两个班组，一个是专门处理供应商事务的班组，该班组的任务是培训和指导供应商的准时化采购操作、衔接供应商与本企业的操作流程、认定和评估供应商的信誉、能力，与供应商谈判签订准时化订货合同，向供应商发放免签证等；另外一个班组专门协调本企业各个部门的准时化采购操作、制定作业流程、指导和培训操作人员，并且进行操作检验、监督和评估。这些班组人员，对准时化采购的方法应有充分的了解和认识，必要时要进行培训。

2）制订计划，确保准时化采购策略有计划、有步骤地实施

要制定采购策略及改进当前采购方式的措施，如减少供应商的数量、供应商的评价、向供应商发放签证等。在这个过程中，要与供应商一起商定准时化采购的目标和有关措施，保持经常性的信息沟通。

3）精选少数几家供应商建立伙伴关系

供应商和制造商之间互利的伙伴关系，意味着双方之间充满一种紧密合作、主动交流、相互信赖的和谐气氛，共同承担长期协作的义务。在这种关系的基础上，发展共同的目标，分享共同的利益。

当然，这种互利的伙伴关系的建立需要经过长期的工作相处，要求双方有坚定的决心和奉献精神；同时，一个企业只能选择少数几个最佳供应商作为了解对象，抓住一切机会加强与他们之间的业务关系。

4）进行试点工作

先从某种产品或某条生产线的试点开始，进行零部件或原材料的准时化供应试点。在试点过程中，取得企业各个部门特别是生产部门的支持是很重要的。通过试点、总结经验，为正式的准时化采购实施打下基础。

5）搞好供应商的培训，确定共同目标

准时化采购是供需双方共同的业务活动，单靠采购部门的努力是不够的，需要供应商的配合。只有供应商也对准时化采购的策略有了认识和理解，才能获得供应商的支持和配合，因此，需要对供应商进行教育培训。通过培训，大家达到一致的目标，相互之间就能够很好地协调，做好采购的准时化工作。

6）给供应商颁发产品免检证书

在实施准时化采购策略时，核发免检证书是非常关键的一步。颁发免检证书的前提是供应商的产品 100%合格。为此，核发免检证书时，要求供应商提供最新的、正确的、完整的产品质量文件，包括设计蓝图、规格、检验程序及其他必要的关键内容。

7）实现配合节拍进度的交货方式

向供应商采购的原材料和外购件，其目标是要实现这样的交货方式：当正好需要某物资时，该物资就运抵卸货月台，并随之直接送至生产线。生产线拉动它所需的物资，并在制造产品时使用该物资。

8）继续改进，扩大成果

准时化采购是一个不断完善和改进的过程，需要在实施过程中不断总结经验教训，从降低运输成本、提供交货的准确性、提高产品的质量、降低供应商库存等各个方面进行改进，不断提高准时化采购的运作绩效。

10.1.4 准时化采购的实证分析

为了对准时化采购的意义和影响准时化采购的相关因素有一个初步的了解，下面以实例来说明在现实中准时化采购的应用情况。

美国加利福尼亚州立大学的研究生对汽车、电子、机械等企业经营准时化采购者作了一次效果问卷调查，共调查了67家美国公司，这些公司有大有小，其中包括著名的惠普公司、苹果公司等。这些公司有的是制造商，有的是分销商，有的是服务商，调查的对象为公司的采购与物料管理经理。调查的有关内容和类别分别见表10-2～表10-5。

表10-2 准时化采购成功的关键因素

问题	肯定回答率	问题	肯定回答率
和供应商的相互关系	51.5%	管理的措施	31.8%
适当的计划	30.3%	部门协调	25.8%
进货质量	19.7%	长期的合同协议	16.7%
采购的物品类型	13.6%	特殊的政策与惯例	10.6%

表10-3 准时化采购解决的问题

问题	肯定回答率	问题	肯定回答率
空间减少	44.8%	成本减少	34.5%
改进用户服务	34.5%	及时交货	34.5%
缺货问题	17.2%	改进资金流	17.2%
提前期减少	10.3%		

表10-4 实施准时化采购的困难因素

问题	肯定回答率	问题	肯定回答率
缺乏供应商的支持	23.6%	部门之间协调性差	20.0%
缺乏对供应商的激励	18.2%	采购物品的类型	16.4%
进货物品质量差	12.7%	特殊政策与惯例	7.1%

表10-5 与供应商有关的准时化采购问题

问题	肯定回答率	问题	肯定回答率
很难找到好的供应商	35.6%	供应商不可靠	31.1%
供应商太远	26.7%	供应商太多	24.4%
供应商不想频繁交货	17.8%		

从以上调查报告不难得出以下几个方面的结论：

（1）准时化采购成功的关键是与供应商的关系。供应链管理所倡导的战略伙伴关系为实施准时化采购提供了基础性条件，因此，在供应链环境下实施准时化采购比传统管理模式下实施准时化采购更加有现实意义和可能性。

（2）很难找到"好"的合作伙伴是影响准时化采购的第二个重要因素，如何选择合适的供应商就成了影响准时化采购的重要条件。在传统的采购模式下，企业之间的关系不稳定，具有风险性，影响了合作目标的实现。供应链管理模式下的企业是协作性战略伙伴，因此，为准时化采购奠定了基础。

（3）缺乏对供应商的激励是准时化采购的另外一个影响因素。要成功地实施准时化采购，必须建立一套有效的供应商激励机制，使供应商和用户一起分享准时化采购的好处。

（4）准时化采购不单是采购部门的事情，企业的各部门都应为实施准时化采购创造有利的条件，为实施准时化采购而共同努力。

职业能力训练

案例分析：通用公司和一汽公司的准时化采购

上海通用汽车有限公司是美国通用汽车公司和上海汽车工业集团共同投资15.2亿美元组建的中外合资企业，主要生产高档次的别克轿车。中远集团承担通用汽车零部件的供应任务，成为上海通用汽车供应链的一个重要组成部分，双方签订了"门到门"供应协议。上海通用汽车有限公司采用的是标准的JIT库存控制模式，由国际知名的物流咨询公司设计零库存管理系统。按照该系统，汽车零部件的库存要存放于运输途中，不再有大型仓库，而是在生产线旁边设立再配送中心，中心只需维持288套最低安全库存数即可。中远集团立足于中国物流系统的现状，对于上海通用汽车有限公司要求的零库存生产模式，提出用木箱配送的方案。也就是使配送中心的库存维持在平衡状态，并且逐渐减少，每天按照零件拉动计划收取装有汽车零部件的木箱，多余的木箱仍然留在中远集团的仓库里。这样，就使"再配送中心"可以在低负荷库存水平下来安全运行。

中国第一汽车制造厂利用看板对其生产作业进行调整，实现了在制品零库存的极限。早在1982年用看板送货的零部件就已达到总数的43%，并在此基础上，又实行了零部件直送工位制度。一汽与周边15个协作厂，就2 000种原材料签订了直送工位的协议，改变了厂内层层设库储备的老办法，从而取消了15个中间仓库。例如刹车蹄片，过去由石棉厂每月分4次送往供应处总仓库，再由总仓库分发到分仓库，再从分仓库分发到生产现场，现改为直送生产现场，减少了重复劳动，当年就节约了流动资金15万元。橡胶厂供应的轮胎过去集中发货，最多时一次发货20火车皮，使轮胎库存竟高达2万套。现在实行多批分发，使轮胎储备从过去的15天降到现在的两天，共节约流动资金高达190万元。轴承座生产线的7道工序，现只由1个人操作，把扎在生产线第一道工序上的信号灯作为看板，每当后一道生产线取走一个零件时，信号灯显示为绿色，工人即按步骤地进行生产。该生产线7道工序除了工序上加工的工件外，只有1个待加工工件，工序件的在制品基本为零。

分析：
（1）请简要阐述以上两家公司是如何实施准时化采购的？
（2）实施准时化采购为公司带来哪些成效？

 课程重点

（1）准时化采购的实施条件。
（2）准时化采购的流程和实施步骤。

 任务 10.2　电子商务采购

 学习目标

能力目标	● 能正确认识电子商务采购 ● 会初步运用电子商务采购
知识目标	● 熟悉电子商务采购的模型 ● 熟悉电子商务采购方案的实施 ● 了解电子商务的未来发展

案例引入

E公司（网络公司）上海办事处与M公司（寻呼产品公司）联合进行了一次基于Internet技术平台的在线工业采购，所采购的产品全部用于该厂的本季度实际生产；由E公司和M公司共同确定供应商，按照新的流程成功完成了此次采购任务；在线采购结果比预期节约费用32%，时间80%以上。

在传统模式下，M公司的采购是通过物料部的采购师进行的：首先由采购师组织供应商的认证工作，通过上门调查、产品认证、试生产、供货跟踪等手段，在供应商资料库中确认出能供应该产品的供应商。之后，在某一约定的时间段内，通过电话询问或招投标的方式，得到供应商的报价并挑选其中报价最低的作为中标者，与之进行后续的合约工作。传统采购全过程较长、重复工作很多，且由于传统模式的报价方案不适应于价格变化较快的产品，往往会在经济上受到损失。在使用了E公司提供的服务后，M公司逐渐与E公司开展更进一步的合作。在新的流程中，M公司只需告知所需要的产品名称、数量和质量、规格、交货期等商务条款，就可直接等待E公司给出的结果报告，并根据E公司提供的报告及建议择优选取供应商签订合同。这种先进的采购方式把客户从传统的模式中解脱出来。

除了前期的认证之外，在线服务公司的服务为买方带来的最大利益在于成本的节省。由于采用了在线逆向竞价的先进概念，不同的供应商可以在网络上看到价格的不断下降，激烈的竞争和轮流领先的赛跑感觉将促使供应商不断降低价格，在相当短的时间内，把价格降到询价或招投标无法达到的程度。而与此同时，卖方也降低了营销成本、获得了市场机会。

讨论： M公司运用在线竞价给公司带来的好处有哪些？

案例导学

随着科学技术的突飞猛进和网络技术的迅速普及，电子商务采购作为一种新型的采购方式，在国内外采购活动中成为了一道亮丽的风景线。由于电子采购具有公开性、广泛性、交互性、低成本、高速度和高效率等特点，正被越来越多的企事业单位所广泛应用。

 相关知识

10.2.1 电子商务采购概述

电子商务采购是一种非常有前途的采购模式，它主要依赖于电子商务技术的发展和物流技术的提高，依赖于人们思想观念和管理理念的改变。我国目前已经有不少企业及政府采用了网上采购的方式，对降低采购成本、提高采购效率、杜绝采购腐败起到了十分积极的作用，因此，应该大力提倡这一新的采购方式。

1. 电子商务采购的含义

电子商务采购是指利用电子商务形式进行的采购活动。因为电子商务主要是在网络上进行的，所以电子商务采购也被称为网上采购。

2. 电子商务采购产生的条件

网络技术尤其是互联网技术的诞生，为采购电子化的实现提供了充分的技术保障。自互联网技术应用于商业以来，一直都以极其积极的姿态向前发展并保持着良好的发展势头和潜力。毋庸置疑的是，无论在全球还是在中国，越来越多的商业交易将透过互联网进行，即交易电子化。而在这交易电子化的价值链中，电子化采购作为最前端的发生点，对整个交易链起到举足轻重的作用。

3. 电子商务采购的优势

（1）有利于扩大供应商范围、提高采购效率、降低采购成本、产生规模效益。由于电子商务面对的是全球市场，可以突破传统采购模式的局限，从货比三家到货比多家，在比质比价的基础上找到满意的供应商，大幅度地降低采购成本。由于不需要出差，可以大大降低采购费用，通过网站信息的共享，可以节省纸张、实现无纸化办公，大大提高采购效率。

（2）有利于提高采购的透明度，杜绝采购过程中的腐败。由于电子商务是一种不谋面的交易，通过将采购信息在网站公开，采购流程公开，避免交易双方有关人员的私下接触，由计算机根据设定标准自动完成供应商的选择工作，有利于实现实时监控，避免采购中的黑洞，使采购更透明、更规范。

（3）有利于实现采购业务程序标准化。电子商务采购是在对业务流程进行优化的基础上进行的，必须按软件规定的标准流程进行，可以规范采购行为，规范采购市场，有利于建立一种比较良好的经济环境和社会环境，大大减少采购过程的随意性。

（4）即时响应用户需求，降低库存，提高物流速度和库存周转率。为了满足不断变化的市场需求，企业必须具有针对市场变化的快速反应能力，通过电子商务网站可以快速收集用户订单信息，然后进行生产计划安排，接着根据生产需求进行物资采购或及时补货。

（5）实现采购管理向供应链管理的转变。由于现代企业的竞争不再是单个企业之间的竞争,而是供应链与供应链之间的竞争。电子商务采购模式可以使参与采购的供需双方进入供应链,从以往的"输赢关系"变为"双赢关系"。采购方可以及时将数量、质量、服务、交货期等信息通过商务网站或 EDI 方式传送给供应方,并根据生产需求及时调整采购计划,使供方严格按要求提供产品与服务,实现准时化采购和生产,降低整个供应链的总成本。

(6)实现本地化采购向全球化采购的转变。由于世界经济的一体化,全球化采购成为企业降低成本的一种必然选择,其基本模式就是应用电子商务进行采购。许多跨国公司陆续把发展物资采购电子商务工作列入了企业发展战略目标,通过电子商务建立全球采购系统,连接国内外两个资源市场,已成为标准化的商业行为。

(7)有利于信息的沟通,为决策提供更多、更准确、更及时的信息。

想一想

电子商务采购与传统采购方式的主要区别是什么?

案例阅读

位于美国波士顿著名的 Mercer 管理顾问咨询公司,分别就施乐、通用汽车、万事达信用卡 3 个极具行业代表性的企业,作了详尽的电子化采购调查,比较了其运用互联网技术前后的采购流程成本控制。图 10.2 为 3 家公司运用电子商务采购前后的采购流程成本比较图示。

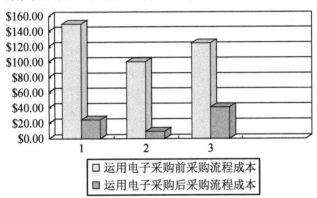

1. 施乐(下降83%) 2. 通用汽车(下降90%) 3. 万事达信用卡(下降68%)

图 10.2 三大公司采购流程成本控制比较

人们通常会很容易地意识到在采购领域中运用互联网技术后,产品成本方面会得到非常有效的控制和节省,却很少留意到电子化采购对采购自身流程所带来的巨大利益。通过这个例子可以看到,通用汽车取得了令人难以想象的非产品成本的成本节约,再加上产品成本的节省,足以保证其与同业对手竞争的强劲优势。

10.2.2 电子商务采购的形式

因为电子商务的方式多种多样,所以电子商务采购也有多种形式,一般可以分为 3 类,见表 10-6。

表 10-6　电子商务采购的方式

标　准	类　别	概　念
按利用计算机网络的程序	完全网上采购	完全通过网上电子商务采购完成采购的全部活动（除运输配送）
	网上和网下相结合采购	在网上完成部分采购活动，例如发布采购消息、招标公告等，而其他活动如采购谈判、供应商调查、交易支付等则在网下进行
按采购主体	自己网上采购	企业自己建立网站，进行电子商务采购活动
	代理网上采购	不是自己建立网站，而是利用别人的网站进行电子商务采购
按网上采购的方式	网上查询采购	由采购商自己登录网站，在网上寻找供应商和所需要的产品而进行的网上采购
	网上招标采购	采购商只在网上发布招标公告，由供应商主动来投标而进行的采购活动

10.2.3　网络采购操作模式及其选择

1. 网络采购操作模式

1）卖方模式

卖方模式是指供应商在互联网上发布其产品的在线目录，采购方则通过浏览来取得所需的商品信息，然后做出采购决策。在这个模式中，采购方能够比较容易获得所需采购的产品信息，但为了进行供应商选择，必须寻找并浏览大量的供应商网站，这些网站有各自的界面、布局、格式，不便于进行迅速的比较。如果购销双方能够使用相同的系统标准，电子采购系统与后端的企业内部信息系统很好地集成，将会极大地简化该过程。

2）买方模式

买方模式是指采购方在互联网上发布所需采购的产品信息，由供应商在采购方的网站上投标登录，供采购方进行评估，通过进一步的信息沟通和确认，从而完成采购业务的全过程。在这个模式中，采购方通过限定采购产品目录中的种类和规格、给不同的员工设定访问权限和决策权限来控制整个采购流程。供求双方通过采购方的网站进行文档传递，因此有利于采购网站与后端的信息系统进行有效的连接，使这些文档能够流畅地被后台系统识别并加以处理。

3）市场模式

市场模式是指供应商和采购方通过第三方设立的专业采购网站进行采购。在这个模式中，无论是供应商还是采购方都只需在第三方网站上发布提供或需要的产品信息，第三方网站负责对这些信息进行归纳和整理，然后反馈给用户使用。

2. 采购模式的选择

企业究竟选择何种采购模式，主要取决于两方面的因素：一是企业规模的大小，二是企业采购物料的种类和数量。表 10-7 为大中小企业采购模式选择的一个建议。

表 10-7　大中小企业采购模式选择的建议

采购模式	大型企业		中小企业	
	直接物料采购	MRO 物料采购	直接物料采购	MRO 物料采购
卖方模式			√	
买方模式	√	√	√	
市场模式		√		√

1) 大型企业的直接物料采购

大型企业可依靠其成熟可靠的企业信息管理系统，使电子采购系统与之有良好的集成性，能够保持信息流快速流畅。一般来说，大型企业在供应链上往往处于优势地位，有比较稳定的供应商，双方的合作关系也十分密切。同时，大型企业也有能力承担建立、维护和更新产品目录的工作。因此，建立买方模式的电子采购系统对直接物料进行集中采购比较合适。

2) 大型企业的 MRO 物料采购

第三方市场模式是进行 MRO 物料采购的最佳模式，不仅能够满足大型企业对系统集成性的要求，省却非常复杂的产品目录工作，而且同时能提供完整的供应商目录，方便进行多品种、小批量的 MRO 物料采购。因此，对于企业内部通用的 MRO 物料可以实行集中采购，而其他 MRO 物料则可由下属单位根据情况分散采购。

3) 中小企业的直接物料采购

由于中小企业不具备完整的企业信息系统，所以是否有很高的系统集成性不是决定直接物料采购模式的关键因素，此时，采购方与供应商之间的实力和关系成为决定问题的关键。如果供应商是一家大企业，采购方的采购量只是供应商销售量的一小部分，则采购方一般最好采用卖方模式；如果供应商也是一个中小企业，则可采用卖方模式或买方模式，具体视双方实施信息化的程度而定。

4) 中小企业的 MRO 物料采购

对于众多中小企业来说，第三方市场模式是进行 MRO 物料采购唯一的理想途径。

10.2.4　电子商务采购的程序

1. 采购前的准备工作

在网络环境条件下，采购前的准备过程就是供应商积极把自己产品的信息资源（如产品价格、质量、公司状况、技术支持等）在网上发布，企业则随时上网查询并掌握自己所需要的商品信息资源。供需双方推拉互动，共同完成商品信息的供需实现过程。在网络环境中，通过登录和浏览对方的网站和主页完成信息的交流，其速度和效率是传统方式所无法比拟的。

2. 供需双方的磋商

在网络环境下，传统采购磋商的单据交换可以演变为记录、文件或报文在网络中的传输过程。各种网络工具和专用数据交换协议自动地保证了网络传递的准确性和安全可靠性。企业一旦选择了合适的能保证最佳产品质量、最合理价格、最优质服务的供应商，就可以在网上与其进行磋商、谈判。各种商贸单据、文件（如价目表、报价表、询盘、发盘、订单、订购单应答、订购单变更要求、运输说明、发货通知、付款通知、发票等）在网络交易中都变成了标准的报文形式，减少了漏洞和失误，规范了整个采购过程。

3. 合同的制订与执行

磋商过程完成之后，需要以法律文书的形式将磋商的结果确定下来，以监督合同的履行，因此，双方必须以书面形式签订采购合同。这样一方面可以杜绝采购过程中的不规范行为，另一方面也可以避免因无效合同引起的经济纠纷。因为网络协议和网络商务信息工具能够保证所有采购磋商文件的准确性和安全可靠性，所以双方都可以通过磋商文件来约束采购行为和执行磋商的结果。

4. 支付与清算

采购完成以后，货物入库，企业要与供应商进行支付与结算活动。企业支付供应商采购价款的方式目前主要有两大类：一类是电子货币类，包括电子现金、电子钱包和电子信用卡等；另一类是电子支票类，如电子支票、电子汇款、电子划款等。前者主要用于企业与供应商之间的小额支付，比较简单；后者主要用于企业与供应商之间的大额资金结算，比较复杂。

10.2.5 电子商务采购的实施步骤

（1）采购分析与策划。首先要对采购进行分析与策划，并对现有采购流程进行优化，制定出适宜网上交易的标准采购流程。

（2）建立网站。这是进行电子商务采购的基础平台，要按照采购标准流程来组织页面。可以通过虚拟主机、主机托管、自建主机等方式来建立网站，特别是加入一些有实力的采购网站，通过它们的专业服务，可以享受到非常丰富的供求信息，起到事半功倍的作用。

（3）发布招标采购信息。采购单位通过互联网发布招标书或招标公告，详细说明对物料的要求，包括质量、数量、时间、地点、对供应商的资质要求等；也可以通过搜索引擎寻找供应商，主动向它们发送电子邮件，对所购物料进行询价，广泛收集报价信息。

（4）资料填写和报价。供应商登录采购单位网站，进行网上资料填写和报价。

（5）筛选。对供应商进行初步筛选，收集投标书或进行贸易洽谈。

（6）网上评标。由程序按设定的标准进行自动选择或由评标小组进行分析评比选择。

（7）中标公布。在网上公布中标单位和价格，如有必要可以对供应商进行实地考察后再与其签订采购合同。

（8）采购实施。中标单位按采购订单通过运输交付货物，采购单位支付货款，处理有关善后事宜。按照供应链管理思想，供需双方需要进行战略合作，实现信息的共享。采购单位可以通过网络了解供应单位的物料质量及供应情况，供应单位可以随时掌握所供物料在采购单位中的库存情况及采购单位的生产变化需求，以便及时补货，实现准时化生产和采购。

10.2.6 电子商务采购在中国

1. 电子商务采购在中国的应用中存在的问题

1）网络安全性问题

（1）计算机网络安全。包括计算机网络设备安全、计算机网络系统安全、数据库安全等。其特征是针对计算机网络本身可能存在的安全问题，实施网络安全增强方案，以保证计算机网络自身的安全性为目标。

（2）商务交易安全。商务交易安全则紧紧围绕传统商务在互联网络上应用时产生的各种安全问题，在计算机网络安全的基础上，如何保障电子商务过程的顺利进行，即实现电子商务的保密性、完整性、可鉴别性、不可伪造性和不可抵赖性。

计算机网络安全与商务交易安全实际上是密不可分的，两者相辅相成，缺一不可。没有计算机网络安全作为基础，商务交易安全就犹如空中楼阁，无从谈起；没有商务交易安全的保障，即使计算机网络本身再安全，仍然无法达到电子商务所特有的安全要求。

（3）信息安全。信息安全本身包括的范围很大，大到国家军事政治等机密安全，小到如防范商业企业机密泄露、防范青少年对不良信息的浏览、个人信息的泄露等。网络环境下的信息安全体系是保证信息安全的关键，包括计算机安全操作系统、各种安全协议、安全机制（数字签名、信息认证、数据加密等），直至安全系统，其中任何一个安全漏洞便可以威胁全局安全。信息安全服务至少应该包括支持信息网络安全服务的基本理论，以及基于新一代信息网络体系结构的网络安全服务体系结构。

2）信用风险

在电子商务环境下，由于电子报表、电子文件、电子合同等无纸介质的使用，无法使用传统的签字方式，所以在辨别真伪上存在新的风险。电子商务的成功与否取决于消费者对网上交易的信任程度，电子商务的信任风险实质是由网络交易的虚拟化造成的。首先是买方信用风险，在网络中个人可以任意伪造信息，可以伪造假信用卡骗取卖方商品，从而给卖方带来风险。然后是卖方信用风险，由于信息不对称的原因，消费者不可能全部掌握商家商品信息。卖方商品信息不完全、不准确或商家过分诱导消费者从而误导消费者购买；另外，卖家单方面毁约，不履行交易，也会对买方造成损失。因此，电子商务应用过程中遇到的信用风险问题，是值得关注的问题。

3）法律问题

由于电子商务是在网络间进行的，电子商务交易可以看做是无纸贸易，是一个虚拟环境的交易，当前对这些虚拟交易的法律监管却并不完善，这些问题使得电子商务认证、交易会有不受法律保护的风险。

另外，电子商务贸易还存在知识产权的风险。网络是一个开放的平台，资源在网络中的传播具有共享性。在网络中资源的共享性使得有知识产权的资源受保护的力度被降低，因此，可能带来电子商务交易的知识产权纠纷等法律的风险问题。

2．电子商务采购在中国的应用现状

在中国，由于互联网的普及和人们对电子化采购的理解与西方一些发达国家相比有一些滞后，所以电子化采购的应用正处在一个起步阶段，尚未到达尽善尽美的地步。同时，在这个起步阶段，人们对新兴的网络采购存在疑虑，这也是每一个电子化采购服务商所必须面临的挑战。

 案例阅读

图10.3所示为一项针对电子商务采购存在问题的分析图示。从图中可以清晰地看到缺乏有效的本土解决方案和本土供应商是目前存在的比较主要的两大问题。

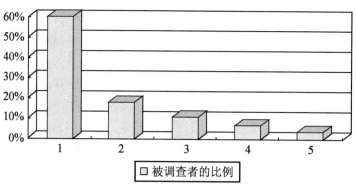

1. 缺乏有效的本土解决方案 2. 缺乏有效的本土供应商
3. 网络基础设施不完善 4. 运用成本高 5. 缺乏运作人员

图 10.3　电子商务采购存在问题的分析

 职业能力训练

案例分析：惠普的供应商协同解决方案——电子化采购

惠普和康柏合并后，每年的营业额接近 800 亿美元，每个季度有多于 10 亿美元的现金流，研发费用 40 亿美元。惠普现在可以说是真正的国际化公司，就是说有 60% 的营业额是来自于美国之外，它的文化也是多样性的，员工也是来自各个不同的国家和团队。

这么大一个公司有很大的采购量，它需要在全球不同的地方去综合各种采购能力、采购优势和各种技术优势来形成惠普自己的优势。比如说半导体的采购量处于世界第一位，内存方面的采购量也非常大，微处理器使用第一位，磁盘使用第一位。作为这样一个大型的跨国公司，有这么大采购容量的公司，它是怎么样来解决它的采购问题和制定采购战略呢？

早期惠普存在着跟其他企业同样的问题，有很多产品部门、很多业务部门，它们的采购、它们的物流，甚至它们的供应链都是各自为政，不同的业务部门有不同的供应链；不同的部门有不同的采购计划、采购策略。因此，怎么样来整合就成了一个问题，这是制造业尤其是高科技制造业中很多企业面临的共性问题。

从惠普来说有很多的层次，总部、亚太、中国；然后有很多的区域，而且生产有很多方面是通过外包、合同、制造商等来达成的。供应商从全球来看也是非常大的集群，怎么整合这么大的集群？这些要求使惠普当时的领导层认识到，维护世界级的成本结构，才是新惠普在将来取得成功的一个关键因素。因此，基于这样的情况，惠普高层领导就决定要创新采购流程、创新采购策略、创新采购系统，这就是当时提出来的电子化采购的目的。

电子化采购的目的是要形成一流的采购流程和进行采购工具的创新，进而形成供应链的竞争优势和成本优势。远景有两个方面，一方面是作为跨国公司在采购供应链方面要有全球的可见性，即可以从总部的物流部门看到每个地区采购链上、供应链上的情况，可以做一些合并，来达到规模经济，降低成本的效益。另一方面，也不能丧失惠普每个业务系统所具有的灵活性和要发展各个业务部门的声誉，维护各个部门能力的分散的权利。所以目标很简单，首先是降低库存成本，其次是降低采购成本，最后是提高效率。

在惠普这样的大公司，要推动这么一个计划其实不容易。惠普采取的方法就是先制定出统一的远景，然后制定出原则，即这个战略要达到的目的，还要制定出各个部门和战略投资的关系，最后还要保证很清晰的"我现在要做什么？""将来要做什么？"思路，同时要在兼顾每个职能部门的业务和利益的同时来进行推广工作。

其实企业投资最容易见效的地方在哪里？就在物料采购成本、库存成本这一块，这部分成本的降低能够直接反映到企业的利润率上面去，所以这个计划从一开始就要求在每年是正的投资回报。换句话说，当年投资就要当年见效。

在这些情况、这些战略的指导下，惠普开始设计电子采购系统，这个系统由4个主要的方面来组成：第一个是订单和预测协同，惠普的电子化采购强调预测和协同，利用互联网的功能，来做网上的订单处理和预测的处理；第二个是库存协同，尽量把原厂商自己的库存最小化，在理论上是可以越来越小，要知道供应商有多少库存，在需要的时候能够满足你，无论在质量上、数量上还是价钱上，这就需要有一个系统来做交换；第三个是拍卖，就是用电子采购、电子拍卖，这是惠普自有的电子化交易市场。惠普经过各种技术评估和投资回报分析，决定建立自有的电子化买卖系统；第四个是物料资源的寻找、获取、选择、决策的系统，这里面主要是一些基于供应链的、智能的分析，这个供应链是多层的，惠普供应链下面不仅要看到第一层的供应商，还要看到第二层、第三层的供应商，原则上是要看到整个供应链，然后找到最优化的资源配置，形成自己的采购优势和竞争力。

分析：

（1）试根据惠普公司的实际情况，分析其电子采购系统实施后，可能从哪些方面为企业带来成本的节约？

（2）结合惠普公司的实际，分析大型跨国企业在实施集中采购后，如何保证各业务部门、分公司和各产品供应链的灵活性？

课程重点

（1）电子商务采购的优势。
（2）网络采购的具体操作模式。
（3）电子商务采购的程序和实施步骤。

复习题

（1）简述准时化采购的基本思想。
（2）简述准时化采购的原理。
（3）准时化采购与传统采购的区别有哪些？
（4）简述准时化采购的步骤。
（5）电子商务采购有哪些优势？
（6）电子商务采购有哪几种具体的形式？
（7）简述电子商务采购的程序和实施步骤。
（8）简述电子商务采购在我国的发展情况。

【项目小结】

参 考 文 献

[1] 刘华. 物流采购管理[M]. 北京：清华大学出版社，2008.
[2] 刘雪琴. 采购管理实务[M]. 北京：电子工业出版社，2009.
[3] 王志文. 物流采购管理[M]. 上海：上海交通大学出版社，2008.
[4] 沈小静. 生产企业供应管理[M]. 北京：中国物资出版社，2002.
[5] 史忠建. 物流采购与供应管理[M]. 北京：中国劳动社会保障出版社，2006.
[6] 梁军，等. 物流采购与供应管理实训[M]. 北京：中国劳动社会保障出版社，2006.
[7] 申纲领. 采购管理实务[M]. 北京：电子工业出版社，2008.
[8] 翟光明. 采购与供应商管理[M]. 北京：中国物资出版社，2009.
[9] 柳和玲. 采购管理实务[M]. 北京：科学出版社，2007.